복음과 인생설계

이 소중한 책을

특별히 _____님께

드립니다.

복음과
인생설계

인생의 모든 과정을 승리로 이끄는 복음의 능력 15가지

이순희 목사 지음

나침반

복음에는 인생살이에 필요한 모든 능력이 충만하게 담겨있습니다.

───────────────

소년에서 노년에 이르기까지 만나게 되는 인생의 모든 문제를 넉넉히 풀어낼 지혜가 응축되어 있습니다. 그러므로 복음은 모든 사람에게 항상 필요합니다. 구원을 얻고 영적 전쟁에서 승리하기 위해 필요하고, 사명을 발견하고 감당하며 천국의 복을 누리기 위해 필요합니다. 형통할 때와 곤고할 때에 필요하고, 준비의 때와 실전의 때에 필요합니다.

『복음과 인생설계』는 복음의 능력을 실천적으로 적용하게 하는 15편의 설교로 구성되어 있습니다. 인생의 근원적인 문제부터 궁극적인 목표를 아우르는 복음적인 풀이와 대안이 제시되어 있습니다.

이 책을 만나는 여러분 모두가 실제적으로 삶을 변화시키는 복음의 능력을 체험하시길 바랍니다. 복음으로 인생의 기초를 다지고, 인생을 설계하시길 바랍니다. 복음으로 인생의 문제를 돌파하며, 복음으로 하늘의 문이 열리는 복을 받으시길 기도합니다.

『복음과 영적전쟁』, 『복음과 내적치유』에 이어 『복음과 인생설계』가 나오기까지 끊임없는 지지와 사랑을 보내준 남편 김광옥 장로님과 두 아들 성훈, 성민에게 말로 다 할 수 없는 감사의 마음을 전합니다. 또 이 설교집을 위해 물심양면으로 동역해주신 모든 분들께 감사드립니다.

그리고 출판을 위해 애써준 배지희 목사, 차유미 목사, 서민주 전도사 외 출판부와 디자인을 담당한 김한지 전도사에게도 고마움을 표합니다.

변함없는 믿음과 열정으로 영혼 구원, 제자양성, 세계선교의 사명을 향해 함께 해주시는 영혼의샘 세계선교센터와 백송교회의 모든 성도님들에게 감사의 인사를 올립니다.

백송교회 목양실에서
이순희 목사

| 이순희 4집 음반
전체 듣기 | 이순희 5집 음반
전체 듣기 | 이순희 6집 음반
전체 듣기 | 복음과 인생설계
수록곡
전체듣기 |

원팔연 목사
전 기독교대한성결교회 총회장, 전주바울교회 원로 목사

"살아있는 복음의 향연입니다."

이순희 목사님의 세 번째 설교집 『복음과 인생설계』는 살아있는 복음입니다.

실제적이고 실용적인 복음의 능력이 이 책 안에 가득합니다. 쉽지만 깊고, 단순하지만 영적인 말씀들이 충만합니다. 삶의 현장에서 부딪히는 갈등과 고민, 상처와 고난의 문제를 풀어낼 지혜가 넘칩니다. 왜곡되지 않고 훼손되지 않은 복음, 문제의 뿌리를 통찰하고 근원적인 해결로 인도하는 복음이 책의 곳곳에 새겨져 있습니다. 이 책을 추천할 수 있음을 기쁘게 생각하며 자신 있게 모든 이에게 이 책을 권합니다.

이순희 목사님은 복음적인 삶을 살고, 삶의 모습 그대로 복음을 증거하는 탁월한 설교자입니다. 겉과 속이 같고, 강단 위와 강단 아래에서의 모습이 일치합니다. 인생에 다가오는 많은 문제들을 복음의 능력으로 극복하며, 최대의 희락과 평강을 누리며 살아가고 있습니다. 생명을 다해 복음을 전하며, 헌신적인 사랑으로 제자들을 세우고 있습니다. 쉬지 않고 말씀을 연구하며 깊고 영롱한 복음의 빛을 삶과 사역을 통해 드러내고 있습니다. 두 번째 설교집 『복음과 내적치유』가 출판된 지 삼 개월 만에 세상에 나온 『복음과 인생설계』가 이를 증거합니다.

이 책을 만나는 독자 여러분 모두가 삶 속에서 활력 있게 역사하는 복음의 능력을 체험하게 되리라 기대합니다. 문자와 지면을 초월하는 성령의 역사를 경험하고 치유, 변화, 기적의 주인공이 되시길 기도합니다.

황덕형 총장
서울신학대학교

"하나님의 임재를 체험하게 됩니다."

이순희 목사님의 또 다른 귀한 설교집이 나오게 된 것을 기쁘게 생각합니다.

우리 성결교단의 대표적인 부흥 설교가로서 자리를 잡아가시는 이 목사님께서 『복음과 인생설계』라는 새로운 영적 지침서를 제시하셨습니다. 거기에는 우리의 삶을 통하여 하나님의 역사를 이뤄드리기 위해 우리가 가져야 할 자세와 영적 가르침들이 아주 선명하게 제시되어 있습니다.

그 귀한 설교들이 담고 있는 영적 가치는 참으로 놀랍습니다. 우리가 잊고 있거나 무관심한 채로 내팽개쳐져 있던 삶의 구석구석이 영적 각성으로 말미암아 새로워지면서 하나님의 부르심을 알게 됩니다.

이순희 목사님의 글은 우리에게 다가오신 하나님의 귀한 섭리의 손길과 부르심의 현재를 체험하게 합니다.

이 글을 읽으면서 강한 하나님의 임재를 체험하게 될 것입니다. 하나님의 절절하신 부르심을 듣게 될 것입니다.

이 책은 단지 지성적 이론서가 아닙니다. 이 책은 하나님과 함께 살아야 하는 우리 인간들이 가질 수 있는 가장 열정적인 체험의 순간을 알려줍니다.

하나님의 역사하심이 함께 하는 귀한 저서로서 우리 모든 성도들의 삶에 커다란 위로가 될 것을 확신합니다.

정병식 목사
서울신학대학교 교수

"인생은 일생(一生)이다."

인생에는 지우개가 없다.
인생을 잘 설계해야 하는 이유이다.
누구나 지우지 않을 인생을 살기를
원한다. 어디 이게 쉬운 일이랴.
촘촘한 인생설계가 필요한 이유이다.

이 책의 『복음과 인생설계』는 인생설계의 가늠자이다.
그의 삶은 복음에 기초해 있고
그의 일상은 복음으로 시작하여 복음으로 끝이 난다.
그의 인생은 분초를 다투는 복음의 삶으로 채색되어 있다.
이 책에 실린 15편의 설교는
'복음을 위한 삶, 삶을 위한 복음'의 결정체이다.

복음으로 인생을 설계하는 자는 복된 자이다.
복음은 생명의 에너지요,
좌우 편차가 없는 삶의 완전한 교과서이다.
복음만이 누수 없는 인생, 균열 없는 삶을 가능케 한다.
정교한 설계에서 튼튼하고 아름다운 건물이 나오듯이
인생의 행복과 기쁨은 정교한 인생설계의 산물이다.

복음으로 인생을 설계하기를 원하는 자는 이 책을 보라.
깊은 영성으로 후회 없는 삶을 살기를 원하는 자도,

인생의 주인 되신 하나님을 위해 헌신을 다짐하는 자도,
소명과 은사에 따라 이웃을 섬기고 봉사할 이도
이 책을 보라.
『복음과 인생설계』는 지우개가 필요 없는 복된 인생을
선물할 것이다.
행복한 인생을 살기를 원하는 모든 독자에게
이 책의 일독을 권한다.

구금섭 목사
기독교대한성결교회 총회 교육부장

"복음이 있을 때 마음이 움직이게 됩니다."

복음은 구원을 주시는 능력이며 믿는 자에게 삶의 능력을 주십니다.

복음은 영혼을 구원시킴과 동시에 내면 깊숙한 곳에 들어가 죄악의 세력을 파괴하고, 하나님을 향한 사랑을 회복시키며, 사람을 변화시킵니다.

복음이 있을 때 마음이 움직이게 됩니다. 진정으로 십자가를 바라볼 때 은혜의 감동이 밀려옵니다. 그 속에 엄청난 하나님의 은혜와 평강이 있음을 깨닫고 그 앞에 무릎을 꿇게 됩니다. 복음이 있을 때 하나님의 나라의 소망으로 더 큰 행복의 능력 안에서 살게 됩니다. 진정한 복음의 능력자로 서게 되는 것입니다.

고난의 결정체로 맺어진 진주알 같은 책을 펴내는 일은 자기를 극복하는 인내가 없이는 만들어지지 않습니다. 고독하고 뼈를 깎는 일입니다. 필자의 집념과 지구력, 그리고 끈기를 일찍이 알고 있지만, 바쁜 목회 일정 가운데서도 모든 사람들이 잠자는 늦은 밤까지 나 홀로 깨어 저술한 줄로 믿습니다. 피 땀을 아끼지 않고 민족을 넘어 전 세계의 영혼 구령을 바라보며 뼈를 깎는 노고로 새 생명을 출산한 것입니다.

어느 저술가는 원고지 한 칸 메우기가 한강을 건너기보다 더 어렵다고 말했습니다. 그러나 그의 가슴에 파도치는 예수의 피 복음은 혼자만이 간직할 수 없어서 두 발로, 입으로, 글로 전하려는 열정은 하나님의 은혜와 능력입니다.

이순희 목사님은 시간의 1초도 자신을 위해 사용하는 것을 두려워하고 오직 예수의 십자가 복음만을 위해 사는 사람입니다. 꾸밈이 없이 백합화처럼 파안대소하는 그의 아름다운 미소, 사탄이 빠져 죽을 만큼 울부짖는 눈물의 기도, 영혼 구원을 위해 사자같이 포효하는 설교, 가슴 속이 시원하도록 뻥 뚫리게 하는 우렁찬 찬양은 21세기 성결의 복음을 위해 하나님이 예비하신 영적 전투의 투사입니다.

복음이 기갈 되어 있는 한국교회에 명주실을 뽑듯이 복음의 진수를 풀어 놓은 세 번째 설교집 『복음과 인생설계』를 일독할 것을 만민 앞에 기쁨으로 추천합니다.

이순희 목사님의 메시지는 신앙을 낳고 그 신앙을 증대시켜 값진 인생을 설계하도록 전진시킬 것이기 때문입니다.

목차

1

불가능을 정복하는 인생

여호수아 17:14-18

"요셉 자손이 여호수아에게 말하여 이르되 여호와께서 지금까지 내게 복을 주시므로 내가 큰 민족이 되었거늘 당신이 나의 기업을 위하여 한 제비, 한 분깃으로만 내게 주심은 어찌함이니이까 하니 여호수아가 그들에게 이르되 네가 큰 민족이 되므로 에브라임 산지가 네게 너무 좁을진대 브리스 족속과 르바임 족속의 땅 삼림에 올라가서 스스로 개척하라 하니라 요셉 자손이 이르되 그 산지는 우리에게 넉넉하지도 못하고 골짜기 땅에 거주하는 모든 가나안 족속에게는 벳 스안과 그 마을들에 거주하는 자이든지 이스르엘 골짜기에 거주하는 자이든지 다 철 병거가 있나이다 하니 여호수아가 다시 요셉의 족속 곧 에브라임과 므낫세에게 말하여 이르되 너는 큰 민족이요 큰 권능이 있은즉 한 분깃만 가질 것이 아니라 그 산지도 네 것이 되리니 비록 삼림이라도 네가 개척하라 그 끝까지 네 것이 되리라 가나안 족속이 비록 철 병거를 가졌고 강할지라도 네가 능히 그를 쫓아내리라 하였더라"

불가능을 정복하는 인생

중세 사람들은 포르투갈이 지구의 끝이라고 생각했습니다. 그래서 포르투갈의 항구도시인 리스본에 있는 큰 바위에 이런 글을 새겨놓았다고 합니다.

'여기가 끝이다. 이 너머엔 아무것도 없다.'

그런데 1492년에 한 사람이 이 항구에서 작은 배에 오르면서 외쳤습니다.

"이 글은 사실이 아니다.

여기가 끝이 아니다.

저 너머엔 위대한 희망의 세계가 있다."

그 사람이 바로 탐험가 콜럼버스입니다.

그 후에 콜럼버스는 사람들이 끝이라고 생각했던 곳을 넘어서 위대한 아메리카 대륙을 발견했습니다.

오늘날에도 많은 사람들이 각자 불가능의 지역을 정해놓고 그 너머에 있는 희망의 세계를 보지 못합니다.

'여기가 끝이다', '더 이상 방법이 없다', '변화되지 않을 것이다', '고쳐지지 않을 것이다'라며 절망하고 포기합니다.

도전 한번 해보지 못하고 불가능에 매이고, 꿈 한번 꾸어보지 못한 채 자기 인생을 제한합니다. 끝이라고 생각하는 그 너머에 위대한 세계가 있다는 것을 알지 못한 채, 어두운 비관주의에 매입니다. 그러나 그리스도인은 믿음으로 불가능을 정복하며 살아야 합니다. 스스로 정해놓은 생각의 한계, 사랑의 한계, 열정의 한계, 인내의 한계를 무너뜨리고 복음으로 말미암는 무한한 가능성을 누리며 살아야 합니다.

> "예수께서 이르시되 할 수 있거든이 무슨 말이냐 믿는 자에게는 능히 하지 못할 일이 없느니라 하시니"(막 9:23)

인생은 불가능을 정복하는 만큼 성장합니다.

불가능에 도전하는 만큼 진취적이고 역동적인 삶을 살 수 있고, 잠재력을 계발할 수 있습니다. 불가능 앞에 체념하는 사람은 자신 안에 어떤 잠재력이 있는지 알지도 못한 채, 인생을 허비하게 됩니다. 무한히 공급하시는 하나님을 바라보지 못하고 변화와 성장을 이루지 못합니다. 늘 자기 인생을 한탄하며 주어진 환경에 불만과 불평을 토해놓을 뿐입니다.

우리는 불가능을 정복하는 인생을 살아야 합니다.

쉽고 편한 길만 찾으며 길이 없다고 불평할 것이 아니라, 어려운 길이라도 헤쳐나가며 불가능의 산을 넘어서야 합니다. 문제는 불가능하다고 여기는 생각 그 자체에 있습니다.

불가능에 매이는 사람은 '그래서'의 인생을 삽니다.

'재능이 없어서, 환경이 열악해서, 시간이 없어서, 돈이 없어서, 피곤해서, 어려워서, 힘들어서, 도와주는 사람이 없어서' 쉽게 포기하고 좌절합니다.

이런 사람들은 대부분 부정적인 사고방식을 가지고 남 탓, 환경 탓을 잘하고, 남의 노력에 얹혀살기를 좋아합니다. 하지만 불가능을 정복하는 사람은 '그러나'의 인생을 삽니다.

'재능은 없지만, 환경이 열악하지만, 시간은 없지만, 돈은 없지만, 피곤하지만, 어렵지만, 도와주는 사람은 없지만' 모든 것을 초월하여 길을 만드시는 하나님을 바라보며 진취적인 인생을 살아냅니다.

지금 어떤 삶을 살고 계십니까?
'그래서'의 삶을 살고 계십니까?
'그러나'의 삶을 살고 계십니까?

본래 인생의 한계는 무엇을 얼마나 소유했는지에 따라 결정되는 것이 아니라 하나님을 향한 믿음의 크기대로 결정됩니다. 무에서 유를 창조하신 하나님을 믿는 사람은 아무것도 없는 상황 속에서도 하나님이 내시는 가능성의 길을 발견할 수 있습니다. 모든 것을 다스리시고 주관하시는 하나님을 신뢰하는 사람은 끝없는 역경과 고난 속에서도 하나님이 행하시는 새 일을 볼 수 있습니다.

성경에 등장하는 수로보니게 여인은 '그러나'의 믿음을 소유하여 기적을 체험했습니다. 수로보니게 여인에게는 귀신들린 딸이 있었습니다. 여인은 딸이 고쳐질 것을 간절히 소망하며 예수님께 간청했습니다. 그러나 예수님은 '자녀의 떡을 취하여 개들에게 던짐이 마땅치 아니하니라'고 하시며 냉정한 반응을 보이셨습니다. 그러나 여인은 좌절하지 않았습니다. 그녀에게는 '그래서'의 믿음이 아니라 '그러나'의 믿음이 있었습니다. 여인은 상 아래 개들도 아이들이 먹던 부스러기를 먹으니 자신에게 부스러기 은혜라도 달라고 간구했습니다. 그때 예수님은 여인의 믿음을 보시고 딸에게서 귀신을 쫓아내주셨고 여인의 믿음을 칭찬하셨습니다(막 7:24-30).

우리는 '그러나'의 믿음을 소유하여 하나님이 행하실 일을 바라보아야 합니다.

"그런즉 누구든지 그리스도 안에 있으면 새로운 피조물이라 이전 것은 지나갔으니 보라 새 것이 되었도다"(고후 5:17)

우리는 영의 눈을 열고 영의 귀를 열어 하나님이 여시는 새 길을 바라보아야 합니다.

복음과 인생설계

그리스도인은 하늘 너머의 하늘을 보는 사람이요, 영원 위의 영원을 보는 사람입니다. 우리에게는 무한한 가능성이 있습니다. 예수님을 인생의 주인으로 모신 사람은 성령님의 권능으로 한계 없는 삶을 살 수 있습니다. 좋으신 하나님은 우리가 예수 그리스도의 이름으로 구하는 대로 응답해주시고, 믿음의 크기만큼 사랑의 지경, 자유의 지경, 능력의 지경을 넓혀주십니다.

윌리엄 캐리는 "하나님의 영광을 위하여 큰 일을 도모하라"라고 외쳤습니다. 또 필립 브룩스는 "당신의 능력에 맞는 일을 하지 말고 일에 맞는 능력을 달라고 기도하라"라고 말했습니다(시 81:10, 요 14:12).

독일의 루터교회 목사였던 본회퍼는 반 나치 운동을 벌이다가 1943년에 나치 비밀경찰에 체포되었습니다. 그는 2년간 수감생활을 하다가 1945년 5월에 사형당했습니다. 하지만 본회퍼는 감옥에 갇히고 사형 언도를 당하는 순간에도 불가능을 정복하는 삶을 살았습니다.

그는 진정한 자유는 불의와 타협한 안일에 있는 것이 아니라 하나님의 정의를 위해 죽음도 두려워하지 않는 믿음에 있음을 알았습니다. 그는 죽기 전에 이렇게 말했습니다.

"그리스도인은 기도하면서 옳은 일을 행하며 하나님의 때를 기다려야 한다. 그리스도인은 아무리 어려운 처지에 있더라도 무한한 가능성을 가지고 있다."

우리는 우리에게 무한한 가능성을 허락하시는 하나님을 바라보며 영에 속한 일을 이루어나가야 합니다.

영혼 구원, 제자 양성, 세계 선교를 향해 전진하며 시간의 한계, 능력의 한계, 물질의 한계, 인식의 한계를 뛰어넘어야 합니다. 누구든지 죄성을 가지고 있는 자아를 철저히 내려놓고 오직 하나님의 나라와 하나님의 의를 구하면 불가능을 정복하시는 성령님의 인도를 받아 초월적인 인생을 살 수 있습니다.

지금 당신이 만난 불가능의 문제는 무엇입니까?

당신이 도전할 수 없다고 생각하는 불가능의 영역은 무엇입니까? 불가능 속에는 하나님의 역사가 숨어있습니다.

불가능은 성령의 역사가 발휘되는 영역이요, 기적이 나타나는 환경입니다.

불가능에 함몰되어 있던 중풍병자가 있었습니다. 중풍병자는 병 때문에 자기 힘으로 할 수 있는 일이 없었습니다. 그때 예수님께서 가버나움에 오셨다는 소문이 들렸습니다. 사람들이 중풍병자를 데리고 예수님께 갔지만 수많은 무리들 때문에 예수님 앞으로 나아 갈 수 없었습니다. 이때 불가능을 뛰어넘는 믿음의 진가가 나타납니다. 중풍병자를 데려온 사람들은 예수님이 계신 곳의 지붕을 뜯고 구멍을 내어 중풍병자가 누운 들것을 달아 내렸습니다. 예수님은 그들의 믿음을 보시고 중풍병자의 병을 고쳐주시고 가장 근원적인 문제인 죄를 사해주셨습니다. 우리에게도 불가능을 뛰어넘는 믿음이 필요합니다(막 2:1-5).

바로 믿음으로 불가능을 정복합시다.

성령님의 권능으로 불가능을 정복하여, 예수 그리스도의 증인 된 삶을 살아갑시다.

"오직 성령이 너희에게 임하시면 너희가 권능을 받고 예루살렘과 온 유대와 사마리아와 땅 끝까지 이르러 내 증인이 되리라 하시니라"(행 1:8)

불가능을 정복하는 다섯 단계입니다.

첫째, 당신의 사고방식을 분석해 보십시오.

당신의 생각을 차분히 살펴보십시오. 당신이 하고 있는 생각이 믿음의 생각인지 아니면 불신의 생각인지를 구별해보기 바랍니다. 다시 말해 당신이 하고 있는 생각이 불가능에 굴복하고 있는지, 불가능에 도전하고 있는지 잘 판단해 보십시오.

19세기 미국의 실용주의자요 심리학자이기도 한 윌리엄 제임스는 "사람의 생각이 바뀌면 행동이 바뀌고, 행동이 바뀌면 습관이 바뀌고, 습관이 바뀌면 인격이 바뀌고, 인격이 바뀌면 운명이 바뀌진다"라는 말을 했습니다. 당신의 생각을 잘 살펴

육적인 생각에서 영적인 생각으로, 부정적인 생각에서 긍정적인 생각으로 변화시키시기 바랍니다.

둘째, 당신의 사고방식을 위한 보안 시스템을 가동하십시오.

공항 출입국 심사 때 보안요원들이 금속탐지기를 사용하듯이 우리는 우리 마음을 탐지해야 합니다. 그리고 어떤 '불가능의 사고'가 우리 안에 남아있는지 철저히 수색해야 합니다.

부정적인 생각은 자주 말이나 태도, 얼굴로 표출됩니다. 일단 불가능의 생각이 감지되면 우리는 하나님을 향한 믿음을 붙잡고 즉각적으로 차단하여 쫓아버려야 합니다.

셋째, "할 수 있다"라는 말씀 위에 당신의 인생을 하나님께 드려야 합니다.

'가능'을 이야기하는 것은 예수님이고, '불가능'을 이야기하는 것은 사탄입니다. 우리는 긍정적인 사고, 적극적인 사고를 가지고 열등감, 낮은 자존감, 소심함, 불안함, 두려움의 육의 생각들을 몰아내야 합니다. 우리가 하나님을 믿는다는 것은 우리를 향한 주님의 은혜 안에서 적극적으로 사고하고 행동할 수 있다는 사실을 받아들이는 것입니다.

음악이 '중앙 옥타브의 C음'을 기초로 하여 만들어지고, 도시가 '평균 해면'을 기준으로 하여 건설되듯이, 그리스도인의 인생 철학은 "할 수 있다"라는 말씀 위에 세워져야 합니다. 인생의 모든 흥망성쇠를 관통하여 이길 수 있게 해주는 것이 바로 이 "할 수 있다"라는 믿음입니다. 믿음을 생각의 뿌리로 삼는다면, 육의 생각은 깨어지고 성령님의 생각이 충만해질 것입니다(롬 8:5-8).

넷째, 크고 위대한 생각을 가지십시오.

위대한 영혼을 품은 자는 위대한 생각을 품고, 위대한 생각을 품은 사람은 위대한 삶을 살아갈 수 있습니다. 예수님의 마음을 가질 때 우리는 큰 생각을 품을 수 있습니다. 성령님의 생각은 큰 생각입니다. 성령님의 큰 생각이 승리의 길을 열고 영광의 빛을 받게 합니다.

다섯째, 믿음으로 행동하십시오.

행동으로 나타나지 않는 생각은 책임성 없는 믿음입니다. 우리는 예수님 안에서 선한 일을 위하여 지으심을 받은 사람입니다. 구원을 받았다면 그에 맞는 행함이 함께 따라와야 하며 열매 맺는 삶으로 인도받아야 합니다.

"영혼 없는 몸이 죽은 것 같이 행함이 없는 믿음은 죽은 것이니라"(약 2:26)

우리의 생각은 행동으로 표현되어야 합니다.

성령님의 생각이 행동으로 표현될 때 육의 생각은 완전히 떠나가고, 불가능은 정복됩니다.

기억합시다! 하나님은 우리가 주도적이고 진취적으로 살기를 원하십니다. 불가능을 정복하며 영적 근육을 키우기를 바라십니다. 그러므로 우리는 '안 된다, 못 한다'는 생각을 버리고 불가능을 정복하는 삶을 살아야 합니다.

본문에 등장하는 요셉 지파는 많은 것을 가지고 있으면서도 불가능의 환경에 굴복하며 불평했던 지파였습니다.

요셉 지파는 요셉의 두 아들인 므낫세와 에브라임의 후손들로서, 이스라엘 내에서 므낫세 지파, 에브라임 지파의 두 몫을 가지고 있었습니다. 그뿐만 아니라 그들은 야곱과 그의 일가를 애굽으로 인도하고, 그들이 애굽에 정착할 수 있도록 실질적인 지원자가 되었던 요셉의 후손이라는 사실에 큰 자긍심을 가지고 있었습니다.

그런데 이러한 요셉 지파의 자긍심은 가나안 땅을 분배 받을 때 다른 지파에 비해 무리한 요구를 하고, 지파 사이의 분쟁을 일으키는 요인으로 작용했습니다. 요셉 자손들은 약속의 땅을 분배하는데 한 분깃씩만 주자 불만이 많았습니다.

"요셉 자손이 여호수아에게 말하여 이르되 여호와께서 지금까지 내게 복을 주시므로 내가 큰 민족이 되었거늘 당신이 나의 기업을 위하여 한 제비, 한 분깃으로만 내게 주심은 어찌함이니이까 하니"(수 17:15)

사실 이들의 불평은 욕심에서 나온 것입니다.

왜냐하면 므낫세 반 지파는 꽤 넓은 땅을 분배 받았기 때문입니다. 그리고 인구에 비해서도 다른 지파보다 결코 작게 분배 받은 것이 아니었습니다. 모세 시대에 모압 평지에서 행한 제2차 인구 조사에 따르면 므낫세 지파의 인구는 52,700명이었고, 에브라임 지파의 인구는 32,500명에 불과했습니다. 그 중 므낫세 지파의 반은 요단 동편 땅에서 이미 넓은 기업을 분배 받았기 때문에, 실제 요단 서편에서 분배 받을 요셉 자손의 인구수는 도합 60,000명이 채 되지 않았습니다(수 13:29-31).

다른 지파들은 그보다 훨씬 많은 인구들이 있었지만 요셉 자손이 분배 받은 땅의 넓이 보다 작았습니다. 그리고 요셉 지파가 분배 받은 땅은 요단 서편의 중심부로서 비록 산지가 있다고 하지만, 그리 높지 않았으며, 땅은 가장 비옥한 양질의 옥토로 구성되어 있었습니다. 그런데 요셉 지파는 자신들이 받은 땅이 적다고 불평했습니다. 여호수아는 그런 요셉 자손들에게 만약 너희가 큰 민족이라면, 스스로 개척하라고 했습니다. 소극적인 생각으로 불평만 하지 말고 적극적으로 개척하여 땅을 차지하라는 것입니다.

"여호수아가 그들에게 이르되 네가 큰 민족이 되므로 에브라임 산지가 네게 너무 좁을진대 브리스 족속과 르바임 족속의 땅 삼림에 올라가서 스스로 개척하라 하니라"(수 17:15)

"개척하라"라고 번역된 "베리타(בְּרֵאתָ)"의 원형 "바라(ברא)"는 "창조하다"라는 의미를 가집니다. 그러나 본문에서는 "너희들이 분배 받은 땅에 있는 산에 올라가서 나무를 베어내고 경작할 땅을 확보하라"라는 의미입니다.

요셉 지파가 개척해야 할 땅에 거한 사람들은 '브리스 사람'으로서 하나님께서 가나안 땅에서 쫓아내라고 명하신 일곱 족속 중에 한 족속입니다. 이들은 아낙 족속과 같이 강하고 신장이 비교될 정도로 거인족이었습니다.

"그 백성은 아낙 족속과 같이 강하고 많고 키가 컸으나 여호와께서 암몬 족속 앞에서 그들을 멸하셨으므로 암몬 족속이 대신하여 그 땅에 거주하였으니"(신 2:21)

그래서 "스스로 개척하라"라는 말을 들은 이들은 거절했습니다. 브리스 사람들은 다 철병거를 가지고 있다면서 주저했습니다. 사실 청동기 시대를 벗어나지 못했던 이스라엘 백성들이 철병거와 철제무기를 가진 가나안의 족속들과 싸운다는 것은 사실상 불가능한 일이었습니다. 요셉 지파는 산지가 충분하지도 않을뿐더러 차지할 수도 없는 땅이라는 생각에 묶여 있었습니다.

"요셉 자손이 이르되 그 산지는 우리에게 넉넉하지도 못하고 골짜기 땅에 거주하는 모든 가나안 족속에게는 벧 스안과 그 마을들에 거주하는 자이든지 이스르엘 골짜기에 거주하는 자이든지 다 철 병거가 있나이다 하니"
(수 17:16)

여호수아는 불가능 의식으로 가득한 요셉 지파에게 불가능을 정복하라고 당부했습니다. 그들이 가진 권능이 크다는 사실을 일깨워주며, 삼림이라도 개척하라고 했습니다. 적이 아무리 강할지라도 그들은 능히 이길 수 있을 것이라고 격려했습니다.

"그 산지도 네 것이 되리니 비록 삼림이라도 네가 개척하라 그 끝까지 네 것이 되리라 가나안 족속이 비록 철 병거를 가졌고 강할지라도 네가 능히 그를 쫓아내리라 하였더라"(수 17:18)

살아계신 하나님은 불가능 의식에 묶인 성도들을 향해 이와 같이 말씀하십니다. 내주하시는 성령님의 권능을 의지하여 불가능을 정복하라고, 문제가 어렵고 환경이 열악할지라도 능히 이길 수 있다고 말씀하십니다.

우리는 하나님의 말씀을 의지하여 불가능을 정복하기 위

해 먼저 내면의 철병거를 몰아내야 합니다. 맥스웰 몰츠 박사는 "적어도 95%의 사람들이 열등감을 느낀다"라고 말했습니다. 열등감에 빠진 사람은 다른 사람과 자신을 끝없이 비교하고 항상 결핍의식에 빠져 '나는 부족한 사람'이라는 정체성을 가지고 삽니다. 진짜 적은 외부에 있지 않고 내부에 있습니다. 내면의 철병거를 몰아내면 외면의 철병거는 손쉽게 물리칠 수 있습니다.

불가능을 정복하기 위해 어떻게 해야 할까요?

1. 불가능을 정복하기 위해 두려움의 철병거를 몰아내야 합니다.

많은 사람들의 내면에는 두려움이 있습니다.

두려움이라는 장벽을 만난 사람들은 충분히 할 수 있는 일을 하지 못합니다. 스스로 뒷걸음칩니다.

자신에게 어떤 잠재력과 능력이 있는지 모르기 때문입니다. 물론 사람은 연약합니다. 예수님을 믿는 사람일지라도 두려움이 몰려올 수 있습니다.

양광모 씨는 자신의 책 『성공의 5가지 비결』에서 이렇게 말합니다.

복음과 인생설계

"용기란 대단한 것이 아니다. 흔히 용기 있는 사람은 두려움이 없는 것으로 오해하지만 실제로는 그렇지 않다. 용기란 두려움을 모르는 것이 아니라 오히려 두려움을 이겨내는 것이다."

두려움이 전혀 없다고 장담할 수 있는 사람은 거의 없을 것입니다. 우리는 예수 그리스도의 이름으로 두려움을 이겨내야 합니다.

"사랑 안에 두려움이 없고 온전한 사랑이 두려움을 내쫓나니 두려움에는 형벌이 있음이라 두려워하는 자는 사랑 안에서 온전히 이루지 못하였느니라"(요일 4:18)

성도는 하나님의 온전한 사랑 안에 거할 때 두려움을 이기고 충만한 능력을 누릴 수 있습니다. 약하고 부족할지라도, 능력 주시는 예수 그리스도를 전적으로 신뢰하면 강하고 담대한 삶을 살 수 있습니다. '담대함'은 확신으로부터 나오는 용기입니다.

D.L. 무디는 말했습니다.

"자기를 돕는 이가 전능하신 분이라는 것을 기억한다면 그는 결코 절망을 모를 것이다."

여호수아가 요셉 지파에게 "너는 큰 민족이다. 너에게는 강한 능력이 있다"라고 말한 것은 그들의 내면에 있는 두려움을 몰아내기 위한 것이었습니다.

하나님이 주시는 마음은 두려워하는 마음이 아닙니다.

"하나님이 우리에게 주신 것은 두려워하는 마음이 아니요 오직 능력과 사랑과 절제하는 마음이니"(딤후 1:7)

우리는 하나님이 주시는 능력을 의지하여 두려움을 몰아내야 합니다. 주님이 주시는 담대함과 용기로 무장하여 두려움의 철병거를 몰아내야 합니다.

"두려워하지 말라 내가 너와 함께 함이라 놀라지 말라 나는 네 하나님이 됨이라 내가 너를 굳세게 하리라 참으로 너를 도와 주리라 참으로 나의 의로운 오른손으로 너를 붙들리라"(사 41:10)

"야곱아 너를 창조하신 여호와께서 지금 말씀하시느니라 이스라엘아 너를 지으신 이가 말씀하시느니라 너는 두려워하지 말라 내가 너를 구속하였고 내가 너를 지명하여 불렀나니 너는 내 것이라 네가 물 가운데로 지날 때에 내가 너와 함께 할 것이라 강을 건널 때에 물이 너를 침몰하지 못할 것이며 네가 불 가운데로 지날 때에 타지도 아니할 것이요 불꽃이 너를 사르지도 못하리니 대저 나는 여호와 네 하나님이요 이스라엘의 거룩한 이요 네 구원자임이라 내가 애굽을 너의 속량물로, 구스와 스바를 너를 대신하여 주었노라(사 43:1-3)

2. 불가능을 정복하기 위해
열등감의 철병거를 몰아내야 합니다.

본문 14절에서 요셉 자손들은 의기양양한 모습으로 자신들을 "큰 민족"이라고 자부하며 땅을 더 달라고 불평했습니다.

그런데 여호수아가 "개척하라"라는 말을 하자, 뒷걸음질 치며 핑계를 댔습니다. '적들은 다 철병거를 가지고 있다'며 자신들이 그 땅을 차지할 수 없는 이유에 대해서 말했습니다. 열등의식을 가지고 적들과 자신들을 비교했고, 하나님의 도우심을 믿지 않았습니다. 문제 앞에서 소극적인 자세를 취하며 자기를 비하했습니다.

이렇게 열등감은 하나님의 약속을 믿지 않고, 다른 사람과 자신을 비교해서 만들어진 악감정입니다. 이러한 열등감은 마음에서 시작하여 생각과 기분, 태도와 가치관, 행동과 언어 전반에 영향을 미칩니다.

그래서 열등감을 가진 사람은 생각이 부정적이고, 언어가 폐쇄적이며, 행동이 소극적입니다.

열등감을 가진 사람들은 자기 자신을 사랑하지 못하고, 자기 자신의 삶과 환경에 만족하지 못합니다.

열등감이 심한 사람들은 자신을 미워하고 혐오하며, 자신을 정죄하고 학대합니다.

우리는 열등감이 하나님을 향한 불신에서 비롯된 것이라는 사실을 깨닫고 열등감의 철병거를 몰아내야 합니다. 무한한 은혜와 능력을 공급하시는 하나님을 신뢰하며 열등감의 철병거를 몰아내야 합니다. 예수님 밖에서 우리는 아무것도 아니지만, 예수님 안에서 우리는 모든 것을 할 수 있습니다. 예수 그리스도의 십자가를 붙드는 사람은 모든 상황 속에서 자족하며 불가능을 정복할 수 있습니다(빌 4:11-13).

3. 불가능을 정복하기 위해
게으름의 철병거를 몰아내야 합니다.

요셉 자손들은 편한 길을 찾았습니다.
점령하기 쉬운 곳만 찾았습니다. 점령하기 쉬운 곳만 찾다 보니 땅이 좁아 보였던 것입니다. 이는 게으른 마음입니다. 힘든 일은 싫고, 어려운 상대도 싫고 쉬운 것만 하고 싶은 마음은 게으름이라고 할 수 있습니다.
이 게으름은 우리 안에 숨어있는 무서운 철병거입니다.
많은 사람들이 게으름을 그저 성향이나 기질이라고, 생각해 고치려 하지 않는 경향이 있습니다.

그러나 하나님께서는 게으름이 분명한 죄라고 말씀하십니다. 또한 많은 믿음의 선진들이 게으름을 죄라고 말했습니다.
초대교회와 중세시대를 걸쳐 일곱 가지 큰 죄악을 말할 때 자만, 시기, 정욕, 화, 탐식, 탐욕 등과 더불어 게으름이 포함됩니다.

"게으른 자는 가을에 밭 갈지 아니하나니 그러므로 거둘 때에는 구걸할지라도 얻지 못하리라"(잠 20:4)

"여호와의 일을 게을리 하는 자는 저주를 받을 것이요 자기 칼을 금하여 피를 흘리지 아니하는 자도 저주를 받을 것이로다"(렘 48:10)

신학자 토마스 아퀴나스는 "게으름은 무슨 일을 하고자 하는 에너지가 거의 고갈되었거나 잃어버린 상태다"라고 말합니다. 즉, 아무것도 하고 싶지 않은 마음의 상태가 게으름입니다. 마음속에 이러한 게으름이 자리 잡을 때 우리는 불가능을 정복할 수 없습니다. 본래 게으름은 죄성의 기본 바탕입니다. 게으른 사람은 뜨거운 사랑이나 열정이 없고, 행복과 기쁨을 느끼지 못합니다. 아무런 의욕 없이 죽은 듯 시간을 허비할 뿐입니다. 이러한 게으름의 밑바탕에는 하나님께서 주신 삶에 대한 감사와 기대가 아니라 자신의 삶에 대한 싫증과 불평과 원망이 깔려 있습니다.

"한 달란트 받았던 자는 와서 이르되 주인이여 당신은 굳은 사람이라 심지 않은 데서 거두고 헤치지 않은 데서 모으는 줄을 내가 알았으므로 두려워하여 나가서 당신의 달란트를 땅에 감추어 두었었나이다 보소서 당신의 것을 가지셨나이다"(마 25:24-25)

한 달란트 받은 종의 말 속에는 다른 종들과의 비교의식과 자신의 주인에 대한 원망과 불평과 싫증이 깔려있습니다. 이러한 모습은 하나님께서 우리에게 원하시는 삶이 아닙니다.

게으름은 하나님의 뜻에 대적하는 죄입니다(잠 26:15, 잠 12:27, 딤전 5:13).

하나님은 게으른 자들에 대하여 자신이 마땅히 누려야 할 권리를 누리지 못하고 기회를 놓치며 심지어 자신 주변을 복잡하게 한다고 말씀하십니다. 하나님은 게으른 자를 책망하십니다. 우리는 바로 지금 쉬운 길만 찾고, 노력 없이 이득만 보려는 게으름의 철병거를 몰아내야 합니다.

"부지런하여 게으르지 말고 열심을 품고 주를 섬기라"(롬 12:11)

두려움과 열등감과 게으름의 철병거를 물리치고, 하나님의 말씀을 의지하여 불가능을 정복하는 인생을 살아갑시다.
성도는 마땅히 큰 믿음, 살아있는 믿음을 가지고 크고 위대한 인생을 살아야 합니다.
환경을 탓하며 안주하고, 불가능에 굴복해서는 안 됩니다.
불가능 속에는 크고 놀라운 영적 기회가 담겨있습니다.
우리는 불가능을 정복하며 성령의 권능을 나타내고, 기적의 주인공이 될 수 있습니다.

우리 모두가 '할 수 없다, 안 된다' 는 생각을 버리고 불가능을 정복하여 영혼 구원, 제자 양성, 세계 선교의 지평을 넓혀 가기를 주님의 이름으로 축원합니다.

1. 불가능을 가능하게 하기 위해 할 일은 무엇입니까?

( ) 안에 맞는 단어는 무엇입니까?

(1) 당신의 ( )을 분석하라.

당신이 하고 있는 생각이 불가능에 굴복하고 있는지, 불가능에 도전하고 있는 것인지 잘 판단해 보십시오.

● 당신은 부정적인 생각에서 긍정적 생각으로 변화시키고 있습니까?

(2) 당신의 사고방식을 위한 ( )을 가동하라.

일단 불가능의 생각이 감지되면 우리는 하나님을 향한 믿음을 붙잡고 즉각적으로 차단하여 쫓아버려야 합니다.

● 부정적인 생각이 자주 말이나 태도, 얼굴로 표출됩니까?

(3) "할 수 있다"라는 말씀 위에 당신의 인생을 ( )께 드리라.

우리가 하나님을 믿는다는 것은 우리를 향한 주님의 은혜 안에서 적극적으로 사고할 수 있다는 사실을 받아들이는 것입니다.

● 로마서 5장 7절에 무엇이 하나님과 원수가 되는 생각입니까?

(4) 크고 위대한 ( )을 가지라.

위대한 영혼을 품은 자는 위대한 생각을 품고 있고, 위대한 생각을 품은 사람은 위대한 삶을 살아갈 수 있습니다.

● 당신이 누구의 마음을 가질 때 큰 생각을 품을 수 있다고 믿습니까?

(5) ( )으로 행동하라.

성령님의 생각이 행동으로 표현될 때 육의 생각은 완전히 떠나가고 불가능은 정복됩니다.

● '안 된다, 못 한다'라는 생각을 버리고 불가능을 정복하는 삶을 살고 있습니까?

2. 아래 성구를 보고 당신의 삶에 일어난 일들을 나누십시오.

(1) 야고보서 2장 26절 – "영혼 없는 몸이 죽은 것 같이 행함이 없는 믿음은 죽은 것이니라"

(2) 여호수아 17장 18절 – "그 산지도 네 것이 되리니 비록 삼림이라도 네가 개척하라 그 끝까지 네 것이 되리라 가나안 족속이 비록 철 병거를 가졌고 강할지라도 네가 능히 그를 쫓아내리라 하였더라"

(3) 디모데후서 1장 7절 – "하나님이 우리에게 주신 것은 두려워하는 마음이 아니요 오직 능력과 사랑과 절제하는 마음이니"

3. 아래 성구의 (   )에 맞는 단어를 넣고 가능하면 암송합시다.

"(   ) 하지 말라 내가 너와 함께 함이라 (   ) 말라 나는 네 (   )이 됨이라 내가 너를 굳세게 하리라 참으로 너를 도와 주리라 참으로 나의 의로운 오른손으로 너를 붙들리라"(이사야 41:10)

1. 불가능에 도전하는 만큼

작사/작곡 이 순 희

불 가 능 에 도 전 하 는 만큼 진 취 적 이 고 역 동 적 인 삶

불 가 능 을 정 복 하 는 만큼 잠 재 력 을 깨 우 는 삶

무 — 한 하 게 공 급 하 시 는 하 나 님

변 화 와 성 장 을 주 시 네

환 경 과 생 각 을 뛰 어 넘 는 성 장 을 주 시 네

모 든 것 을 — 초 월 하 여 — 길 을 만 드 시 는 — 하 나 님

끝 — 없 는 역 경 과 고 난 속 에 서 도

하 — 나 님 이 행 하 신 새 일 을 보 네

Copyright © 2022. 10. 1. SOONHEE LEE.

39

제1장 불가능을 정복하는 인생

2

승리가 보장된 싸움

여호수아 11:1-9

"하솔 왕 야빈이 이 소식을 듣고 마돈 왕 요밥과 시므론 왕과 악삽 왕과 및 북쪽 산지와 긴네롯 남쪽 아라바와 평지와 서쪽 돌의 높은 곳에 있는 왕들과 동쪽과 서쪽의 가나안 족속과 아모리 족속과 헷 족속과 브리스 족속과 산지의 여부스 족속과 미스바 땅 헤르몬 산 아래 히위 족속에게 사람을 보내매 그들이 그 모든 군대를 거느리고 나왔으니 백성이 많아 해변의 수많은 모래 같고 말과 병거도 심히 많았으며 이 왕들이 모두 모여 나아와서 이스라엘과 싸우려고 메롬 물 가에 함께 진 쳤더라 여호와께서 여호수아에게 이르시되 그들로 말미암아 두려워하지 말라 내일 이맘때에 내가 그들을 이스라엘 앞에 넘겨 주어 몰살시키리니 너는 그들의 말 뒷발의 힘줄을 끊고 그들의 병거를 불사르라 하시니라 이에 여호수아가 모든 군사와 함께 메롬 물 가로 가서 갑자기 습격할 때에 여호와께서 그들을 이스라엘의 손에 넘겨 주셨기 때문에 그들을 격파하고 큰 시돈과 미스르봇 마임까지 추격하고 동쪽으로는 미스바 골짜기까지 추격하여 한 사람도 남기지 아니하고 쳐죽이고 여호수아가 여호와께서 자기에게 명령하신 대로 행하여 그들의 말 뒷발의 힘줄을 끊고 그들의 병거를 불로 살랐더라"

2

승리가 보장된 싸움

성도의 신앙생활은 영적 전쟁의 연속입니다.

가정과 직장, 심지어 교회 안에서도 영적 전쟁이 이어집니다. 삶의 현장 자체가 영적 싸움의 현장입니다.

딘 셔만은 그의 책 『영적 전쟁』에서 다음과 같이 말했습니다. "영적 전쟁은 단지 극소수의 그리스도인들이 가지는 특별한 은사나 소명이 아니다. 우리가 그리스도인이 되기로 했을 때, 우리는 자동적으로 전쟁에 돌입한 것이다. 이것은 선택 사항이 아니다. 영적 전쟁은 우리가 이미 전쟁의 한 가운데 있다는 것을 깨닫는 것으로 시작된다."

전적인 은혜로 구원을 받고 그리스도인이 된 우리는 하나님의 무한한 보호와 인도 속에 살아가지만 동시에 끊임없이 대적 사탄의 공격을 받습니다. 눈에 보이지 않지만, 사람과 사건,

환경과 역사의 배후에서 일하는 사탄과 그의 수하인 어둠의 영들은 간사한 계략과 상당한 힘으로 우리의 영혼을 공격합니다. 하나님이 기뻐하시는 예배와 기도, 경건 생활과 선교를 방해하고 여러 가지 죄와 상처에 얽매인 채 세상 풍조를 따르게 만듭니다.

이에 『거룩한 전쟁』의 저자 존 번연은 "사탄이 인간을 타락시켜서, 영, 혼, 육 그리고 환경의 모든 순리적 기능을 파괴시키고 자신의 종이 되게 만들었다. 사탄은 영혼들을 계속해서 자신의 지배 아래에 두려고 공격을 가하는데, 그것은 바로 타락한 영혼들이 마음의 눈을 뜨지 못하도록 생명을 주는 하나님의 말씀에 대해서 마음을 강퍅하게 하고 또 마음이 무반응하도록 끊임없이 불화살의 공격을 퍼붓는 것이다"라고 했습니다.

삶을 결정짓는 인생의 본질인 영혼은 가볍게 여기게 만들고, 육신적인 일로 분주하여 시간, 노력, 물질을 허비하게 만듭니다. 영혼을 결박하는 죄에 반복적으로 빠지게 만들고, 거짓 술수로 마음과 생각을 혼미하게 합니다. 그러므로 우리는 항상 깨어 근신하며 사탄을 대적해야 합니다. 배후에서 역사하는 악한 영의 계략을 볼 수 있어야 합니다. 눈이 어두워진 사람은 영적 분별력이 흐려져 정확한 판단을 하지 못합니다. 그래서 배후에 역사하는 어둠을 보지 못하고 눈에 보이는 사람과 싸웁니다. 인체학적으로도 어둠 가운데 잠시 머무는 것은 시력에 큰 영향을 미치지 않지만 오래 머물게 되면 점차적으로 시력을 잃어 마침내는 소경이 될 수 있다고 합니다. 영적인 시력도 마찬가지입니다. 어둠 가운데 있는 자는 영적 시력을 잃어버리게 됩니다. 그로 인해 영적 판단력을 잃게 되어 누가 적군이고 아군인지 구분하지 못합니다. 우리는 사람과 싸우거나 문제와 실랑이 할 것이 아니라, 무엇보다 우선적으로 영적 싸움에서 승리해야 합니다.

"우리의 씨름은 혈과 육을 상대하는 것이 아니요 통치자들과 권세들과 이 어둠의 세상 주관자들과 하늘에 있는 악의 영들을 상대함이라"(엡 6:12)

우리의 싸움은 혈과 육의 싸움이 아닙니다.

"육박전보다 심리전이 더 무섭고, 심리전보다는 영리전이 더 무섭다"라는 말이 있습니다. 영적 싸움은 그 대상이 사탄이기 때문에 우리의 힘이나 지혜로는 백전백패합니다.

지금도 사탄은 우는 사자처럼 두루 다니며 삼킬 자를 찾고 있습니다. 악한 영들은 도처에서 외로움의 불화살, 우울의 불화살, 분노의 불화살, 절망의 불화살, 교만의 불화살을 쏘며 성도의 마음을 병들게 만듭니다. 공허의 불화살, 두려움의 불화살, 죄책감의 불화살, 거짓의 불화살로 생각을 뒤흔들어 진리를 떠나게 만듭니다.

영적 전쟁의 실상을 알지 못하고 영적 무지와 나태함에 빠져있는 사람들은 이러한 어둠의 공격에 속수무책으로 당합니다. 마음에 불화살을 맞아 우울증, 무기력증, 대인기피증 등에 빠지고, 생각에 불화살을 맞아 염려와 근심, 망상과 두려움 등 영적 침체에 빠지게 됩니다. 사탄의 간계에 넘어가서 하나님을 대적하는 일을 하고 죄에게 자기 지체를 내어주며 고통을 자초합니다.

영적 싸움에는 사탄의 편과 하나님의 편이 존재합니다. 중간지대는 없습니다. 그러기에 내가 어느 편에 서서 싸우느냐가 제일 중요합니다.

영적 분별력이 없으면 사탄의 편에 서 있으면서 하나님 편에 서 있다고 착각합니다. 우리는 내가 지금 어느 편에 서 있는지 분별해야 합니다. 그리고 예수 그리스도의 이름으로 당당하게 일어나 싸워야 합니다. 반드시 하나님의 전신갑주를 입고 영적 전쟁을 치러야 합니다. 영적 싸움은 예수님이 이겨 놓으신 싸움입니다.

"이것을 너희에게 이르는 것은 너희로 내 안에서 평안을 누리게 하려 함이라 세상에서는 너희가 환난을 당하나 담대하라 내가 세상을 이기었노라" (요 16:33)

"자녀들아 너희는 하나님께 속하였고 또 그들을 이기었나니 이는 너희 안에 계신 이가 세상에 있는 자보다 크심이라"(요일 4:4)

영적 싸움은 선한 싸움이며 살리는 싸움이고 승리가 보장된 싸움입니다.

> "무릇 하나님께로부터 난 자마다 세상을 이기느니라 세상을 이기는 승리는 이것이니 우리의 믿음이니라"(요일 5:4)
> "오직 너 하나님의 사람아 이것들을 피하고 의와 경건과 믿음과 사랑과 인내와 온유를 따르며 믿음의 선한 싸움을 싸우라 영생을 취하라 이를 위하여 네가 부르심을 받았고 많은 증인 앞에서 선한 증언을 하였도다"(딤전 6:11-12)

찰스 스펄전은 그의 책 『승리가 보장된 싸움』을 통해 다음과 같이 말했습니다.

"모든 그리스도인은 전사로 태어났다. 공격받는 것이 우리의 운명이며, 공격하는 것은 우리의 의무다. 그런데 수많은 사람들이 자신의 정체성을 망각한 채 주님의 부름에 응답하지 않고 있다. 그리스도를 기꺼이 따르고자 한다면 폭풍 속에서도 믿음에 굳게 서서 거룩한 전쟁에 동참해야 한다. 감사한 것은 영적 전쟁이 세상의 그것과 다르다는 점이다.

우리 대장 예수님은 한 번도 진 적이 없다. 그리고 그분의 강력한 무기가 고스란히 우리의 손에 전해졌다. 여자의 후손이신 예수 그리스도가 뱀의 머리를 짓밟아 버리셨기에 우리는 두려움 없이 그를 대적할 수 있다. 이미 오래전에 끝난 싸움이며, 우리에게는 승리가 보장되어 있기 때문이다. 그리스도인들이여, 하나님의 용맹한 전사로 우뚝 서서 거룩한 승리에 동참하자! 싸움의 본질을 대면하고 거룩한 전쟁에 동참하여 세상에서 승리자로 살아가라!"

예수님은 십자가에서 죽으심으로 '인류 구원'이라는 위대한 사명을 이루셨고, '흠 없는 제물'이 되심으로 우리의 모든 죄를 씻으셨습니다. 십자가로 구약의 성취와 새 창조의 역사를 이루셨고, 우리의 모든 죄의 빚을 청산하셨으며, 사탄의 일을 멸하셨습니다. 그래서 예수님은 십자가에서 "다 이루었다"라고 선포하셨습니다. 우리는 예수 그리스도의 완전한 성취를 믿고 담대하게 영적 전쟁에 임해야 합니다. 영적 전쟁을 치를 수 있다는 자체가 특권임을 알고 충만한 기쁨과 감사, 믿음과 평안을 가지고 싸워야 합니다.

실시간으로 생중계되는 축구 경기는 손에 땀을 쥐게 합니다. 그러나 녹화 중계 방송은 이미 경기의 결과를 알기 때문에 여유를 갖고 볼 수 있습니다. 영적 전쟁도 마찬가지입니다.

우리는 모든 영적 전쟁의 과정 중에서 보장된 승리를 믿으며 넉넉히 이겨야 합니다. 거대해 보이는 역경과 환난이 다가올 때에도 흔들림 없이 하나님의 사랑을 믿고 승리자의 자세를 취해야 합니다(롬 8:35-39).

본래 영적 전쟁이라는 표현은 예수님과 사탄이 비등한 실력을 가지고 싸우기 때문에 사용한 단어가 아니라 마귀를 심판하기 위한 전쟁이라는 의미를 가지고 있는 말입니다.

살아계신 하나님은 영적 전쟁을 통해 악의 세력을 심판하고 하나님의 자녀 된 성도들의 영적 실력을 향상시키십니다. 영적 전쟁을 치르는 과정을 통해 고차원의 축복을 누릴 수 있는 안목과 능력을 갖추게 하시고, 천국 시민권자로서 합당한 인품과 태도를 지니게 하십니다.

우리는 영적 전쟁을 허락하시는 하나님의 선하신 의도를 깨닫고 승리가 보장된 싸움에 임해야 합니다. 이스라엘 백성들도 약속받은 가나안 땅에 들어갈 때 전쟁을 치러야 했습니다. 하나님은 이스라엘 백성들이 가나안 7족속과 싸우게 하심으로 성장과 성숙을 이루고 죄와 구별된 삶을 배우기를 원하셨습니다.

여호수아 11장은 이스라엘이 하나님의 도우심으로 가나안의 북부 연합군을 격파시킨 내용입니다. 이스라엘의 가나안 땅 정복은 중부를 먼저 정복한 후 남부, 그리고 이어서 북부 이렇게 세 단계로 이루어졌습니다.

처음 이스라엘이 가나안 땅을 모두 삼키려고 한다는 소식을 들은 가나안 북부 지역의 도시국가들은 '하솔'이라는 성읍의 왕을 중심으로 뭉쳐 연합군을 결성하고 메롬 물가에 결집했습니다. 이들은 어마어마한 숫자를 과시하는 군대를 결성했는데, 심히 많은 말과 병거를 앞세웠습니다. 당시 이스라엘은 말과 병거도 없었을뿐더러 가나안에 들어와 말과 병거를 대상으로 싸워 본 적이 없었기에 매우 위협적인 상황이었습니다.

"하솔 왕 야빈이 이 소식을 듣고 마돈 왕 요밥과 시므론 왕과 악삽 왕과 및 북쪽 산지와 긴네롯 남쪽 아라바와 평지와 서쪽 돌의 높은 곳에 있는 왕들과 동쪽과 서쪽의 가나안 족속과 아모리 족속과 헷 족속과 브리스 족속과 산지의 여부스 족속과 미스바 땅 헤르몬 산 아래 히위 족속에게 사람을 보내매 그들이 그 모든 군대를 거느리고 나왔으니 백성이 많아 해변의 수많은 모래 같고 말과 병거도 심히 많았으며 이 왕들이 모두 모여 나아와서 이스라엘과 싸우려고 메롬 물 가에 함께 진 쳤더라"(수 11:1-5)

말과 병거를 앞세운 강력한 연합군 앞에서 이스라엘 백성들은 두려워했습니다. 그들의 두려움은 하나님을 향한 불신과 미래에 대한 절망을 담고 있는 것이었습니다. 육신적으로 생각하면 강력한 상대와의 전쟁을 앞둔 이스라엘이 두려워하는 것은 당연하게 보일 수 있습니다.

본래 사람은 누구나 두려움에 약합니다.
그래서 사람들은 두려움을 자연스러운 것이라 여기고 방치합니다. 두려움으로 고통을 당하는 것은 어쩔 수 없는 것이라 여기고 두려움이 만든 수동성을 받아들입니다. 그러나 성령님이 주도하는 영적 싸움을 싸우는 그리스도인은 두려움을 허용해서는 안 됩니다. 두려움은 악한 영의 공격을 받아 하나님의 사랑에서 떠난 상태입니다. 두려움 안에 있을 때 우리는 영적 능력을 받을 수 없습니다. 두려워하는 사람은 사탄에게 속아서 무분별과 무절제에 빠지게 되고, 소극성과 게으름에 빠지게 되며 육신적인 방법을 택하게 됩니다.

> "하나님이 우리에게 주신 것은 두려워하는 마음이 아니요 오직 능력과 사랑과 절제하는 마음이니"(딤후 1:7)

두려움이 올 때에 우리는 두려움에 집중해서는 안 됩니다. 우리는 두려움을 이기신 하나님을 바라보아야 합니다.

두려움이 느껴질 때마다 하나님의 품으로 가야합니다.

본문 6절에서 하나님은 엄청난 대적을 앞둔 여호수아에게 "두려워하지 말라"고 말씀하셨습니다. 하나님은 우리의 약함을 아시고 격려하시며 넉넉한 힘과 사랑을 공급하시는 분이십니다. 우리는 진리의 사랑 안에 굳게 서서 모든 두려움을 몰아내야 합니다. 우리가 치를 영적 싸움은 승리가 보장된 싸움임을 알고 두려움 없이 담대하게 일어서야 합니다. 두려움에 묶여 있는 사람은 충분히 할 수 있는 일도 버거워하며 무기력한 인생을 살아갑니다. 사탄은 지금도 성도에게 두려움을 주어 수동적이고 게으른 삶을 살게 합니다. 그러므로 성도는 적극적으로 두려움을 몰아내고 주의 일에 열심을 내야 합니다.

"사랑 안에 두려움이 없고 온전한 사랑이 두려움을 내쫓나니 두려움에는 형벌이 있음이라 두려워하는 자는 사랑 안에서 온전히 이루지 못하였느니라"(요일 4:18)

여호수아에게 두려워하지 말라고 말씀하신 하나님은 '내일 이맘때에 그들을 이스라엘에게 넘겨주어 몰살시킬 것'이라고 하셨습니다. 하나님의 손으로 직접 그들을 이스라엘 앞에 넘겨주어 몰살시킨다고 하신 것입니다. 본래 하나님의 전쟁인 영적 전쟁에서 인간의 힘은 필요하지 않습니다. 하나님의 전쟁은 전적으로 하나님 자신이 싸우시며 전쟁을 주도하십니다.

"모세가 백성에게 이르되 너희는 두려워하지 말고 가만히 서서 여호와께서 오늘 너희를 위하여 행하시는 구원을 보라 너희가 오늘 본 애굽 사람을 영원히 다시 보지 아니하리라 여호와께서 너희를 위하여 싸우시리니 너희는 가만히 있을지니라"(출 14:13-14)

성경에 기록된 모든 하나님의 전쟁에서 인간의 힘은 필요하지 않았습니다. 홍해를 갈라서 애굽 군대를 침몰시킬 때도, 여리고 성을 무너뜨릴 때도, 기드온의 용사 300명이 미디안 대군 13만 5천 명과 싸울 때도, 여호사밧 왕이 연합군(암몬 자손과 모압과 세일 산 주민들)과 싸울 때도 인간의 힘은 조금도 필요하지 않았습니다.

하나님이 친히 바다를 가르시고 여리고 성을 무너뜨리셨으며 미디안 대군과 여호사밧의 대적 연합군을 자기들끼리 싸우게 함으로 자멸하게 하셨습니다.

하나님의 전쟁에서 우리에게 필요한 것은 우리의 능력이 아니라 하나님께 순종하는 것입니다. 하나님은 우리의 순종 여부를 보시고 우리를 하나님의 거룩한 전쟁에 참여하는 군사로 여겨주십니다.

실제로 싸움은 하나님이 하십니다.

우리가 치르고 있는 영적 전쟁도 마찬가지입니다.

모든 영적 전쟁의 주역은 하나님이시며 성령님의 능력이 완전한 승리를 이루게 하십니다. 그러므로 우리는 육신적인 생각을 깨뜨리고 오직 하나님의 말씀에 철저히 순종해야 합니다(고후 10:3-5).

그런데 여기서 하나님이 좀 이상한 명령을 하십니다.

이기고 나면 적군들의 말의 뒷발 힘줄을 끊고 병거를 불사르라는 것입니다. 지금으로 따지면 최첨단 자동차와 전투기기를 취하지 말고 불사르라는 말과 같습니다. 인간적으로 생각하면 엄청난 낭비이고 불필요한 파괴로 보입니다.

그런데 여호수아는 하나님의 말씀에 순종했습니다.

여호수아는 메롬 물가로 가서 기습작전을 펴 적군을 단숨에 격파하고 하나님의 명령대로 말들의 뒷발 힘줄을 끊고 병거들을 다 불태웠습니다.

"여호와께서 여호수아에게 이르시되 그들로 말미암아 두려워하지 말라 내일 이맘때에 내가 그들을 이스라엘 앞에 넘겨 주어 몰살시키리니 너는 그들의 말 뒷발의 힘줄을 끊고 그들의 병거를 불사르라 하시니라 이에 여호수아가 모든 군사와 함께 메롬 물 가로 가서 갑자기 습격할 때에 여호와께서 그들을 이스라엘의 손에 넘겨 주셨기 때문에 그들을 격파하고 큰 시돈과 미스르봇 마임까지 추격하고 동쪽으로는 미스바 골짜기까지 추격하여 한 사람도 남기지 아니하고 쳐죽이고 여호수아가 여호와께서 자기에게 명령하신 대로 행하여 그들의 말 뒷발의 힘줄을 끊고 그들의 병거를 불로 살랐더라"(수 11:6-9)

이로써 이스라엘은 그토록 염원하던 가나안 정복을 실현했습니다. 가나안의 모든 족속들을 다 몰아낸 것은 아니지만 여호수아가 가나안의 주요 거점 도시들을 정복함으로써 장악을 하게 된 것입니다.

그런데 하나님은 왜 전리품으로 얻은 적군들의 말의 뒷발 힘줄을 끊고 병거를 불태우라고 하셨을까요?

말과 병거는 이스라엘 군대의 전력을 강화시킬 수 있는 최신 장비일 뿐 아니라 교통수단으로도 꼭 필요합니다. 그런데도 하나님께서 없애라고 하신 이유는 전쟁에서 승리한 이스라엘이 나중에 하나님보다 이것들을 더 의지하는 것을 미리 차단하기 위함입니다.

이스라엘의 승리는 말과 병거가 주는 것이 아니라 오직 하나님이 주시는 것임을 믿게 하기 위함입니다. 하나님이 친히 그들의 말과 병거가 되어 주실 것이니 하나님만 의지하라는 것입니다(시 20:7-9).

우리는 어떤 모습으로 영적 전쟁을 치르고 있습니까?

말과 병거를 원하고 있지는 않습니까?

말과 병거가 없어서 패배할 수밖에 없다며 합리화하고 있지는 않습니까? 말은 빨리 가게 해주고, 병거는 편히 앉아서 가게 하는 것입니다. 결국 말과 병거는 더 빠르고 편한 것을 쫓는 육신을 위한 것입니다.

지금도 많은 사람들이 예수님을 믿는다고 하면서도 말과 병거를 구합니다. 돈이 있어야 장래가 보장된다며 신앙을 버리고 돈을 모읍니다. 건강이 장래를 보장한다며 신앙을 버리고 건강에 힘을 쏟습니다.

또 많은 학생들은 공부가 인생을 보장한다며 예수님을 버리고 공부에 매달립니다. 인간관계가 잘되어야 미래가 보장된다며 인간관계를 맺느라 주일도 못 지키는 사람들도 많습니다. 이 모든 것이 헛된 것입니다.

"소탐대실"이라는 말이 있습니다.

"작은 것을 탐하다 큰 것을 잃음"이라는 뜻입니다.

눈 앞의 이익을 위해 하나님을 향한 믿음을 버리는 사람은 이 세상에서 가장 어리석은 사람입니다. 성경은 우리 인간을 흙으로 창조한 '질그릇'이라고 표현합니다. 질그릇의 가장 큰 특징은 깨지기가 아주 쉽다는 것입니다. 천하를 호령했던 위대한 인물이라 해서 한계가 없었던 존재는 한 명도 없습니다. 젊은 시절 뛰어난 전술과 패기로 광활한 땅을 정복하고 당시 강대국 페르시아까지 제패하며 전 세계를 삼킬 것만 같았던 알렉산더는 31세의 어느 날 고열에 시달리다가 허무한 죽음을 맞았습니다. 또한 "내 사전에 불가능한 것은 없다"라고 큰소리쳤던 나폴레옹도 그의 말년에 육지에서 1200km나 떨어진 남대서양의 외딴섬 세인트헬레나 섬에서 총독인 허드슨 로에게 조롱과 수치를 당하고, 악화되는 건강상태에도 불구하고 치료도 받지 못한 채 쓸쓸히 고독한 죽음을 맞았습니다. 오직 하나님만이 우리의 진정한 힘이십니다.

> "여호와는 자기를 경외하는 자들과 그의 인자하심을 바라는 자들을 기뻐하시는도다 예루살렘아 여호와를 찬송할지어다 시온아 네 하나님을 찬양할지어다"(시 147:10-11)

영적 싸움은 오직 성령의 능력으로만 이길 수 있습니다.

그러므로 실력보다 겸손을 택하고, 화려함보다 믿음을 택하는 사람이 영적 싸움에서 승리할 수 있습니다. 우리는 말과 병거가 없어도 순전한 마음으로 구원의 하나님을 의지할 때 승리할 수 있습니다(합 3:17-18).

영적인 관점에서 보면 말과 병거가 없어서 더 절실하게 하나님을 의지하는 것이 복입니다. 하나님 앞에서 복된 사람은 언제나 하나님을 의지하는 사람입니다. 하나님께서 우리를 위해 직접 싸우심을 믿고, 하나님 편에 굳게 서서 주님의 능력을 더욱더 신뢰할 때 우리는 승리할 수 있습니다. 그렇기 때문에 하나님 앞에 복된 환경이란 언제나 하나님을 의지할 수밖에 없는 환경입니다.

주 예수님을 의지하지 않아도 사는 데 아무 불편이 없는 환경은 신앙 생활하는 데 제일 어려운 환경입니다. 하나님은 하나님을 사랑하는 자에게 더욱 하나님만 의지하는 삶을 살게 하십니다. 우리 모두가 하나님보다 의지했던 모든 것을 내려놓고 오직 성령의 능력만을 의지하시길 바랍니다.

승리가 보장된 영적 싸움에서 우리가 할 일은 모든 것을 내려놓고 하나님을 의지하고 그분의 말씀에 순종하는 것입니다. 두려움의 정체는 연약함이 아니라 내려놓지 못한 집착과 우상입니다. 하나님만 의지하는 사람은 두렵지 않습니다.

"내가 산을 향하여 눈을 들리라 나의 도움이 어디서 올까 나의 도움은 천지를 지으신 여호와에게서로다"(시 121:1-2)

"이스라엘아 여호와를 의지하라 그는 너희의 도움이시요 너희의 방패시로다 아론의 집이여 여호와를 의지하라 그는 너희의 도움이시요 너희의 방패시로다 여호와를 경외하는 자들아 너희는 여호와를 의지하여라 그는 너희

의 도움이시요 너희의 방패시로다"(시 115:9-11)

성도에게 영적 전쟁은 필수적인 것입니다.

우리는 영적 싸움을 통해 성장하고 성결해집니다.

고도의 영적 싸움을 치를수록 더 큰 축복과 권세를 누리게 됩니다. 그러므로 우리는 승리를 이루시고 우리의 대장되신 예수 그리스도를 의지하여 승리가 보장된 싸움을 싸워야 합니다. 모든 것을 내려놓고 철저히 말씀에 순종하며 승리의 실현을 경험해야 합니다. 영적 싸움에서는 모든 우상을 내려놓고 하나님만 의지하는 자가 승리합니다.

우리는 하나님보다 육신의 방법을 의지하게 하는 말의 뒷발 힘줄을 끊고 병거를 불태웁시다. 하나님만 의지함으로 승리가 보장된 싸움을 싸우며 승리의 행진을 이어나가는 우리 모두가 되시기를 주님의 이름으로 축원합니다.

복음과 인생설계

주님과 동행하는 기쁨 나누기

1. 승리가 보장된 싸움을 위해 할 일은 무엇입니까?

( ) 안에 맞는 단어는 무엇입니까?

(1) 우리의 싸움은 (　　)과 (　　)의 싸움이 아님을 알라.

우리는 내가 지금 어느 편에 서 있는지 분별해야 합니다. 그리고 예수 그리스도의 이름으로 당당하게 일어나 싸워야 합니다.

● 영적 싸움은 선한 싸움이며 살리는 싸움이고 승리가 보장된 싸움임을 믿습니까?.

(2) 두려움은 하나님을 향한 (　　)과 미래에 대한 (　　)을 담고 있음을 알라.

성령님이 주도하는 영적싸움을 싸우는 그리스도인은 두려움을 허용해서는 안 됩니다.

● 당신은 두려움이 올 때에 두려움에 집중하는 대신 두려움을 이기신 하나님을 바라봅니까?

(3) 우리는 (　　)의 사랑 안에 굳게 서서 모든 두려움을 몰아내야 한다.

우리가 치를 영적 싸움은 승리가 보장된 싸움임을 알고 두려움 없이 담대하게 일어서야 합니다.

● 요한일서 4장 18절 말씀에 의하면 무엇 안에 있으면 두려움이 없어집니까?

2. 아래 성구를 보고 당신의 삶에 일어난 일들을 나누십시오.

(1) 요한일서 5장 4절- "무릇 하나님께로부터 난 자마다 세상을 이기

느니라 세상을 이기는 승리는 이것이니 우리의 믿음이니라"

(2) 디모데후서 1장 7절– "하나님이 우리에게 주신 것은 두려워하는 마음이 아니요 오직 능력과 사랑과 절제하는 마음이니"

(3) 시편 147편 10, 11절– "여호와는 자기를 경외하는 자들과 그의 인자하심을 바라는 자들을 기뻐하시는도다 예루살렘아 여호와를 찬송할지어다 시온아 네 하나님을 찬양할지어다"

3. 아래 성구의 (   )에 맞는 단어를 넣고 가능하면 암송합시다.

"내가 산을 향하여 눈을 들리라 나의 도움이 어디서 올까 나의 도움은 (   )를 지으신 (   )에게서로다"(시편 121:1, 2)

2. 승리가 보장된 싸움

작사/작곡 이순희

61

3

천국을 소유하는 거룩한 바보

마태복음 5:10-12
"의를 위하여 박해를 받은 자는 복이 있나니 천국이 그들의 것임이라 나로 말미암아 너희를 욕하고 박해하고 거짓으로 너희를 거슬러 모든 악한 말을 할 때에는 너희에게 복이 있나니 기뻐하고 즐거워하라 하늘에서 너희의 상이 큼이라 너희 전에 있던 선지자들도 이같이 박해하였느니라"

3

천국을 소유하는
거룩한 바보

인간이 누릴 수 있는 최고의 복은 천국을 소유하는 것입니다.

천국을 소유하는 복은 세상의 그 어떤 복과도 견줄 수 없는 영원하고 참된 복입니다. 천국을 소유할 때 우리는 가장 궁극적이고 영원한 모든 좋은 것을 충만하게 누리게 됩니다. 천국을 소유하는 사람은 수천억을 소유한 재벌보다 더 큰 부요함을 누릴 수 있고, 이 땅에서 최고의 명예를 얻는 사람보다 더 큰 존귀를 입게 됩니다. 세상의 모든 것을 소유해서 얻을 수 있는 만족보다 더 큰 만족을 누리게 되고, 이 땅의 가장 안전한 곳에서 얻을 수 있는 안정감 보다 더 큰 평강을 누리게 됩니다. 천국은 하나님의 통치가 100% 온전히 이루어지고 영원한 생명을 누리는 곳입니다.

● 천국을 소유한 사람은 천국을 통치하는 하나님의 성품인 사랑과 희락, 의와 평강을 맛보고 끊임없이 솟아나는 생명력을 누립니다.

● 천국을 소유한 사람에게는 경쟁의식이나 시기, 미움이 존재할 수 없습니다.

● 천국을 기업으로 받은 사람은 불안과 두려움, 결핍과 우울이 없는 현세를 살고, 무한한 생명과 상급을 누리는 내세를 맞게 됩니다. 그래서 천국을 소유한 사람들은 세상에 속한 일로 인해 일희일비하지 않습니다.

육신의 정욕, 안목의 정욕, 이생의 자랑에 집착하지 않고, 잠시 있다가 사라질 육의 일로 만족을 얻으려는 어리석은 시도를 하지 않습니다.

돈이 많다고 우쭐하지 않고, 돈이 없다고 의기소침하지도 않습니다.

세상 지식이 있다고 오만하지도 않고, 세상의 권력이 있다고 자만하지도 않습니다.

천국을 소유한 사람은 오직 하나님의 은혜 안에서 하나님의 말씀을 따라 가장 가치 있고 존귀한 삶을 살아갑니다.

그러므로 우리는 그 어떤 것보다 천국을 사모해야 합니다.

최우선적으로 천국을 꿈꾸고, 천국을 준비해야 합니다. 예수님은 모든 소유를 다 팔아서라도 구해야 할 최상의 가치가 천국이라고 말씀하셨습니다.

"천국은 마치 밭에 감추인 보화와 같으니 사람이 이를 발견한 후 숨겨 두고 기뻐하며 돌아가서 자기의 소유를 다 팔아 그 밭을 사느니라, 또 천국은 마치 좋은 진주를 구하는 장사와 같으니 극히 값진 진주 하나를 발견하매 가서 자기의 소유를 다 팔아 그 진주를 사느니라"(마 13:44-46)

예수 그리스도께서 이 땅에 오신 가장 큰 이유는 주를 믿는 자들에게 천국의 복을 얻게 하려는 것입니다. 예수님은 성육신하시고 행하신 첫 설교를 통해 하나님 나라의 도래를 증거하셨습니다.

"이르시되 때가 찼고 하나님의 나라가 가까이 왔으니 회개하고 복음을 믿으라 하시더라"(막 1:15)

공생애를 통해 이루어진 예수 그리스도의 모든 사역은 천국 복음을 전파하는 것이었습니다. 예수님은 천국을 위한 신유의 능력을 나타내셨고, 천국을 보여주는 말씀을 가르치셨습니다. 천국보다 더 귀한 것은 없기 때문입니다(마 4:23).

어거스틴은 『신의 도성』이란 책을 쓰면서 로마 도성이 망한다고 해서 하나님의 도성이 무너지는 것은 아니라고 말하며 하늘을 바라보라고 충고했습니다. 어거스틴은 현세를 무시하고 부정하는 이원론자는 아니었습니다. 그러나 그는 현세를 잠정적이고 어둡고 덧없는 과정으로 보았고 하늘을 영원하고 밝고 복된 곳으로 보았습니다. 어거스틴은 『신의 도성』 마지막 권 마지막 장 마지막 부분에 이렇게 기록했습니다. "그때에 우리는 하나님의 축복과 성화로 충만하게 될 것이다. 우리는 영원한 안식을 누리며 하나님을 보게 될 것이다. 거기서 우리는 쉬고 보며, 보며 사랑하고, 사랑하며 찬양하게 될 것이다. 그것이 마지막이 없는 마지막에 이루어질 것이다."

그런데 많은 사람들이 육신의 문제를 해결 받고, 병을 고치는 데만 관심이 있고 천국에는 관심이 없습니다.

예수님이 이 땅의 축복만 구하며 영혼의 복은 사모하지 않습니다.

뜨겁게 예배를 드리고 간절히 기도를 해도 육신의 복만을 구하고, 하나님의 영광을 구하기보다 자기 자신을 나타내기를 원합니다.

천국을 사모하지 않는 사람들은 진리보다 자존심을 중요하게 생각하고, 하나님의 뜻보다 자기 욕심을 우선시합니다.

사명보다 안락하고 부유한 인생을 추구하고, 영혼 구원과 세계선교보다 인기와 명성을 기대합니다.

예수님을 믿는다고 하면서도 육신의 것을 구하기에 시기하고 다투고 싸우며 당을 짓습니다.

말씀을 읽고 들으면서도 땅의 것을 찾기에 미워하고 정죄하며 교만과 탐욕에 빠집니다.

성도의 주요 관심은 천국이어야 합니다.

성 어거스틴은 사람들이 행복하지 못한 이유에 대해 그의 『고백록』에서 이렇게 밝혔습니다.

"왜 사람들이 행복하지 못합니까? 그것은 사람들이 그들을 행복하게 해주는 진리는 희미하게 기억하고 있는데, 그들을 불행하게 해주는 여러 가지 잡다한 일에는 지나친 관심을 가지고 있기 때문입니다."

우리는 분명하게 천국을 구하고, 확실하게 천국을 소유하는 자가 되어야 합니다.

"그런즉 너희는 먼저 그의 나라와 그의 의를 구하라 그리하면 이 모든 것을 너희에게 더하시리라"(마 6:33)

천국을 찾는 그리스도인은 천국의 실상을 차지함으로 모든 것을 얻게 됩니다. 위의 것을 찾을 때 천국의 복과 권세뿐만 아니라 이 땅을 살아갈 수 있는 힘, 통찰력, 지혜까지 얻을 수 있기 때문입니다(골 3:1-5).

이 땅에 오셔서 하나님 나라의 복음을 선포하는데 주력하신 예수님은 산상수훈의 말씀을 증거 하실 때도 가장 먼저 팔복을 선포하심으로 천국의 복을 설파하셨습니다.

"예수께서 무리를 보시고 산에 올라가 앉으시니 제자들이 나아온지라 입을 열어 가르쳐 이르시되 심령이 가난한 자는 복이 있나니 천국이 그들의 것임이요"(마 5:1-3)
"의를 위하여 박해를 받은 자는 복이 있나니 천국이 그들의 것임이라"
(마 5:10)

예수님이 말씀하신 팔복의 시작과 끝은 천국입니다.
심령이 가난한 자와 박해받는 자 모두 천국을 소유합니다. 우리는 팔복의 말씀을 하나의 원으로 이해해 볼 수 있습니다. 팔복을 하나의 원으로 생각하고, 원을 시작하는 곳이 천국이고, 완성 지점도 천국으로 그리면 그 의미가 아주 잘 표현될 수 있습니다. 그렇게 원으로 그릴 때, 지나가는 모든 과정이 다 천국과 연결고리를 가진다는 사실과 또 모든 것이 다시 천국으로 되돌아오는 것을 알게 됩니다.

천국은 내세에 우리가 갈 영원한 나라이기도 하지만, 하나님의 통치가 현재적으로 임하는 곳이 또한 천국입니다. 그러므로 천국을 소유한 사람들은 하늘의 복과 땅의 복을 함께 누리게 됩니다. 천국을 소유한 사람은 바로 지금 여기에서 천국을 누립니다.

"바리새인들이 하나님의 나라가 어느 때에 임하나이까 묻거늘 예수께서 대답하여 이르시되 하나님의 나라는 볼 수 있게 임하는 것이 아니요 또 여기 있다 저기 있다고도 못하리니 하나님의 나라는 너희 안에 있느니라"
(눅 17:20–21)

"하나님의 나라는 먹는 것과 마시는 것이 아니요 오직 성령 안에 있는 의와 평강과 희락이라"(롬 14:17)

천국을 소유한 사람은 사나 죽으나 천국을 누리기에 죽음도 그에게는 유익한 것이 됩니다.

"우리 중에 누구든지 자기를 위하여 사는 자가 없고 자기를 위하여 죽는 자도 없도다 우리가 살아도 주를 위하여 살고 죽어도 주를 위하여 죽나니 그러므로 사나 죽으나 우리가 주의 것이로다"(롬 14:7–8)

천국을 소유하는 복을 누리는 우리 모두가 되시기를 축복합니다. 천국을 바라볼 때 우리는 성결해집니다. 죽음도 두려워하지 않게 됩니다. 주님을 위해 박해받는 것을 기뻐하게 됩니다.

"나로 말미암아 너희를 욕하고 박해하고 거짓으로 너희를 거슬러 모든 악한 말을 할 때에는 너희에게 복이 있나니 기뻐하고 즐거워하라 하늘에서 너희의 상이 큼이라 너희 전에 있던 선지자들도 이같이 박해하였느니라"

(마 5:11-12)

그러기에 천국을 소유한 사람들은 세상의 차원으로는 이해할 수 없는 행복을 누리며 바보 같은 삶을 자처합니다. 힘이 있지만 힘을 쓰지 않고, 알지만 모른 척하기도 합니다. 묻고 따질 수 있지만 침묵하기도 하고, 싸워서 이길 수 있지만 져주기도 합니다. 어리석게 보인다는 것을 알면서도 순종하고, 배신당할 것을 알아도 사랑합니다.

천국을 소유한 사람은 영혼을 살리는 것이 대단한 힘이 아니라 무한한 사랑이라는 것을 알고 있습니다. 물질적인 손해를 입어도, 정서적인 고통을 당해도 영혼을 살리는 숭고한 기쁨과는 견줄 수 없다는 사실을 알고 있습니다.

어린이날을 제정한 소파 방정환 선생님의 집에 하루는 강도가 들었습니다. 강도가 칼을 휘두르며 돈을 내놓으라고 협박을 했습니다. 방정환 선생님은 돈이 필요하면 말로 하면 되지 왜 위협을 하냐며 강도에게 칼을 치우라고 한 다음 자신의 돈을 모두 주었습니다.

생각지도 못했던 상황에 강도는 미안해하며 돈을 받아 나갔습니다. 돈을 줬으니 고맙다고 인사를 하라는 선생님의 말에 강도는 고맙다는 한 마디를 하고는 도망쳤지만 나오자마자 경찰에게 잡혔습니다.

복음과 인생설계

강도가 아니라고 우기다 칼이 발견되어 경찰이 그를 끌고 방정환 선생님의 집으로 갔는데 강도를 본 방정환 선생님은 "아니 그새 돈이 또 필요해서 왔단 말이요?"라고 말했습니다.

당황한 경찰이 "이 집에서 도둑질을 했다기에 잡아왔습니다"라고 하자 선생님은 "저 사람은 강도가 아닙니다. 내가 사정이 딱해 보여서 돈을 주고 저 사람은 고맙다는 말까지 했는데 어째서 강도입니까?"라고 말했습니다.

경찰은 결국 그 강도를 풀어주었고 방정환 선생님의 친절에 탄복한 강도는 그 자리에서 용서를 빌었습니다.

세상 사람들은 부당하게 자기 소유를 빼앗기고 따지지 않는 사람을 바보라고 합니다.

무력한 모습으로 당하고만 있는 사람을 바보라고 합니다.

그리고 바보를 무시하고 바보를 한심하게 여깁니다. 스스로 바보가 되지 않으려고 치열하게 노력하고 경쟁하기도 합니다. 하지만 천국은 바보들의 나라입니다. 천국은 똑똑한 사람들의 나라가 아닙니다. 천국은 힘이 있는 사람들의 나라도 아니며, 돈과 미모를 가진 사람들의 나라도 아닙니다. 천국은 거룩한 바보들의 나라입니다(고전 1:26-29).

예수님은 제자들에게 거룩한 바보가 되라고 가르치셨습니다. 스스로 낮아지라고 하셨고, 용서하되 일곱 번을 일흔 번까지라도 하라고 했습니다. 이해타산을 정확히 계산해서 따지고 보복하지 말고 오른편 뺨을 맞으면 왼편도 돌려대라고 했습니다. 부당하게 속옷을 가지고자 하는 자에게 겉옷까지 주라고 하셨고, 억지로 오리를 가게 하면 십리를 동행하라고 했습니다. 간사한 이기심과 교만한 악독을 이기는 사랑의 능력을 보이라는 것입니다(마 5:38-42).

심지어 예수님은 미움을 받아도 사랑하라고 가르치셨습니다. 박해하는 자를 위해 축복하며 기도하라고 하셨습니다.

> "또 네 이웃을 사랑하고 네 원수를 미워하라 하였다는 것을 너희가 들었으나 나는 너희에게 이르노니 너희 원수를 사랑하며 너희를 박해하는 자를 위하여 기도하라"(마 5:43-44)

육에 속한 사람들은 어줍지 않은 자기 이론과 주관적인 자기 상처에 얽매여 미워하고 판단합니다. 부당하게 누명을 씌우기도 하고, 섣불리 정죄하기도 합니다. 스스로 그리스도인이라 말하고 기도와 말씀에 능통하다고 자부하면서도 시기와 미움, 분쟁과 다툼을 일삼는 자기 삶을 돌아보지 못합니다.

자기 삶을 통해 교만과 오만, 무시와 참소의 악한 열매가 맺혀도 스스로 좋은 나무라고 생각하며 자신은 성령의 인도를 받고 있다고 생각합니다.

무서운 악독으로 하나님의 일을 대적하면서도 주님을 위해 헌신하고 있다고 생각합니다. 천 가지 감사 제목은 잊고 한 가지 상처에 사로잡혀 사탄의 종살이를 하면서도 자신은 거룩하다고 생각합니다. 그러나 영에 속한 사람들은 육에 속한 사람들을 상대해서 시시비비를 따지지 않습니다.

사실 영에 속한 사람들은 세상의 선과 악을 분별하는 일에 민첩하고 정확합니다. 사람의 이면을 볼 수 있는 눈이 있기 때문에 사람들의 숨은 의도를 간파합니다. 하지만 이들은 자기 권리를 주장하지도 않고, 그들의 잘못을 드러내어 정죄하지 않습니다. 영에 속한 사람들은 성령의 성품을 거스르는 비방과 싸움에 관심을 두지 않습니다.

이와 같이 그리스도인은 예수의 성품을 닮아야 합니다.
선으로 무장하여 악을 이기고, 겸손으로 무장하여 교만을 이겨야 합니다. 그리스도로 말미암아 거룩한 바보로 살 때 오히려 부요한 인생을 살아갈 수 있습니다. 하나님이 그의 모든 삶을 책임지시기 때문입니다.

어느 시골에 의좋은 형제가 살았습니다.
동생의 집은 매우 가난했습니다. 거기에다 식구는 일곱이나 되었습니다. 그런데도 그 집에는 늘 웃음이 떠나지 않았습니다. 그러나 동생과는 다르게 형의 집은 부자였습니다. 식구도 셋밖에 없는데 날마다 싸우는 소리가 끊이지 않았습니다.
어느 날 형이 동생을 찾아와서 그 비결을 물었습니다.

그때 동생이 형에게 "형님 집에는 똑똑한 사람만 있고 우리 집에는 모두 바보들만 살기 때문입니다"라고 대답했습니다.

형은 그 말뜻을 이해할 수가 없었습니다.

형은 구체적으로 무슨 뜻인지를 다시 물었습니다.

"우리 집에서는 무슨 일이 생기면 모두가 내 잘못이라고 하는 바람에 싸울 일이 없는데 형님 집에서는 일이 생기면 서로 네 잘못이라고 책임을 떠넘기기 때문에 싸울 수밖에 없는 것입니다"라고 설명해 주었습니다.

성령의 인도를 받는 사람들은 그저 묵묵하게 예수님이 걸어가신 십자가의 길로 갑니다. 주님이 걸어가신 십자가의 길은 도저히 사랑할 수 없는 사람을 사랑하는 길이고, 섬길 이유가 없는 사람을 섬기는 길입니다. 무시당할 이유가 없는데 무시당하는 길이고, 박해받을 이유가 없는데 박해받는 길입니다.

우리 모두, 하나님 나라를 위해 거룩한 바보가 됩시다.

영혼을 살리기 위해, 복음을 전하기 위해 거룩한 바보가 됩시다. 세상 사람들로부터 조롱을 받아도 오직 십자가의 길로만 갑시다. 하나님이 보시기에 의로운 삶을 삽시다. 세상의 부귀, 명예, 권세에 휘둘리지 않고 오롯하게 하나님의 말씀만을 따르는 거룩한 바보는 결국 가장 위대한 일을 해낼 수 있습니다.

자원해서 겸손의 길, 섬김의 길, 희생의 길로 향하는 거룩한 바보는 사탄이 흉내 내지 못할 능력으로 영적 전쟁에서 승리할 수 있습니다.

예수님은 거룩한 바보의 롤 모델이 되어 사탄의 일을 멸하셨습니다. 모든 제자들이 배반하고 떠나고, 성난 군중들은 예수님을 십자가에 못 박으라고 아우성치는 상황 속에서도 그 모든 인간의 죄를 담당하고 죽기까지 복종하심으로 십자가를 지셨습니다. 십자가에서 죽으시면서도 용서하시고 사랑하시며 기도하셨습니다(사 53:3-6).

우리는 예수님처럼 거룩한 바보가 되어야 합니다.
거룩한 바보는 사랑으로 미움을 이기고, 인내로 영혼을 살리며, 겸손으로 교만을 물리칩니다.
세상의 거짓은 거룩한 바보의 진실함을 이길 수 없고, 세상의 복잡함은 거룩한 바보의 단순함을 넘어뜨릴 수 없습니다. 세상의 악함은 거룩한 바보의 선함을 이길 수 없습니다. 우리는 거룩한 바보가 되어 선으로 악을 이기는 삶을 살아야 합니다.

"너희를 박해하는 자를 축복하라 축복하고 저주하지 말라 즐거워하는 자들과 함께 즐거워하고 우는 자들과 함께 울라 서로 마음을 같이 하며 높은 데 마음을 두지 말고 도리어 낮은 데 처하며 스스로 지혜 있는 체 하지 말라 아무에게도 악을 악으로 갚지 말고 모든 사람 앞에서 선한 일을 도모하

라"(롬 12:14-17)

영혼을 살리는 능력은 오직 십자가의 사랑에 있습니다.

예수님의 십자가 사랑을 받은 우리는 바보같이 속아주고, 믿어주며, 베풀면서 영혼을 살리는 삶을 살아야 합니다.

거룩한 바보의 관심은 영혼 구원에만 있습니다.

거룩한 바보는 영혼을 살리는 일에는 어떠한 수고도 아끼지 않습니다. 한 영혼이라도 살아나 예수 그리스도의 참된 제자가 될 수 있다면 자기희생을 망설이지 않습니다. 이들은 사람들의 인정보다 하나님의 인정을 구하며, 하나님이 잘했다고 칭찬하실 때까지 긴장의 허리띠를 풀지 않습니다. 그래서 초대교회의 사도들은 예수 그리스도의 이름을 위하여 능욕 받는 일을 기뻐했습니다. 세상 사람들이 두려워하는 것을 두려워하지 않고, 세상 사람들이 좋아하는 것을 좋아하지 않으며 오직 영혼을 살리는 일에 초점을 맞추었습니다(행 5:41-42).

거룩한 바보가 되어 살아갈 때 우리는 여러 가지 박해를 받게 됩니다. 거룩한 바보들은 '의'를 구하기 때문입니다. 만약 우리가 적당하게 죄를 짓고, 적당하게 세상을 따라가면 박해를 받을 필요가 없습니다. 그러나 진정으로 의를 위해 살려고 하고, 예수님을 위해 살려고 하면 세상으로부터 미움을 받을 수 있고, 박해를 받을 수 있습니다.

복음과 인생설계

"무릇 그리스도 예수 안에서 경건하게 살고자 하는 자는 박해를 받으리라"

(딤후 3:12)

영의 사람과 육의 사람이 다른 점이 바로 이 부분입니다.

육에 속한 사람들은 불의와 적당하게 타협할 수 있고, 죄에 대해 슬그머니 눈을 감을 수 있습니다. 그러나 천국을 소유한 사람들은 그럴 수 없습니다. 천국을 소유한 사람들은 자기 죄에 대해서도 눈감을 수 없고, 사랑하는 사람의 죄를 묵인할 수 없습니다. 적당히 죄지으며 즐거워할 수 없고, 사람의 비위를 맞추며 자기 안위를 구할 수 없습니다.

그래서 예수님은 본문 말씀을 통해 의를 위해 살아가는 사람은 예수 그리스도로 말미암아 욕을 먹을 수도 있고 박해받을 수도 있다고 말씀하셨습니다. 거짓으로 악한 말을 들을 수도 있다고 하셨습니다.

"부당하게 고난을 받아도 하나님을 생각함으로 슬픔을 참으면 이는 아름다우나 죄가 있어 매를 맞고 참으면 무슨 칭찬이 있으리요 그러나 선을 행함으로 고난을 받고 참으면 이는 하나님 앞에 아름다우니라"(벧전 2:19–20)

예수 그리스도의 말씀을 따라 사는 사람들은 언제나 세상의 미움을 받습니다. 박해와 핍박 속에 고통당할 수 있습니다. 이것은 이상한 일이 아닙니다.

우리 전에 있던 선지자들도 박해를 받았습니다.

박해와 고난은 참된 그리스도인이라는 증거요, 이 땅에서 치러야 할 믿음의 대가입니다.

박해는 우리가 하나님의 자녀라는 흔적입니다.

물론 우리에게 죄가 있어서 당하는 고난은 박해가 아닙니다. 우리는 날마다 자기를 돌아보며 자아를 깨뜨리고 오직 예수 그리스도의 의를 구함으로 천국을 소유하는 자가 되어야 합니다.

거룩한 바보가 되어 예수님을 위해, 예수님 때문에 욕먹는 것을 기뻐하고, 미움받는 것도 기뻐해야 합니다. 거짓으로 악한 말을 들어도 기뻐하고 즐거워해야 합니다. 천국의 상급이 크기 때문입니다.

"자녀이면 또한 상속자 곧 하나님의 상속자요 고난도 함께 받아야 할 것이니라 생각하건대 현재의 고난은 장차 우리에게 나타날 영광과 비교할 수 없도다"(롬 8:17-18)

무엇과도 비교할 수 없는 절대적인 복은 천국을 소유하는 것입니다.

우리는 천국을 소유하는 거룩한 바보가 되어야 합니다.

거룩한 바보는 가장 큰 가치인 천국을 위해 땅의 일에 얽매이지 않습니다.

하나님의 뜻을 이루기 위해 영혼을 살리기 위해 알면서 속아주고, 이길 수 있지만 져주고, 배신당해도 사랑합니다.

거룩한 바보는 천국을 소유했기에 그 어떤 것에도 위협당하지 않고 흔들리지 않습니다. 예수 그리스도를 위해 박해를 받고 악한 말을 들어도 기뻐하고 즐거워합니다.

모든 육신의 소욕을 십자가에 못 박고 거룩한 바보가 됩시다.

우리 모두가 거룩한 바보가 되어 많은 영혼을 살리고 하나님의 뜻을 이루며 천국을 소유하시기를 주님의 이름으로 축원합니다.

1. 천국을 소유한 사람들의 특징은 무엇입니까?

( ) 안에 맞는 단어는 무엇입니까?

(1) 천국을 소유한 사람들은 세상에 속한 일로 인해 ( ) 하지 않는다.
천국을 소유한 사람은 천국을 통치하는 하나님의 성품인 사랑과 희락, 의와 평강을 맛보고 끊임없이 솟아나는 생명력을 누립니다.
 ● 당신은 경쟁의식이나 시기, 미움이 존재합니까?

(2) 천국을 소유한 사람들은 오직 ( )의 말씀을 따라 살아간다.
돈이 많다고, 세상 지식이 있다고 오만하지도 않고, 세상의 권력이 있다고 자만하지도 않습니다.
 ● 당신은 육신의 정욕, 안목의 정욕, 이생의 자랑에 집착하지 않습니까?

(3) 천국을 소유한 사람들은 천국을 누리기에 ( )도 유익하다고 고백한다.
물질적인 손해를 입어도, 정서적인 고통을 당해도 영혼을 살리는 숭고한 기쁨과는 견줄 수 없다는 사실을 알고 있습니다.
 ● 로마서 14장 7, 8절 말씀이 당신의 고백입니까?

2. 아래 성구를 보고 당신의 삶에 일어난 일들을 나누십시오.

(1) 마태복음 5장 11, 12절- "나로 말미암아 너희를 욕하고 박해하고 거짓으로 너희를 거슬러 모든 악한 말을 할 때에는 너희에게 복이 있나니 기뻐하고 즐거워하라 하늘에서 너희의 상이 큼이라 너희 전에 있던 선지자들도 이같이 박해하였느니라"

(2) 마태복음 5장 43, 44절– "또 네 이웃을 사랑하고 네 원수를 미워하라 하였다는 것을 너희가 들었으나 나는 너희에게 이르노니 너희 원수를 사랑하며 너희를 박해하는 자를 위하여 기도하라"

(3) 로마서 12장 14–17절– "너희를 박해하는 자를 축복하라 축복하고 저주하지 말라 즐거워하는 자들과 함께 즐거워하고 우는 자들과 함께 울라 서로 마음을 같이 하며 높은 데 마음을 두지 말고 도리어 낮은 데 처하며 스스로 지혜 있는 체 하지 말라 아무에게도 악을 악으로 갚지 말고 모든 사람 앞에서 선한 일을 도모하라"

3. 아래 성구의 ( )에 맞는 단어를 넣고 가능하면 암송합시다.

"부당하게 고난을 받아도 (   )을 생각함으로 슬픔을 참으면 이는 아름다우나 죄가 있어 매를 맞고 참으면 무슨 (   )이 있으리요 그러나 선을 행함으로 (   )을 받고 참으면 이는 하나님 앞에 아름다우니라"(베드로전서 2:19–20)

3. 우리가 누릴 수 있는

작사/작곡 이 순 희

우리 가 누릴수있 는 최 고의복 천국을 소유하는 복 어떤

복 과도 바꿀수 없 는 영원하고참 된 복 (천 국)

을 소유할 때 영원토 록 모든좋은 것

충 만 하 게 누 리 게 되 네

어떠한재벌보 다 더 큰 부를누릴수있 고

어떠한명예보 다 더 큰 존귀를얻게되 네 어떤

만 족보다더 — 큰 만족을 만족을누리게되 고 어떤

안 정감보다 더 큰평강 평강누리게 되 네

4

창조적인 깨어짐

신명기 8:2-4

"네 하나님 여호와께서 이 사십 년 동안에 네게 광야 길을 걷게 하신 것을 기억하라 이는 너를 낮추시며 너를 시험하사 네 마음이 어떠한지 그 명령을 지키는지 지키지 않는지 알려 하심이라 너를 낮추시며 너를 주리게 하시며 또 너도 알지 못하며 네 조상들도 알지 못하던 만나를 네게 먹이신 것은 사람이 떡으로만 사는 것이 아니요 여호와의 입에서 나오는 모든 말씀으로 사는 줄을 네가 알게 하려 하심이니라 이 사십 년 동안에 네 의복이 해어지지 아니하였고 네 발이 부르트지 아니하였느니라"

4

창조적인 깨어짐

'깨어진다'는 말은 맞거나 부딪혀서 여러 조각이 남으로 원래의 형체와 기능을 잃어버리게 되는 상황을 표현하는 동사입니다.

깨어진 것은 그 어떤 물건이라도 자기 구실을 할 수 없습니다. 깨어진 유리컵, 깨어진 그릇, 깨어진 안경, 깨어진 거울 등 깨어진 것은 더 이상 쓸 수 없는 처지가 되어 쓰레기통에 버려지게 됩니다. 그래서 사람들은 깨어지기 쉬운 물건들의 깨어짐을 방지하기 위해 유리보존용 특수포장을 하고, 깨어짐 방지 전용 케이스에 보관하며 정성을 기울입니다. 한번 깨어진 물건은 돌이킬 수가 없기 때문입니다.

그런데 사람은 그렇지 않습니다.

사람은 깨어지지 않으면 하나님께 제대로 쓰임 받지 못합니다. 깨어짐은 축복입니다. 하나님이 찾으시는 사람은 깨어진 심령을 가진 사람입니다.

"하나님께서 구하시는 제사는 상한 심령이라 하나님이여 상하고 통회하는 마음을 주께서 멸시하지 아니하시리이다"(시 51:17)

하나님은 깨어진 마음을 찾으십니다.
하나님은 깨어진 마음을 사랑하시고 깨어진 마음 위에 성령님의 기름을 부어서 하나님의 뜻을 이루십니다.
하나님의 사람은 깨어져야 합니다.
깨어지지 않으면 하나님이 쓰실 수가 없습니다.
그래서 하나님은 하나님이 쓰시고자 하는 사람을 부르셔서 먼저 깨뜨리십니다.

한 수도원 정원에서 수도사가 흙을 고르고 있었습니다.
그때 수도원에 들어온 지 얼마 안 된 후배 수도사가 다가왔습니다. 선배 수도사는 "이 단단한 흙 위에다 물을 좀 부어주겠나?" 하고 부탁했습니다.
젊은 수도사가 물을 붓자 그 물은 모두 옆으로 흘러내렸습니다. 선배 수도사가 흙덩어리를 망치로 깨기 시작했습니다. 그는 부서진 흙을 모아놓고 다시 후배 수도사에게 물을 부어보라고 말했습니다. 부드럽게 부서진 흙은 물을 흠뻑 머금었습니다.

선배 수도사는 말했습니다.

"이제야 잘 스며드는구먼. 여기에 씨가 뿌려진다면 꽃도 잘 피고 열매도 풍성히 맺을 수 있겠군. 우리도 흙과 같다네. 우리의 자아가 부드럽게 깨져야 하나님께서 물도 주고, 씨앗도 심으시지. 그렇게 될 때 인생에 꽃도 활짝 피고, 풍성한 열매가 맺히는 거라네. 이것을 '깨어짐의 영성'이라 부르지."

아브라함, 요셉, 모세, 다윗 등 하나님께 부름 받은 사람들은 먼저 깨어짐의 과정을 지나야 했습니다.

성경 속 위대한 인물들은 깨어지는 시간을 통해서 자신의 그릇을 깨뜨리고 하나님이 다시 빚어주신 삶을 살았습니다. 깨지고 부서진 후에 새로운 삶을 허락하시는 것은 하나님만의 독특한 방법입니다. 우리는 깨어짐을 통과해야만 새로운 피조물로 빚어질 수 있습니다.

예수 그리스도께서 십자가에 달려 돌아가셔야만 부활의 영광이 있듯이, 우리 모두는 깨어짐의 과정을 지나야만 온전히 새로운 피조물로 재창조될 수 있습니다. 우리는 깨어짐이 하나님의 방법이라는 사실을 알고 창조적인 깨어짐을 이루어야 합니다. 하나님께 쓰임받기 원한다면 특별히 세 가지를 깨뜨려야 합니다.

하나님께 쓰임 받기 위해 깨뜨려야 할 세 가지

1. 자기중심성

자기중심적인 사람들은 하나님께 쓰임 받지 못합니다.

이런 사람은 그 어떤 누구도 배려하지 못하고 오직 자기 자신만을 생각합니다. 하나님의 뜻과 하나님의 나라를 생각하기는커녕 언제나 자기감정, 자기편의, 자기 유익만을 구합니다.

자기중심적인 사람은 세상이 언제나 자기를 중심으로 돌아가야 직성이 풀립니다. 이런 사람은 하나님의 왕국을 건설하는 데는 관심이 없고 오직 자기 이름을 높이는, 자기 왕국을 세우는 일에 감정과 생각을 집중시킵니다. 그러므로 자기중심적인 사람들은 결코 하나님께 쓰임 받지 못합니다. 우물 안의 개구리처럼 자신만의 세계에 갇혀서 진리를 깨닫지 못하고 자기 생각만 하는 사람은 하나님의 일꾼이 될 수 없습니다.

2. 자기 이론

자기 이론이 강한 사람들은 하나님의 역사를 경험할 수 없습니다. 하나님은 물과 같이, 불과 같이, 바람과 같이 역사하시고 인간의 지식과 상식과 논리를 초월하여 역사하시는데 자기 이론이 강한 사람들은 자기 생각 속에 하나님을 제한해 버립니다. 그들의 딱딱한 생각은 언제나 성령의 일을 쉽사리 판단하고 제지하며 마음의 빗장을 스스로 걸어 잠그게 만듭니다. 그러므로 우리는 하나님을 경험하고 만나기 전에 먼저 자기 이론을 깨뜨려야 합니다. 자기가 알고 있고 경험한 것이 얼마나 부분적인 것이고 불완전한 것인지 인정하고 광대하신 하나님 앞에 빈 마음으로 나아가야 합니다.

"우리가 육신으로 행하나 육신에 따라 싸우지 아니하노니 우리의 싸우는 무기는 육신에 속한 것이 아니요 오직 어떤 견고한 진도 무너뜨리는 하나님의 능력이라 모든 이론을 무너뜨리며 하나님 아는 것을 대적하여 높아진 것을 다 무너뜨리고 모든 생각을 사로잡아 그리스도에게 복종하게 하니 너희의 복종이 온전하게 될 때에 모든 복종하지 않는 것을 벌하려고 준비하는 중에 있노라"(고후 10:3-6)

3. 자기 교만

자기 교만이 깨어지지 않은 사람은 성령님의 능력을 의지할 수 없습니다. 교만한 사람은 언제나 자기 힘과 능력을 의지하여 인간적인 방법을 취합니다. 인생의 주인이 자기 자신이라고 생각해 늘 자기 뜻대로 움직입니다. 그리고 언제나 영광은 자신의 것으로 취하고, 잘 안된 부분에 대해서는 남 탓을 하거나 환경 탓을 합니다. 교만한 사람에게는 자기를 볼 수 있는 눈이 열리지 않기 때문입니다.

우리 모두 자기중심성, 자기 이론, 자기 교만을 깨뜨리고 고운 가루와 같은 심령으로 하나님께 쓰임 받기 바랍니다. 자기를 깨뜨린 사람은 인생의 주권을 하나님께 드리고 순종의 삶을 살아갑니다.

깨지지 못한 사람은 자기 생각과 자기 욕심으로 자기 공로를 내세우지만, 깨어진 사람은 하나님의 은혜를 전적으로 인정하며 하나님의 뜻에 순종하는 삶을 삽니다. 그렇기에 깨어진 사람은 어떤 환난과 시험을 만나도 하나님의 섭리를 믿으며 범사에 감사합니다. 하지만 깨어지지 않은 사람은 자기 틀에 맞지 않는 상황을 만나면 곧바로 불평하고 원망하면서 부정적인 자세를 취합니다.

"여호와 앞에 잠잠하고 참고 기다리라 자기 길이 형통하며 악한 꾀를 이루는 자 때문에 불평하지 말지어다 분을 그치고 노를 버리며 불평하지 말라 오히려 악을 만들 뿐이라"(시 37:7-8)

깨어진 사람은 그 누구를 만나도 화평을 이루게 됩니다.

고운 가루는 어디에도 잘 섞이듯이, 깨어진 사람은 모가 난 사람, 거친 사람, 연약한 사람, 민감한 사람 등 그 누구를 만나도 그 사람 입장을 배려하며 온유하고 따뜻하며 겸손하게 대합니다.

"모든 사람과 더불어 화평함과 거룩함을 따르라 이것이 없이는 아무도 주를 보지 못하리라"(히 12:14)

그러기에 그 어떤 한 사람이라도 상대하기가 어렵고 이해하기가 쉽지 않다면 아직 덜 깨어진 사람이라고 할 수 있습니다.

조금 깨져서 금이 가고 오래되어 낡아진, 물 항아리 하나가 있었습니다. 그 항아리의 주인은 다른 온전한 항아리들과 함께 그 깨어진 항아리를 가져가서 물을 길어왔습니다.

오랜 세월이 지나도록 그 주인은 깨어진 항아리를 버리지 않고 온전한 항아리와 똑같이 늘 아끼며 사용했습니다. 깨어진 항아리는 다른 항아리와는 달리 물을 온전히 담아 올 수가 없는 자신의 모습에 늘 주인에게 미안한 마음이 들 수밖에 없었습니다.

'내가 온전치 못하여 주인님께 폐를 끼치는구나. 그토록 힘들게 구한 물이 나로 인해 새어버리는데도 나를 아직도 버리지 않고 사용하시다니….'

어느 날, 마음에 큰 용기를 내어 깨진 항아리가 주인께 물었습니다.

"주인님, 어찌하여 깨진 저를 버리고 온전한 항아리를 구하지 않으시나요? 저는 이제 별로 소용 가치가 없는 물건일 뿐인데요…."

주인은 그의 물음에 대답 대신 빙그레 미소만 짓고는 그 항아리를 등에 지고 집으로 계속 걸어갔습니다. 그러다가 어느 길을 지날 때쯤 미소 지은 얼굴로 부드럽게 말했습니다.

"얘야, 우리가 걸어온 길을 보아라."

깨진 항아리는 주인과 함께 늘 물을 길어 집으로 걸어오던 그 길을 보았습니다. 그 길가에는 이름을 알 수 없는 예쁜 꽃들이 여기저기 흩어져 아름답게 피어 있었습니다.

"주인님, 너무 예쁜 꽃이네요! 어떻게 이 산골 길가에 이렇게 예쁜 꽃들이 피어 있는 걸까요?"

주인이 빙그레 웃으며 말했습니다.

"메마른 산 길가에서 너의 깨진 틈으로 새어 나온 물을 먹고 자란 꽃들이란다."

깨어진 사람은 하나님 앞에서 절대적인 순종의 삶을 살고, 이웃을 향해서는 절대적인 사랑의 삶을 살아갑니다. 순종과 사랑이 깨어짐의 표지인 것입니다. 그런데 문제는 사람들이 웬만해서는 쉽게 깨지지 않는다는 사실입니다. 사람들은 저마다 완고한 자기 틀을 가지고 있어서 웬만한 충격에는 잘 깨지지 않습니다.

고든 맥도날드는 깨어지기 힘든 인생이 깨어지는 순간은 대개 '위기, 경이, 노화, 영성훈련'의 네 가지라고 이야기했습니다. 자신이 통제할 수 없는 위기의 사건을 만나거나, 말로 형용

할 수 없는 자연의 신비를 체험할 때 느끼는 경이를 체험할 때 인생이 깨어진다고 했습니다. 또한 노화를 통해 죽음의 문턱을 경험하면서, 하나님의 은혜 안에 영성훈련을 받으면서 깨어진다고 했습니다.

본문은 이제 곧 약속의 땅 가나안에 들어가게 될 출애굽 2세대를 위한 모세의 고별 설교가 담겨있는 신명기서입니다. 모세는 신명기를 통해 하나님이 허락하신 광야생활 40년을 요약하고 가나안 땅에 들어가서 지켜야 할 율법을 재강조함으로 그의 여생을 마무리했습니다.

특별히 모세는 본문을 통해 깨어짐의 장소로서의 광야를 소개하고 있습니다. 하나님은 특별히 사랑하셔서 선택하신 이스라엘 백성들에게 광야의 영성훈련을 허락하셨고 광야를 통한 창조적인 깨어짐의 기회를 선사하셨습니다.

하나님은 광야에서 40년 동안 이스라엘 백성들을 훈련시키셨습니다. 반복된 배고픔의 훈련, 목마름의 훈련, 외로움의 훈련을 시키셨고 하나님의 명령을 지키는 훈련, 만나를 먹는 훈련, 하나님의 보호하심을 깨닫는 훈련을 시키셨습니다.

한마디로 광야는 육이 깨어지고 영이 살아나는 장소였습니다. 광야는 육체적인 강건함도, 물질적인 풍요로움도, 탁월한 지적 능력도 통용되지 않습니다. 육의 힘이 전혀 적용되지 못합니다. 광야는 하나님의 도우심만을 절대적으로 의지해야 하는 곳입니다. 광야는 복잡한 육을 내려놓고 영으로 하나님을 만나는 공간입니다.

광야에서 이루어지는 창조적인 깨어짐

1. 자아의 깨어짐은 순종의 문을 엽니다.

"네 하나님 여호와께서 이 사십 년 동안에 네게 광야 길을 걷게 하신 것을 기억하라 이는 너를 낮추시며 너를 시험하사 네 마음이 어떠한지 그 명령을 지키는지 지키지 않는지 알려 하심이라"(신 8:2)

광야에서 이스라엘 백성들은 지속적으로 자아의 깨어짐에 대한 훈련을 받았습니다. 그들은 출애굽하기 전 430년간 애굽의 종살이를 하면서 노예근성에 물들었던 사람들이었습니다. 노예근성에 물든 그들의 자아는 하나님을 찾고 의지하기보다 두려움에 이끌린 반항심과 대적하며 불평하는 마음에 익숙해져 있었습니다.

하나님은 그런 이스라엘 백성들의 자아를 깨뜨리기 위해 광야의 길을 걷게 하셨습니다. 광야 길을 걷는 동안 하나님은 반복적으로 기적을 베푸신 이후에 다른 한계 상황을 허락하심으로 하나님 앞에 순종하는지 아닌지를 체크하셨습니다. 그 중 대표적인 훈련이 마라의 쓴 물 훈련이었습니다.

"모세가 홍해에서 이스라엘을 인도하매 그들이 나와서 수르 광야로 들어가서 거기서 사흘길을 걸었으나 물을 얻지 못하고 마라에 이르렀더니 그 곳 물이 써서 마시지 못하겠으므로 그 이름을 마라라 하였더라"(출 15:22-23)

하나님은 마라의 쓴 물 앞에서 이스라엘 백성들이 자기 생각을 내려놓고 하나님을 바라보기를 원했습니다. 하지만 그들은 여전히 자기 자아에 갇혀서 하나님을 원망하고 불평을 늘어놓았습니다. 원망하는 이스라엘 백성을 바라보며 모세는 여호와께 부르짖었습니다. 그러자 여호와께서 모세에게 한 나무를 가리키셨고 모세가 그 나무를 물에 던지자 물이 달게 되었습니다.

이스라엘 백성들은 허겁지겁 물을 마시며 하나님을 경험하게 되었습니다. 쓴 물도 달게 만드시는 하나님을 체험하며 하나님의 전능하심에 탄복했을 것입니다. 하나님은 이렇게 마라의 쓴 물을 교재로 사용하셔서 이스라엘 백성들을 교육하셨습니다. 하나님의 백성이라면 마땅히 마라를 만났을 때 원망하는 것이 아니라 하나님의 말씀에 순종해야 한다는 것이었습니다.

"이르시되 너희가 너희 하나님 나 여호와의 말을 들어 순종하고 내가 보기에 의를 행하며 내 계명에 귀를 기울이며 내 모든 규례를 지키면 내가 애굽 사람에게 내린 모든 질병 중 하나도 너희에게 내리지 아니하리니 나는 너희를 치료하는 여호와임이라"(출 15:26)

인간에게는 저마다 자아의 그릇이 있습니다.

자아의 그릇은 자신의 가치관, 색깔, 존재감 등을 담고 있습니다. 원래 자아는 죄에 물들어 있고 본능적으로 움직이는 성향이 있기 때문에 이 그릇이 완벽히 깨지지 않으면 우리는 죄가 끌고 다니는 삶을 살아갈 수밖에 없습니다.

우리는 우리 인생에 허락된 광야에서 자아를 깨뜨리고 순종의 문을 열어야 합니다. 하나님은 순종하는 자에게 엘림의 축복을 허락하시고 완전한 복을 부어 주십니다.

"그들이 엘림에 이르니 거기에 물 샘 열둘과 종려나무 일흔 그루가 있는지라 거기서 그들이 그 물 곁에 장막을 치니라"(출 15:27)

2. 육의 깨어짐은 영의 문을 엽니다.

"너를 낮추시며 너를 주리게 하시며 또 너도 알지 못하며 네 조상들도 알지 못하던 만나를 네게 먹이신 것은 사람이 떡으로만 사는 것이 아니요 여호와의 입에서 나오는 모든 말씀으로 사는 줄을 네가 알게 하려 하심이니라"(신 8:3)

하나님은 광야에서 이스라엘 백성의 육이 깨어지도록 인도하셨습니다. 먹고 사는 문제를 하나님께 맡기고 초월하라고 가르치셨습니다. 하나님은 당신의 자녀가 먹고사는 문제를 책임지시기에 하나님의 자녀는 마땅히 먹고사는 일에 염려하거나 묶여서는 안 된다고 가르치셨습니다. 육을 깨뜨리고 영을 구하라고 말씀하셨습니다.

"그런즉 너희는 먼저 그의 나라와 그의 의를 구하라 그리하면 이 모든 것을 너희에게 더하시리라 그러므로 내일 일을 위하여 염려하지 말라 내일 일은 내일이 염려할 것이요 한 날의 괴로움은 그 날로 족하니라"(마 6:33-34)

하나님은 먹을 것을 구할 수 없는 광야에서 이스라엘 백성들에게 만나와 메추라기를 보내주시면서 모든 것이 하나님의 손에 있음을 보게 하셨습니다.

"그 때에 여호와께서 모세에게 이르시되 보라 내가 너희를 위하여 하늘에서 양식을 비 같이 내리리니 백성이 나가서 일용할 것을 날마다 거둘 것이라 이같이 하여 그들이 내 율법을 준행하나 아니하나 내가 시험하리라"(출 16:4)

이스라엘 백성들은 하나님의 약속대로 저녁에는 메추라기로, 아침에는 만나로 40년간 그들의 일용할 양식을 취하게 되었습니다. 이렇게 이스라엘 백성들은 하늘에서 비같이 내리는 양식을 먹으며 모든 것이 하나님의 손에 있음을 배우게 되었습니다.

하나님은 생사화복을 주장하시는 분이요, 무에서 유를 창조하시는 분입니다. 그러므로 성도는 마땅히 먹고사는 문제에 전전긍긍하며 먹고 살기 위한 인생을 살아서는 안 됩니다.

성도는 모든 염려를 하나님께 맡기고 하나님의 나라를 위하여, 하나님의 뜻을 이루는 삶을 살아야 합니다. 육을 깨뜨리고 영을 구해야 합니다. 육에 갇혀 있으면 영의 세계를 볼 수 없습니다. 우리 모두 육의 모든 일을 하나님께 맡기고 영의 은혜를 구하며 영의 능력으로 살아가기를 바랍니다.

3. 한계의 깨어짐은 보호의 문을 엽니다.

"이 사십 년 동안에 네 의복이 해어지지 아니하였고 네 발이 부르트지 아니하였느니라"(신 8:4)

사십 년이라는 시간은 한 세대가 오고 가는 시간이요, 인간의 한계가 담겨있는 시간입니다. 그래서 하나님은 모세를 깨뜨리시기 위해 40년을 미디안 광야에서 인내하게 하셨고, 이스라엘 백성들의 한계를 깨뜨리기 위해 사십 년 동안 광야 생활을 하도록 하셨습니다. 이스라엘 백성들은 이 사십 년 동안 광야생활을 함으로 한계를 깨뜨렸습니다. 그리고 자기 힘으로 지키려 해도 지킬 수 없었던 모든 것이 하나님의 손에 의해 보호받았음을 알게 되었습니다. 하나님은 사십 년 동안 이스라엘 백성의 의복이 해지지 않도록 하셨으며 발이 부르트지 않도록 보호하셨습니다.

하나님이 사랑하는 자에게 허락하신 광야에서 창조적인 깨어짐을 이룹시다. 자기 깨어짐은 신앙의 출발점입니다. 하나님이 허락하신 은혜의 광야에서 자아를 깨뜨리고, 육을 깨뜨리며 한계를 깨뜨립시다. 이를 통해 순종의 문을 열고 영의 문을 열며 보호의 문을 엽시다.

우리는 날마다 깨어져야 합니다.
깨어지되 창조적인 깨어짐을 이루어야 합니다.
창조적인 깨어짐은 고정관념을 깨뜨리고 영의 생각을 하는 것이고, 불신을 깨뜨리고 믿음을 갖는 것이며, 절망을 깨뜨리고 소망을 갖는 것입니다. 하나님은 깨어짐을 통해 역사하십니다. 하나님은 초대 예루살렘교회가 대형교회의 규모를 자랑하며 승승장구할 때 핍박을 허락하심으로 예루살렘교회를 깨뜨리셨습니다. 하나님의 뜻은 예루살렘교회의 성장이 아니라 세계 선교에 있었기 때문입니다.

"사울은 그가 죽임 당함을 마땅히 여기더라 그 날에 예루살렘에 있는 교회에 큰 박해가 있어 사도 외에는 다 유대와 사마리아 모든 땅으로 흩어지니

라 경건한 사람들이 스데반을 장사하고 위하여 크게 울더라"(행 8:1-2)

스데반이 죽고 교회에 큰 박해가 가해짐에 따라 예루살렘 교회 안에 있던 사도를 제외한 모든 사람들이 유대와 사마리아 모든 땅으로 흩어지게 되었습니다.

예루살렘교회의 깨어짐으로 세계 선교의 불이 붙은 것입니다. 오늘도 하나님은 우리 안에서 창조적인 깨어짐을 일으키십니다. 창조적인 깨어짐은 생명을 잉태하는 힘이요, 더 큰 소망을 보게 하는 능력이며, 상상을 초월하는 능력을 누리게 하는 권능입니다.

예수 그리스도는 깨뜨리는 돌입니다.

예수님의 문은 좁은 문이기에 깨어지지 않으면 들어갈 수 없습니다. 그래서 예수님은 먼저 예수님께 나아오는 사람들을 깨뜨리십니다.

"그들을 보시며 이르시되 그러면 기록된 바 건축자들의 버린 돌이 모퉁이의 머릿돌이 되었느니라 함이 어찜이냐 무릇 이 돌 위에 떨어지는 자는 깨어지겠고 이 돌이 사람 위에 떨어지면 그를 가루로 만들어 흩으리라 하시니라"(눅 20:17-18)

예수님은 우리를 깨뜨리시되 우리가 완전히 깨어져서 예수 그리스도로만 살 때까지 깨뜨리십니다.

"내가 그리스도와 함께 십자가에 못 박혔나니 그런즉 이제는 내가 사는 것이 아니요 오직 내 안에 그리스도께서 사시는 것이라 이제 내가 육체 가운데 사는 것은 나를 사랑하사 나를 위하여 자기 자신을 버리신 하나님의 아들을 믿는 믿음 안에서 사는 것이라"(갈 2:20)

하나님께 쓰임 받기 위해, 하나님의 뜻을 이루기 위해 우리는 먼저 깨어져야 합니다.

한계투성이인 육에서 벗어나 영의 능력으로 살며 영으로 승리하기 위해 우리는 깨어져야 합니다.

자기중심성을 깨뜨리고 자기 이론을 깨뜨리며 자기 교만을 깨뜨립시다.

자아를 깨뜨리고 육을 깨뜨리며 한계를 깨뜨립시다.

우리 모두가 창조적인 깨어짐을 이루어 광대하고 완전하신 하나님의 은혜 안에서 승리하며 주님의 뜻을 이루기를 주님의 이름으로 축원합니다.

1. 하나님께 쓰임받기 위해 깨뜨려야 할 세 가지입니다.

( ) 안에 맞는 단어는 무엇입니까?

(1) 자기 ( )

이런 사람은 하나님의 뜻과 하나님의 나라를 생각하기는커녕 언제나 자기감정, 자기편의, 자기 유익만을 구합니다.

● 어떤 이야기를 하더라도 자신의 이야기로 넘어가게 하지 않습니까?

(2) 자기 ( )

자기가 알고 있고 경험한 것이 얼마나 부분적인 것이고 불완전한 것인지 인정하고 광대하신 하나님 앞에 빈 마음으로 나아가야 합니다.

● 당신은 하나님을 경험하고 만나기 전에 먼저 자기 이론을 깨뜨립니까?

(3) 자기 ( )

언제나 영광은 자신의 것으로 취하고, 잘 안된 부분에 대해서는 남 탓을 하거나 환경 탓을 합니다.

● 시편 37편 7, 8절 말씀을 순종하고 살고 있습니까?

2. 아래 성구를 보고 당신의 삶에 일어난 일들을 나누십시오.

(1) 시편 37편 7, 8절- "여호와 앞에 잠잠하고 참고 기다리라 자기 길이 형통하며 악한 꾀를 이루는 자 때문에 불평하지 말지어다 분을 그치고 노를 버리며 불평하지 말라 오히려 악을 만들 뿐이라"

(2) 히브리서 12장 14절- "모든 사람과 더불어 화평함과 거룩함을 따르

라 이것이 없이는 아무도 주를 보지 못하리라"

(3) 로마서 11장 33절– "깊도다 하나님의 지혜와 지식의 풍성함이여, 그의 판단은 헤아리지 못할 것이며 그의 길은 찾지 못할 것이로다"

3. 아래 성구의 (   )에 맞는 단어를 넣고 가능하면 암송합시다.

"내가 그리스도와 함께 (   )에 못 박혔나니 그런즉 이제는 내가 사는 것이 아니요 오직 내 안에 (   )께서 사시는 것이라 이제 내가 육체 가운데 사는 것은 나를 사랑하사 나를 위하여 자기 자신을 버리신 (   )의 아들을 믿는 믿음 안에서 사는 것이라"(갈라디아서 2:20)

4. 창조적인 깨어짐

작사/작곡 이 순 희

복음과 인생설계

5

평강의 통치를 받는 마음

골로새서 3:15-17

"그리스도의 평강이 너희 마음을 주장하게 하라 너희는 평강을 위하여 한 몸으로 부르심을 받았나니 너희는 또한 감사하는 자가 되라 그리스도의 말씀이 너희 속에 풍성히 거하여 모든 지혜로 피차 가르치며 권면하고 시와 찬송과 신령한 노래를 부르며 감사하는 마음으로 하나님을 찬양하고 또 무엇을 하든지 말에나 일에나 다 주 예수의 이름으로 하고 그를 힘입어 하나님 아버지께 감사하라"

5

평강의 통치를 받는 마음

우울증은 현대인의 흑사병이라고도 불립니다.

14세기 유럽 인구의 3분의 1을 휩쓸고 간 흑사병은 당시로서는 도저히 맞서서 싸울 방법이 없는 거대한 죽음의 세력이었습니다. 그런데 지금은 우울증이 흑사병보다 더 무서운 위력으로 많은 사람들의 생명을 삼키고 있습니다.

우울증에 빠진 사람들은 쉽게 마음이 깨어지고 생존에 대한 욕구를 잃어버립니다. 마음에 침투한 우울의 기운은 매사에 의욕을 잃게 하고, 신체적으로, 감정적으로 또 지적으로 일상 기능의 저하를 불러옵니다. 결국 우울증에 빠진 사람들은 부정적인 감정과 생각에 끌려서 극단에 치닫게 됩니다.

우울증을 영적으로 보면 '악한 영에게 마음의 제어권을 빼앗긴 상태'라고 정의할 수 있습니다.

우울증에 빠진 사람들은 자신의 힘으로 자기 마음을 지킬 수 없습니다. 이들은 분노의 영이 시키는 대로 분노하고, 절망의 영이 조종하는 대로 절망합니다. 또 미움의 영이 요구하는 대로 미워하고 두려움의 영이 이끄는 대로 두려워합니다. 자신은 행복하고 평안하게 살고 싶고, 사랑하고 용서하며 살고 싶어도, 자신이 원하는 대로 살지 못하고 죄의 통치를 받으며 살게 되는 것입니다.

윈스터 처칠은 영국인이 가장 존경하는 정치인이자 노벨 문학상을 수상할 정도로 문학적 재능까지 가졌던 인재였습니다. 그는 작은 체구를 가지고 있었지만 언제나 당차 보였고 카리스마가 넘쳤습니다. 또 윈스터 처칠은 유머와 위트 넘치는 언변으로 대중을 사로잡았던 명연설가이기도 했습니다. 뭐 하나 아쉬울 것 없어 보였지만 사실 처칠은 자신이 평생을 우울증으로 고생했으며 마음속에 늘 블랙 도그(검은 개) 한 마리가 살고 있어 때와 장소를 가리지 않고 끈질기게 쫓아다니며 자신을 괴롭힌다고 고백했습니다.

이처럼 일상생활을 문제없이 해나가는 사람들도, 멋지게 자신의 일을 해나가는 듯 보이는 사람들도 스스로 해결할 수 없는 우울의 문제를 가지고 있는 경우가 많습니다. 한 번 쌓인 우울은 사라지지 않고 내면에 켜켜이 쌓여 후에는 걷잡을 수 없는 문제를 초래합니다.

물이 99도에서는 끓지 않고 마지막 1도가 더 올라 100도에서 팔팔 끓듯이 우울증 또한 99% 쌓였을 때 증상이 나타나지 않다가 마지막 1%가 채워졌을 때 폭발적으로 나타납니다.

우리는 하루속히 내면에 쌓인 우울을 해결 받아야 합니다. 나도 인지하지 못하는 우울이 언젠가 내 인생을 삼킬 수 있습니다. 특히 어둠의 영은 성도로 하여금 우울한 내면을 인지하지 못하게 하고, 감추게 하여 치유의 길, 회복의 길로 나아가지 못하게 합니다.

"내가 행하는 것을 내가 알지 못하노니 곧 내가 원하는 것은 행하지 아니하고 도리어 미워하는 것을 행함이라 만일 내가 원하지 아니하는 그것을 행하면 내가 이로써 율법이 선한 것을 시인하노니 이제는 그것을 행하는 자가 내가 아니요 내 속에 거하는 죄니라"(롬 7:15-17)

당신의 마음은 누구의 통치를 받고 있습니까?

당신의 마음은 무엇에 의해서 움직이고 있습니까?

사람의 마음은 늘 누군가에 의해, 무엇에 의해 지배를 받습니다. 죄의 지배를 받든지, 하나님의 지배를 받습니다. 악령의 지배를 받든지, 성령님의 지배를 받습니다. 죄의 통치를 받는 마음은 하나님의 통치를 받을 수 없고, 하나님의 통치를 받는 마음은 죄의 통치를 받을 수 없습니다.

또 악령의 통치를 받는 마음은 성령의 통치를 받을 수 없고, 성령님의 통치를 받는 마음은 악령의 통치를 받지 않습니다.

우리는 우리의 마음이 오직 하나님의 통치를 받도록 해야 합니다. 그리스도의 평강이 우리의 마음을 주장하게 해야 합니다.

마음은 지정의(知情意)의 중심이자 우리의 인격 활동의 중심이 되는 영적 전쟁의 최전방입니다. 우리가 하는 모든 행동의 시작도 마음에서 비롯되고, 우리 인생의 최종 결론이 만들어지는 곳도 마음입니다. 그뿐만 아니라 마음은 곧 우리의 미래가 됩니다. 지금 승리의 마음을 가진 사람은 승리의 미래를 맞을 것이고, 패배의 마음을 가진 사람은 패배의 미래를 맞게 될 것이기 때문입니다. 그러므로 우리는 마음의 보좌에 오직 하나님을 모셔드리고 하나님의 통치를 받음으로 우리의 마음이 천국의 임재를 이루는 통로가 되게 해야 합니다.

"모든 지킬 만한 것 중에 더욱 네 마음을 지키라 생명의 근원이 이에서 남이니라"(잠 4:23)

하나님의 통치를 받지 못하는 마음은 그 자체가 지옥입니다. 이런 사람의 마음은 죄의 지배를 받고, 환경의 지배를 받으며, 탐욕의 지배를 받고, 상처의 지배를 받습니다.

하나님의 통치를 받지 못하는 마음은…

1. 욕심의 통치를 받습니다.

욕심의 통치를 받는 마음은 채워도 채워도 결코 만족할 수 없는 지옥과 같은 인생을 살게 합니다.

성경에서 지옥을 뜻하는 표현 중에 '무저갱'이라는 말이 있습니다. '바닥이 없는 영원한 구렁텅이'라는 의미입니다. 아무리 떨어지고 떨어져도 바닥이 없으니 얼마나 무섭습니까?

그런데 욕심의 통치를 받는 마음은 이 무저갱과 같습니다. 그래서 욕심의 통치를 받는 사람들은 욕심에 휘둘려서 어리석은 삶을 살고 집착과 상처로 점철된 괴로운 삶을 살게 됩니다(약 1:14-16). 욕심의 통치를 받는 사람은 결코 하나님을 섬길 수 없습니다. 탐심 그 자체가 우상숭배가 되기 때문입니다.

> "그러므로 땅에 있는 지체를 죽이라 곧 음란과 부정과 사욕과 악한 정욕과 탐심이니 탐심은 우상 숭배니라"(골 3:5)
> "그리스도 예수의 사람들은 육체와 함께 그 정과 욕심을 십자가에 못 박았느니라"(갈 5:24)

욕심의 통치를 받는 사람은 언제나 땅의 일에 몰두하며 이기심을 채우는 일에 혈안이 되어 있습니다. 마음을 통치하는 욕심은 조급한 인생, 괴로운 인생, 힘든 인생을 살게 함으로 마침내 사망에 이르게 합니다.

　욕심의 통치가 무서운 것은 제어할 수 없다는 점에 있습니다. 통제할 수 없는 욕심은 무절제한 이기심을 만들고 자기 욕심을 채우기 위해서라면 수단과 방법을 가리지 않게 만듭니다. 거리낌없이 다른 사람에게 상처를 주고, 불법을 행하게 합니다.

　프랑스 남부 아를 지방에 고급 저택에서 혼자 살고 있는 잔느 칼망이란 할머니가 있었습니다. 하루는 이 집에 한 변호사가 찾아와 제안을 했습니다.

　"제가 할머니가 살아계시는 동안 매달 2,500프랑(한화로 약 50만원)씩을 드리겠습니다. 대신 할머니가 돌아가시고 나서 집을 저에게 물려주시겠습니까?"

　집만 번듯했지 소득이 전혀 없이 연금만으로 사는 할머니는 흔쾌히 승낙했습니다. 변호사도 목돈을 들이지 않고 좋은 집을 구입할 수 있어서 만족했습니다.

　변호사가 찾아갈 당시 잔느 할머니의 나이는 90세였습니다. 그러나 10년이 지나도, 20년이 지나도 잔느 할머니는 정정하게 살아계셨습니다. 심지어 77세에 변호사가 세상을 떠났을 때로 할머니는 살아계셨습니다.

　결국 변호사가 죽은 뒤 2년이 지나고 할머니는 돌아가셨고 변호사의 가족들이 대신 집을 물려받았습니다. 그러나 그동안 변호사가 지급한 돈은 시가의 2배가 넘었습니다.

변호사는 자신이 찾아간 90살 노인이 122세로 기네스북에 세계 최장수 노인으로 등재됐을 지는 꿈에도 몰랐을 것입니다. 욕심이 그를 오히려 손해 보는 인생으로 인도했습니다.

우리의 마음도 욕심의 지배를 받고 있지는 않습니까? 육신의 정욕, 안목의 정욕, 이생의 자랑에 끌려다니고 있지는 않습니까? 우리는 욕심에 빼앗겼던 마음의 통치권을 되찾아 와야 합니다. 오직 하나님께만 인생의 주권을 내어드리고 주님이 주시는 넘치는 은혜에 감사하며 살아가기를 소원합니다(시 23:1-2).

2. 부정적인 감정의 통치를 받습니다.

원래 감정은 하나님이 우리에게 주신 선물입니다.
하나님은 우리에게 감정을 주심으로 풍성한 인생을 누리도록 하셨습니다. 하나님이 우리에게 주신 모든 감정은 복된 것입니다. 하나님이 주신 기쁨, 만족, 평안, 행복뿐만 아니라 때때로 슬픔과 분노까지도 복된 감정이 될 수 있습니다. 그러나 하나님의 통치를 받지 못하는 마음은 부정적인 감정의 통치를 받습니다.

우리의 눈은 마음의 창이며 우리의 마음은 영혼의 창입니다. 즉 우리의 감정은 거슬러 올라가 보면 영혼으로부터 나오는 것입니다. 우리의 감정은 우리의 행동에 많은 영향을 끼칩니다. 그렇기 때문에 우리 영혼의 주인이 누구냐를 진단하는 뚜렷한 방법은 '감정의 표출'을 살피는 것입니다. 병든 영혼으로 인해 표출되는 병든 감정은 럭비공과 같아서 어디로 튈지 알 수 없습니다. 병든 사람이 자신의 마음을 진단할 수 없듯이 감정 또한 알 수 없습니다. 병든 감정은 통제되지 않고 절제되지 않아 수시로 변화합니다.

그래서 시도 때도 없이 분노, 화, 미움, 실망, 두려움, 염려, 배신감, 원통함, 공허함 등에 사로잡힙니다. 그리고 이러한 부정적인 감정을 통제할 수 없어서 부정적인 감정이 이끄는 대로 행동하고 스스로 자신의 삶을 망가뜨립니다.

대표적으로 가인을 들 수 있습니다. 분노의 통치를 받았던 가인은 분노에 이끌려 동생 아벨을 죽이고 말았습니다. 하나님은 가인이 죄의 감정을 다스리기를 원하셨지만, 가인은 악한 분노에 사로잡혀 악을 행하고 말았습니다.

"여호와께서 가인에게 이르시되 네가 분하여 함은 어찌 됨이며 안색이 변함은 어찌 됨이냐 네가 선을 행하면 어찌 낯을 들지 못하겠느냐 선을 행하지 아니하면 죄가 문에 엎드려 있느니라 죄가 너를 원하나 너는 죄를 다스릴지니라 가인이 그의 아우 아벨에게 말하고 그들이 들에 있을 때에 가인이 그의 아우 아벨을 쳐죽이니라"(창 4:6-8)

부정적인 감정의 지배력은 실로 막강합니다.

우울에 짓눌린 사람들은 우울을 떨쳐내고 싶어도 떨쳐낼 수 없고, 시기에 사로잡힌 사람들은 시기에서 벗어나고 싶어도 원하는 대로 할 수 없습니다.

우리는 부정적인 감정의 통치에서 벗어나기 위해 하나님의 통치를 받아야 합니다. 하나님은 우리의 마음을 의와 평강과 희락으로 통치하시고, 모든 상황과 환경을 초월하여 천국을 누리게 하십니다(롬 14:17).

3. 악한 생각의 통치를 받습니다.

악한 생각의 통치를 받는 사람들은 생각의 제어권을 사탄에게 쉽게 빼앗깁니다. 그래서 사탄이 주는 생각에 쉽게 노출되고, 사탄이 준 생각에 지나친 의미를 부여하여 부정적인 생각들을 점점 더 확대시켜 나갑니다. 이들은 자신이 가지고 있는 편견, 고정관념, 선입견이 절대적인 것이라고 생각하기 때문에 진리를 깨닫지 못합니다. 사람들을 통치하고 있는 생각의 덩어리들은 오랜 세월을 통해 다져진 것들로서 굉장히 바꾸기 힘든, 막강한 세력입니다.

우리는 하나님의 통치를 받기 위해 모든 악한 생각을 깨뜨려야 합니다. 하나님은 인간적인 생각을 깨뜨리고 기도와 간구로 하나님의 통치를 구하는 자에게 평강으로 응답하십니다.

"아무 것도 염려하지 말고 다만 모든 일에 기도와 간구로, 너희 구할 것을 감사함으로 하나님께 아뢰라 그리하면 모든 지각에 뛰어난 하나님의 평강이 그리스도 예수 안에서 너희 마음과 생각을 지키시리라"(빌 4:6-7)

우리 모두가 욕심의 통치, 부정적인 감정의 통치, 악한 생각의 통치에서 벗어나 하나님의 통치권 속으로 들어가기를 소원합니다.

하나님은 하나님의 통치를 받으라고 우리를 부르셨습니다. 하나님의 통치를 받을 때 우리의 삶에는 감사가 넘치고 자유가 충만하며 모든 악을 이길 수 있는 능력을 누릴 수 있습니다. 특별히 우리는 그리스도의 평강이 우리의 마음을 주장하도록 해야 합니다. 우리의 생각과 마음을 내려놓고 주님의 평강이 우리를 통치하도록 해야 합니다.

"그리스도의 평강이 너희 마음을 주장하게 하라 너희는 평강을 위하여 한 몸으로 부르심을 받았나니 너희는 또한 감사하는 자가 되라"(골 3:15)

참으로 평강은 절대적인 축복입니다.

평강이 없으면 수많은 돈도, 대단한 지식도, 화려한 미모도, 엄청난 명예도 다 아무런 소용이 없습니다. 평강이 빠진 축복은 그 어떤 것도 축복이 아닙니다. 평강은 우리 주님께서 우리에게 주시고자 하시는 제1의 기도 응답이요, 최우선의 축복입니다.

참된 평강은 오직 그리스도 예수님에게만 속해있습니다.

세상은 이 평강을 우리에게 줄 수 없습니다. 인간이 수고하고 노력해도 참된 평강을 얻을 수 없습니다.

참된 평강은 오직 하늘로부터 임하는 것입니다.

그런데 많은 사람들이 이 평강에 대하여 많은 오해를 하고 있습니다. 그리스도로 말미암아 주어지는 평강은 갈등도 없고 고난도 없는 것으로 생각합니다.

하지만 아닙니다. 그리스도의 평강은 문제가 없어서 누리는 평강이 아닙니다. 갈등이 있고 고난이 있고 아픔이 있음에도 불구하고 누릴 수 있는 평강입니다. 풍랑의 한복판에서 누릴 수 있는 평강이고 고난의 밤 가운데서도 노래할 수 있는 평강입니다. 우리 모두가 그리스도의 평강의 통치를 받기를 소원합니다(요 14:27).

예수님이 제자들과 함께 배를 타실 때 큰 풍랑이 일어났습니다. 큰 풍랑 가운데에서 제자들은 당황해하며 주무시고 있는 예수님을 깨웠습니다. 그리고 예수님의 말 한마디에 풍랑은 잠잠해졌습니다.

"배에 오르시매 제자들이 따랐더니 바다에 큰 놀이 일어나 배가 물결에 덮이게 되었으되 예수께서는 주무시는지라 그 제자들이 나아와 깨우며 이르되 주여 구원하소서 우리가 죽겠나이다"(마 8:23-25)

인간의 마음의 풍랑도 주님의 말씀 한마디면 잠잠해질 수 있습니다.

지금 마음엔 어떤 풍랑이 일고 있습니까?

예수님의 평강을 맛보십시오. 부활하신 예수님도 제자들에게 나타나서 가장 먼저 하신 말씀이 평강의 선포였습니다.

"이 날 곧 안식 후 첫날 저녁 때에 제자들이 유대인들을 두려워하여 모인 곳의 문들을 닫았더니 예수께서 오사 가운데 서서 이르시되 너희에게 평강이 있을지어다 이 말씀을 하시고 손과 옆구리를 보이시니 제자들이 주를 보고 기뻐하더라 예수께서 또 이르시되 너희에게 평강이 있을지어다 아버지께서 나를 보내신 것 같이 나도 너희를 보내노라"(요 20:19-21)

부활하신 예수님의 최고 관심사는 평강이었습니다.

평강이 없이는 예수 그리스도를 깨달을 수 없고 평강의 복음을 전할 수 없기 때문입니다. 우리는 가장 먼저 평안의 복음이 준비한 신을 신어야 하나님의 뜻을 이루는 삶을 살 수 있습니다.

평강은 헬라어로 '에이레네(Εἰρήνη)'이고, 히브리어로는 '샬롬(שלום)'입니다. 원어적 의미의 평강은 예수 그리스도의 통치를 받는 상태입니다.

예수님은 절대적인 진리로 통치하시기에, 예수님의 통치가 있는 곳에는 악이 떠난 선이 충만합니다. 그래서 예수님의 통치를 받는 사람들은 모든 불의한 생각과 악한 길을 버리고 주님의 뜻을 따르며 예수님이 공급하시는 무한한 에너지를 누립니다.

예수님의 통치를 받는 사람들은 주님이 주시는 무한한 에너지로 안정된 삶을 살아가며 자신에게 맡겨진 사명을 지속적으로 감당해냅니다. 그러나 예수님의 통치에서 벗어난 사람들은 평강이 깨어진 삶을 살게 됩니다. 예수님의 다스림을 받지 않는 사람들은 자기 자아의 통치를 받으며, 자기 욕심에 미혹됩니다. 그들은 언제나 중심을 잡아주는 힘을 잃어버림으로 무질서와 혼탁함에 노출된 상태에 놓이고, 가야 하는 길을 벗어난 불안정한 상태에서 살아갑니다. 그래서 평강이 없는 사람들은 죄에 노출되어 영혼이 혼탁해지고, 무질서 속에 방황합니다.

우리는 예수님의 통치를 받음으로 그리스도의 평강이 우리의 마음을 주장하게 해야 합니다.

"그리스도의 평강이 너희 마음을 주장하게 하라…"(골 3:15)

여기서 "주장하게 하라"는 '주도권을 가지고 통치하게 하라'는 말입니다. 우리가 그리스도의 평강의 통치를 구할 때, 그리스도의 평강은 우리 안에 있는 죄를 이기고, 욕심을 이기며, 모든 악한 영을 이깁니다. 우리 모두가 우리의 영적 주권, 지성적 주권, 감정적 주권, 신체적 주권을 모두 주님께 드림으로 평강의 통치를 받으시기를 바랍니다.

평강의 통치를 받는 영혼은 강건합니다.

평강의 통치를 받는 지성은 고도의 분별과 탁월한 실력에 이르게 되고, 평강의 통치를 받는 감성은 충만하고 행복합니다. 또 평강의 통치를 받는 신체는 균형 잡힌 건강을 누리게 됩니다.

미국 감리교회의 유명 목사님이었던 웰치 감독이 101세 생일을 맞게 되자 기자들이 "목사님은 이제 101세가 되셨는데… 두려움을 느끼지 않으십니까?"라고 질문했습니다.

이에 대해 목사님은 "나는 70세에 은퇴했는데 그때 늦었지만 진리를 깨달았습니다. 70년 동안을 많은 근심과 걱정을 가지고 살아왔는데 그 근심과 걱정의 대부분이 실제로는 생겨나지 않는 것들이었습니다.

나는 실제로 생기지 않는 일 때문에 그간 너무 많이 헛된 근심을 하며 살고 있었습니다. 근심도 걱정도 하나님께 맡겨버리는 믿음이 없었습니다. 그래서 그 이후부터 30년 동안은 모든 것을 다 주님께 맡기고 살게 되었습니다. 그 결과 이렇게 평안하게 살고 있습니다. 남은 생애도 그렇게 살겠습니다"라고 말했습니다. 웰치 감독은 106세까지 사시다가 이 땅을 떠나셨습니다.

복음과 인생설계

"수고하고 무거운 짐진 자들아 다 내게로 오라 내가 너희를 쉬게 하리라 나는 마음이 온유하고 겸손하니 나의 멍에를 메고 내게 배우라 그러면 너희 마음이 쉼을 얻으리니 이는 내 멍에는 쉽고 내 짐은 가벼움이라 하시니라"

(마 11:28-30)

평강의 통치를 받기 위하여…

1. 감사하는 자가 되어
평강을 이루는 삶을 살아야 합니다.

찰스 스펄전은 "불행할 때 감사하면 불행이 끝이 나고, 형통할 때 감사하면 형통이 연장된다"라고 했습니다.

그렇습니다. 우리의 삶이 전인적으로 평강의 통치를 받기 위해서는 먼저 감사를 회복해야 합니다.

"너희는 평강을 위하여 한 몸으로 부르심을 받았나니 너희는 또한 감사하는 자가 되라"(골 3:15)

우리는 평강을 위하여 한 몸으로 부르심을 받은 사람들입니다. 그러므로 우리는 평강의 통치를 받고, 평강을 이루는 삶을 살아야 합니다. 우리가 살고 있는 이 세상은 싸우고 경쟁해야 하는 약육강식의 구조로 이루어져 있습니다. 그래서 물질

만능주의, 외모지상주의, 서열주의 등에 물든 사람들은 끊임없이 경쟁하고 다투면서 살아갑니다. 하지만 하나님은 우리를 서로 경쟁시키지 않으십니다.

성악가 조수미 씨가 이탈리아 산타세칠리아 음악원에서 성악을 공부할 때 핀란드 콩쿠르에 최연소자로 참가하게 되었습니다. 유학 간 지 1년 반 정도 지났을 무렵이었습니다. 그녀는 그 콩쿠르에서 우승 후보로 꼽혔습니다. 그러나 1등은 중국인이었습니다. 심사 결과를 놓고 사람들은 "심사에 문제가 있다", "수미가 실력은 훨씬 더 위였다"라며 격려했지만 조수미 씨는 넉 달 동안 실망, 좌절, 울분 때문에 노래를 할 수가 없었습니다. 그 당시 핀란드와 중국은 수교를 앞두고 정치적 여건을 고려해 중국인에게 1등을 주기로 미리 정해져 있었다고 합니다.

좌절하고 있던 조수미 씨에게 위로와 용기를 준 것은 그녀의 어머니였습니다.

"나는 너에게 단 한 번도 1등을 하라고 말하지 않았다. 수미야, 노래는 아름다운 거야. 그런데 1등을 하지 못했다 해서 질투가 가득 찬 마음으로 노래를 부른다면 그건 이미 노래가 아닌거란다. 최고가 아니고 1등이 아니더라도 아름다운 노래를 하는 것이 중요하단다."

하나님은 우리가 경쟁과 다툼을 떠나서 각각 받은 은사와 달란트대로 최선을 다하고, 서로 화평하며 평강을 누리기를 원하십니다(고전 12:14-27).

하나님은 우리 모두를 절대적인 사랑으로 사랑하시기에 모두가 1등이 되고, 모두가 최고가 되기를 바라십니다.

우리는 모두 함께 연합하여 악에 대항하여 싸우고 사탄을 대적해 싸워서 이겨야 합니다. 이를 위해 우리는 감사하는 자가 되어야 합니다. 그리스도의 평강을 누리기 위해 우리는 하나님께 감사하고 이웃 간에 서로서로 감사해야 합니다. 더불어 서로 용납하고 사랑해야 합니다.

본문 속 감사가 의미하는 뜻은 고마운 마음 외에도 '호의, 은사, 선물, 친절, 은혜, 용서, 탕감, 아낌없이 주는 것, 거저 주는 것'과 같은 뜻을 담고 있습니다. 우리가 평강을 위해 감사하는 자가 되는 것은 서로 아낌없이 호의를 베풀고, 은혜로 용서하며, 잘못을 탕감해준다는 뜻을 가지고 있습니다.

우리 모두가 평강을 위해 감사하여 서로 은혜를 베풀고 너그러이 용서하는 삶을 살기를 소원합니다.

2. 예배자의 삶을 살아야 합니다.

유명한 신학자 토저는 "예배는 교회가 잃어버린 보석이다"라고 말하면서 현대교회가 진정한 예배를 잃어버렸다는 것을 지적했습니다.

예배는 그리스도인의 신앙생활에서 가장 핵심적인 위치를 차지하고 있습니다. "신앙생활은 곧 예배 생활이다"라고 말해도 과언이 아닙니다. 우리는 예배 시간뿐만 아니라 우리의 삶 자체가 하나님께 드려지는 예배가 되어야 합니다.

"그리스도의 말씀이 너희 속에 풍성히 거하여 모든 지혜로 피차 가르치며 권면하고 시와 찬송과 신령한 노래를 부르며 감사하는 마음으로 하나님을 찬양하고"(골 3:16)

예배는 자신의 삶을 하나님께 거룩한 산 제물로 드리는 것입니다. 그러므로 그리스도의 통치를 원하는 사람은 예배를 통해 자신의 전부를 하나님께 거룩한 산 제물로 바쳐야 합니다(롬 12:1).

하나님께 자신을 드리는 예배는 풍성한 말씀 속에, 시와 찬송과 신령한 노래 속에 이루어집니다. 말씀 속에 자신의 이론을 깨뜨리고, 찬양 속에 하나님께 감사하며 성령님의 인도를 받음으로 우리는 우리 인생 전부를 하나님께 내어드려야 합니다.

3. 무슨 일이든지
예수님의 이름으로 해야 합니다.

"또 무엇을 하든지 말에나 일에나 다 주 예수의 이름으로 하고 그를 힘입어 하나님 아버지께 감사하라"(골 3:17)

말과 일을 주 예수님의 이름으로 하는 것은 두 가지 의미를 가지고 있습니다.

첫째는 예수님께서 받으실만한 삶을 산다는 것이고, 둘째는 자신의 힘이 아니라 예수님의 능력으로 행한다는 뜻입니다.

그렇기에 무슨 일이든지 예수님의 이름으로 행하는 사람은 평안합니다. 주님의 통치 안에서 주님의 능력으로 살아가기에 두려움과 불안함이 없습니다.

우리는 우리 마음을 통치했던 모든 악한 세력을 몰아내고, 오직 그리스도의 평강이 우리의 마음을 통치하도록 해야 합니다.

그리스도의 평강은 죄를 이기는 능력이요, 하나님의 뜻을 이루는 권세이며, 상황과 환경을 뛰어넘는 안정감입니다.

그러므로 우리는 그리스도의 평강의 통치를 받기 위해 먼저 감사하는 자가 되어 평강을 이루고, 예배를 통해 자신의 전부를 하나님께 드려야 합니다. 또 평강의 통치를 받기 위해 무슨 일이든지 예수님의 이름으로 해야 합니다.

우리 모두가 평강의 통치를 받는 마음을 소유하여 이 땅에서도 천국을 누리며 하나님의 뜻을 이루는 위대한 삶을 살기를 주님의 이름으로 축원합니다.

1. 평강의 통치를 받기 위한 방법입니다.

( ) 안에 맞는 단어는 무엇입니까?

(1) ( ) 하는 사람이 되어 평강을 이루는 삶을 살아야 한다.
우리의 삶이 전인적으로 평강의 통치를 받기 위해서는 먼저 감사를 회복해야 합니다.
● 골로새서 3장 16절 말씀대로 감사하는 사람입니까?

(2) ( )의 삶을 살아야 한다.
예배는 그리스도인의 신앙생활에서 가장 핵심적인 위치를 차지하므로 우리는 예배 시간뿐만 아니라 우리의 삶 자체가 하나님께 드려지는 예배가 되어야 합니다.
● 골로새서 3장 16절 말씀에서 당신이 부족한 부분은 무엇입니까?

(3) 무슨 일이든지 ( )의 이름으로 해야 합니다.
말과 일을 주 예수님의 이름으로 하는 것은 두 가지 의미를 가지고 있습니다. 첫째는 예수님께서 받으실만한 삶을 산다는 것이고, 둘째는 자신의 힘이 아니라 예수님의 능력으로 행한다는 뜻입니다.
● 당신은 골로새서 3장 17절의 말씀에 순종하는 삶을 살고 있습니까?

2. 아래 성구를 보고 당신의 삶에 일어난 일들을 나누십시오.

(1) 골로새서 3장 5절- "그러므로 땅에 있는 지체를 죽이라 곧 음란과 부정과 사욕과 악한 정욕과 탐심이니 탐심은 우상 숭배니라"

(2) 빌립보서 4장 6, 7절- "아무 것도 염려하지 말고 다만 모든 일에 기

도와 간구로, 너희 구할 것을 감사함으로 하나님께 아뢰라 그리하면 모든 지각에 뛰어난 하나님의 평강이 그리스도 예수 안에서 너희 마음과 생각을 지키시리라"

(3) 골로새서 3장 17절– "또 무엇을 하든지 말에나 일에나 다 주 예수의 이름으로 하고 그를 힘입어 하나님 아버지께 감사하라"

3. 아래 성구의 ( )에 맞는 단어를 넣고 가능하면 암송합시다.

"수고하고 무거운 짐진 자들아 다 내게로 오라 내가 너희를 쉬게 하리라 나는 (   )이 온유하고 겸손하니 나의 (   )를 메고 내게 배우라 그러면 너희 마음이 쉼을 얻으리니 이는 내 멍에는 쉽고 내 짐은 가벼움이라 하시니라"(마태복음 11:28–30)

5. 평강은 그 자체가 능력

작사/작곡 이순희

평 강은 그 자체가 능 력이라네

세상의 모 든 환난과 역경 이 겨 내는능력

이 겨 내는능 력 인 생의 아 무 리 많은 -

문 제 가 있 어 도 문 제 보 다 더 큰 능

력 으 로 항 상 평 강 을 누 리 네

예 - 수 님 은 평 강 의 본 체 능 력 의 본 체 -

주 - 님 께 인 생 길 - 맡 기 고 - 걸 어 가 면

광 풍 이 일 어 도 고 난 을 당 해 도

해 를 받 지 않 고 참 된 평 강 누 린 다 네

복음과 인생설계

6

깊이 있는 영성

누가복음 5:1-11

"무리가 몰려와서 하나님의 말씀을 들을새 예수는 게네사렛 호숫가에 서서 호숫가에 배 두 척이 있는 것을 보시니 어부들은 배에서 나와서 그물을 씻는지라 예수께서 한 배에 오르시니 그 배는 시몬의 배라 육지에서 조금 떼기를 청하시고 앉으사 배에서 무리를 가르치시더니 말씀을 마치시고 시몬에게 이르시되 깊은 데로 가서 그물을 내려 고기를 잡으라 시몬이 대답하여 이르되 선생님 우리들이 밤이 새도록 수고하였으되 잡은 것이 없지마는 말씀에 의지하여 내가 그물을 내리리이다 하고 그렇게 하니 고기를 잡은 것이 심히 많아 그물이 찢어지는지라 이에 다른 배에 있는 동무들에게 손짓하여 와서 도와 달라 하니 그들이 와서 두 배에 채우매 잠기게 되었더라 시몬 베드로가 이를 보고 예수의 무릎 아래에 엎드려 이르되 주여 나를 떠나소서 나는 죄인이로소이다 하니 이는 자기 및 자기와 함께 있는 모든 사람이 고기 잡은 것으로 말미암아 놀라고 세베대의 아들로서 시몬의 동업자인 야고보와 요한도 놀랐음이라 예수께서 시몬에게 이르시되 무서워하지 말라 이제 후로는 네가 사람을 취하리라 하시니 그들이 배들을 육지에 대고 모든 것을 버려 두고 예수를 따르니라"

6

깊이 있는 영성

'깊이'는 눈에 보이는 외면에서 보이지 않는 내면까지의 거리를 가리키는 말입니다.

우리는 깊이 있는 영성을 소유하여 눈에 보이는 외면에 치우치지 말고, 눈에 보이지 않는 내면의 깊이를 추구해야 합니다. 영원하고 참된 것은 모두 깊은 내면에서 이루어지기 때문입니다.

존 울만은 "당신은 깊이 있는 삶을 살아야 한다. 그렇게 할 때 당신은 사람들의 영을 이해하고 느낄 수 있다"라고 말했습니다. 삶에 깊이가 있을 때 인생의 본질인 영을 보고 본래의 가치를 누릴 수 있다는 것입니다.

참으로 어떤 분야든지 고수는 깊이가 있습니다.

요리의 고수는 깊은 맛을 내고, 찬양의 고수는 깊은 소리를 내며, 기도의 고수는 깊은 기도를 합니다. 또 말씀의 고수는 깊이 있는 말씀을 깨닫고 증거하며, 신앙의 고수는 깊이 있는 인생을 살아갑니다.

깊이가 없는 모든 것은 울리는 꽹과리와 같습니다.

겉은 화려해도 깊이가 없는 것은 가치가 없습니다. 아무리 좋은 재료를 쓰고 최고의 도구로 요리를 해도 깊은 맛이 나지 않으면 훌륭한 요리가 되지 못하고, 화려한 악기를 대동해 대곡을 불러도 깊이 있는 소리가 나지 않으면 영을 깨우는 찬양이 되지 못합니다. 또 현란한 말 솜씨를 뽐내도 말씀의 깊이가 없으면 성령님이 일하시는 설교가 되지 못합니다.

깊이가 없는 모든 것은 수박 겉핥기와 같습니다.

수박의 겉만 핥는 사람은 결코 수박의 참맛을 볼 수 없듯이, 깊이가 없는 삶을 사는 사람은 아무리 오래 살고 많은 일을 해도 인생의 참맛을 볼 수 없습니다. 그러므로 우리는 예수 그리스도께 깊이 뿌리를 내리고 깊이 있는 영성을 소유해야 합니다

"그러므로 너희가 그리스도 예수를 주로 받았으니 그 안에서 행하되 그 안에 뿌리를 박으며 세움을 받아 교훈을 받은 대로 믿음에 굳게 서서 감사함을 넘치게 하라"(골 2:6-7)

현대는 깊이가 실종된 시대입니다.

우리가 살아가는 이 세상은 경박하고 얄팍한 것이 가득합니다. 정보의 바다와 같은 인터넷의 발달은 사람들에게 생활의 편리함을 주었지만, 그에 못지않게 생각의 게으름도 가져왔습니다. 인터넷을 통해 언제 어디서든 손쉬운 정보를 찾을 수 있는 현대인들은 깊이 있는 고전을 탐독하며 깊이 있는 사색에 빠지는 것을 싫어하게 되었습니다.

점점 편하게 정보를 접하고 쾌락적인 것을 추구하다 보니 이제는 글을 읽는 것 자체를 불편하게 생각하고 모든 것을 동영상화하려는 시도까지 하게 되었습니다. 그러다 보니 많은 현대인들이 인터넷을 통해 쉽게 퍼지는 가짜 뉴스나 거짓 정보를 분별할 수 있는 힘을 잃고 거짓에 쉽게 선동됩니다. 무언가 아는 것은 많은 것 같으나 깊이 있게 아는 것이 없고, 깊이 있는 글이나 깊이 있는 대화, 깊이 있는 묵상을 어려워합니다.

뿐만 아니라 대다수의 현대인들은 인터넷을 통해 전 세계 수많은 사람들과 교류하며 소통하지만 인간관계의 깊이는 더 얄팍해지고 있습니다. 순수하고 깊이 있는 우정과 사랑은 메말라가고 자기 유익을 위한 인스턴트식의 인간관계만을 이어갑니다. 이에 대해 A.W. 토저는 "의사소통의 수단은 점점 발달하고 있지만 사람들의 관계의 깊이는 점점 얕아져만 간다"라고 말했습니다.

깊이를 상실한 시대를 살아가는 사람들의 주된 특징은 보여지는 외면에만 치중한다는 것입니다. 이들은 자기 마음이 상하고 더러워지는 것에는 둔감하고 겉으로 보이는 외모, 인정, 칭찬, 물질 등에 집착합니다. 속은 무너지고 깨어졌는데 겉만 아름답게 치장하는 피상적인 삶은 사탄의 종노릇을 하면서 하나님을 대적하는 삶으로 이어집니다. 그래서 예수님은 외식과 위선에 빠져있었던 서기관들과 바리새인들에게 무섭게 경고하셨습니다

"화 있을진저 외식하는 서기관들과 바리새인들이여 잔과 대접의 겉은 깨끗이 하되 그 안에는 탐욕과 방탕으로 가득하게 하는도다 눈 먼 바리새인이여 너는 먼저 안을 깨끗이 하라 그리하면 겉도 깨끗하리라 화 있을진저 외식하는 서기관들과 바리새인들이여 회칠한 무덤 같으니 겉으로는 아름답게 보이나 그 안에는 죽은 사람의 뼈와 모든 더러운 것이 가득하도다 이와 같이 너희도 겉으로는 사람에게 옳게 보이되 안으로는 외식과 불법이 가득하도다"(마 23:25-28)

우리는 먼저 안을 깨끗하게 함으로 인생의 깊이, 영성의 깊이를 회복해야 합니다.

리처드 포스터는 "오늘 우리에게 절실한 건 똑똑한 사람도 재능 있는 사람도 아니고 깊이 있는 사람이다"라고 했습니다. 깊이 있는 영성은 속을 깨끗하게 하고, 은혜와 진리로 충만히 채우며, 하나님을 향한 순수한 사랑과 열정으로 채우는 것입

복음과 인생설계

니다. 이러한 깊이 있는 영성은 하루아침에 생겨나지 않습니다. 깊이 있는 영성을 얻으려면 오랜 세월 내면에 누적된 죄와 상처를 깨끗이 비우고 성령의 충만을 받아야 합니다. 이를 위해서는 깊은 기도, 깊은 예배, 깊은 찬양, 깊은 말씀이 필요합니다. 깊은 영성의 생활을 통해 죄로 물든 자아를 깨뜨려야 합니다.

죄의 경향성을 가지고 있는 자아가 살아있을 때 우리의 영혼은 자아의 벽에 막혀서 성장하지 못합니다. 자아가 만든 욕심의 벽, 자존심의 벽, 상처의 벽에 막혀 성장하지 못한 속사람은 내면의 아이로 자리 잡아 장성한 어른이지만 어린아이의 삶을 살게 합니다. 이기적으로 사고하게 하고, 유치하게 행동하게 하며, 지난날의 상처에서 벗어나지 못한 채로 고통스러운 삶을 이어가게 합니다.

케이치프 노이드는 '사람에게 있는 여섯 가지 감옥'이라는 글을 썼습니다.

그에 의하면 사람에게는 여섯가지 감옥이 있는데 다음과 같습니다.

● 첫 번째는 '자아도취'라는 감옥입니다.
● 두 번째는 '비판'의 감옥입니다.

항상 다른 사람의 단점만을 보고 비판하기를 좋아하는 것을 말합니다.

● 세 번째는 '절망'이라는 감옥입니다.

절망의 감옥에 갇힌 사람들은 세상을 항상 부정적으로만 보고 불평하고 절망합니다.

● 네 번째는 '과거지향'의 감옥입니다.

과거지향의 감옥에 갇힌 사람은 옛날을 추억하면서 현재에 충실하지 않습니다. 그래서 그 삶에 발전이 없습니다.

● 다섯 번째는 '선망'이라는 감옥입니다.

'남의 떡이 더 커 보인다'는 속담처럼 지금 내가 가지고 있고 누리고 있는 것이 소중하고 좋은데 다른 사람의 것만 부러워하는 것입니다.

● 여섯 번째는 '질투'라는 감옥입니다.

남이 잘 되는 것을 보면 괜히 배가 아프고 자꾸만 헐뜯고 싶어지는 것입니다. 다른 사람이 잘 되어갈수록 자신이 더욱 초라하게 느껴지고, 그래서 잘 되어가는 그 사람을 헐뜯곤 합니다.

이 외에도 죽지 못한 자아는 수천, 수만, 수억 가지 감옥을 만들고 우리의 인생을 가둡니다.

그러므로 우리는 깊은 영성을 소유하기 위해 먼저 자아를 깨뜨려야 합니다.

자아를 깨뜨린다는 것은 육체의 방식을 거절하고 영의 방식으로 사는 것입니다. 육체의 방식은 높아지기 위해 남을 짓밟고, 시기와 경쟁을 당연하게 여기며 최대한의 노력을 기울여 자신의 이득을 취하는 것입니다. 그러나 영의 방식은 스스로 낮아져서 남을 높이고 자기를 부인하고 예수 그리스도를 위한 삶을 사는 것입니다

"내가 그리스도와 함께 십자가에 못 박혔나니 그런즉 이제는 내가 사는 것이 아니요 오직 내 안에 그리스도께서 사시는 것이라 이제 내가 육체 가운데 사는 것은 나를 사랑하사 나를 위하여 자기 자신을 버리신 하나님의 아들을 믿는 믿음 안에서 사는 것이라"(갈 2:20)

영은 육이 깨어진 만큼 깊어집니다.

우리가 자아를 부인할수록 말씀을 깨닫는 깊이가 깊어지고, 찬양과 예배의 깊이가 깊어집니다. 자기를 부인하고 깊이 있는 영성을 소유할 때 우리는 비로소 내면의 고요함을 누릴 수 있고, 영혼의 깊은 곳에서부터 주어지는 하늘의 능력을 나타낼 수 있습니다. 깊이 있는 영성을 소유하면 급한 문제나 어려운 일 앞에서도 일희일비하지 않고 진중한 자세로 하나님의 말씀을 따를 수 있습니다. 뿌리 깊은 나무가 강한 바람에도 흔들리지 않듯이, 깊이 있는 영성을 소유한 사람은 고난의 풍파가 닥쳐와도 흔들리지 않습니다(고후 4:7-10).

"주께서 심지가 견고한 자를 평강하고 평강하도록 지키시리니 이는 그가 주를 신뢰함이니이다"(사 26:3)

깊이 있는 영성을 소유한 사람은 영혼의 깊은 데서 울리는 하늘의 능력과 평안, 사랑과 지혜를 늘 공급받습니다.

"사람의 심령은 그의 병을 능히 이기려니와 심령이 상하면 그것을 누가 일으키겠느냐"(잠 18:14)

'내 영혼의 그윽히 깊은 데서 맑은 가락이 울려나네'로 시작하는 찬송가 412장은 미국인 W.P. 코넬이 작사하고 W.G. 쿠퍼가 작곡한 찬송입니다.

1889년 어느 가을 수양회에 참석했던 작사가 코넬은 집회에서 많은 은혜와 도전을 받았습니다. 코넬은 그 은혜를 깊이 묵상하던 중에 자신의 마음을 감싸고 있는 하나님의 놀라운 평화를 느꼈고, 이 마음의 평화를 종이에 네 절의 시로 옮겨 썼습니다. 그런데 그곳에서 나가는 길에 이 시를 적은 종이를 바닥에 떨어뜨린 채 그냥 지나가고 말았습니다. 만일 다른 누군가가 이 종이를 주워 쓰레기인줄 알고 버렸다면 이 아름다운 시는 사장되고 말 위기였습니다.

그런데 우연히 작곡가 쿠퍼가 그곳을 지나다가 땅에 떨어진 종잇조각을 발견했습니다.
"평화, 평화, 놀라운 평화,
하늘의 아버지로부터 내려오네.

내가 간구하오니 내 영혼을

그 사랑의 물결에 영원토록 덮으소서."

쿠퍼는 이 시를 읽자마자 큰 감동을 받아 즉시 오르간으로 가서 우리가 부르는 찬송가의 선율을 만들었습니다. 이 찬양은 깊이 있는 영성이 누리는 은혜를 '사랑의 물결', '맑은 가락', '하늘 곡조', '깊이 묻힌 보배' 등으로 표현하며 더 깊은 영성의 세계로 성도들을 초대하고 있습니다.

영성의 깊이는 회개의 깊이이고, 믿음의 깊이이며, 사랑의 깊이이자, 헌신의 깊이입니다(잠 20:27). 우리는 영성의 깊이만큼 사랑할 수 있고 헌신할 수 있으며, 사명을 감당할 수 있습니다. 얕은 물에는 종이배를 띄우고, 강물에는 유람선을 띄우며, 넓고 깊은 대양에는 큰 배를 띄우듯이 영성의 깊이가 인생의 깊이를 결정합니다.

시인 도종환은 그의 시 「깊은 물」을 통해 다음과 같이 노래했습니다.

"물이 깊어야 큰 배가 뜬다. 얕은 물에는 술잔 하나 뜨지 못한다. 이 저녁 그대의 가슴엔 종이배 하나라도 뜨는가."

그는 또 이렇게 말했습니다.

"깊이가 있다는 것은 많은 것을 품고 있다는 것이요, 큰 것을 받아들일 수 있다는 것이요, 거친 물결과 험한 파도까지 다 겪은 뒤 여유를 잃지 않고 넉넉해질 수 있다는 것이다."

아무런 고난 없이 깊은 영성을 소유할 수 없습니다. 고난 속에서 예수 그리스도께 뿌리내리기 위해서 몸부림치는 사람은 고난을 통해 깊고 넓은 영성을 소유하게 됩니다.

"고난 당하기 전에는 내가 그릇 행하였더니 이제는 주의 말씀을 지키나이다"(시 119:67)

"고난 당한 것이 내게 유익이라 이로 말미암아 내가 주의 율례들을 배우게 되었나이다 주의 입의 법이 내게는 천천 금은보다 좋으니이다"(시 119:71-72)

우리는 깊이 있는 영성을 소유하여 말씀을 받고 뿌리를 깊게 내리고, 깊은 생각, 깊은 마음, 깊은 사랑, 깊은 능력으로 살아야 합니다(눅 8:4-15).

본문에 등장한 예수님은 제자들을 깊이 있는 영성으로 초대하는 모습을 보이셨습니다.

본문 당시 시몬 베드로는 배를 소유할 만큼 전문적으로 고기를 잡는 직업 어부였습니다. 그는 고기 잡는데 잔뼈가 굵은 사람이었습니다. 하지만 본문에서 예수님이 말씀을 전하실 당시 베드로는 밤이 새도록 수고했지만 하나도 잡지 못했고 허탈한 심정으로 그물을 씻고 있었습니다.

세상에는 인간의 실력과 노력으로 안 되는 일이 많습니다. 사실 인간의 노력만 가지고 이루어지는 일은 아무것도 없습니다. 인간의 모든 일에는 하나님의 은혜가 필요합니다.

농부가 농사를 짓기 위해서는 하나님이 햇빛과 비를 허락하셔야 하고, 사업가가 사업을 하기 위해서는 하나님이 사업을 위한 모든 환경을 열어주셔야 합니다. 건축가가 집을 지으려 할 때도 하나님의 도우심이 있어야 하고, 파수꾼이 성을 지킬 때도 하나님의 돌보심이 있어야 합니다(시 127:1-2).

인간의 노력과 실력만으로는 깊이 있는 인생을 살 수 없습니다. 우리는 깊이 있는 인생을 살기 위해 우리의 영혼육을 창조하신 하나님을 알아야 하고, 하나님의 영으로 인도받아야 합니다.

예수님은 베드로에게 이것을 가르쳐주길 원하셨습니다.

그래서 게네사렛 호숫가에 서서 무리에게 하나님의 말씀을 전하시다가 의도적으로 시몬의 배에 올라 그 배를 육지에서 조금 떨어지게 하신 후에, 시몬의 배를 강단으로 삼고 말씀을 전하셨습니다. 그리고 말씀을 마치신 후에 시몬 베드로에게 "깊은 데로 가서 그물을 내려 고기를 잡으라"라고 하셨습니다.

갈릴리 바다라고도 불리는 게네사렛 호수는 항상 눈이 쌓여있는 헐몬산 꼭대기에서부터 시작됩니다.

그 눈이 녹으면서 요단강 상류를 이루고 그것이 게네사렛 호수를 만드는 것입니다. 이렇게 산에서 내려오는 찬물로 만들어진 호수는 일반적으로 **두 가지 특징**이 있습니다.

● 하나는 깊은 데에는 고기가 없다는 것입니다.

왜냐하면 물이 차기 때문에 수온에 민감한 고기가 깊은 데 있지 않고 좀 따뜻하고 얕은 곳으로 모이기 때문입니다.

● 다른 하나는 아침에는 고기가 잡히지 않는다는 것입니다.

아침에는 물이 깨끗해서 고기가 안 보이는 곳으로 숨기 때문입니다. 그래서 베드로를 비롯한 다른 어부들이 밤새도록 고기를 잡았습니다. 그러므로 지금 이 아침에 깊은 곳으로 가서 그물을 내리라는 예수님의 명령에 순종하는 것은 전문 어부인 베드로에게 어려운 일이었습니다.

더군다나 밤새 고기를 잡느라 피곤한데, 그물까지 씻은 상황에서 다시 고기를 잡는 것은 힘든 일이었습니다. 하지만 말씀을 통해 예수님의 영적 권세를 느낀 베드로는 예수님의 말씀에 기꺼이 순종할 마음을 가졌습니다.

우리도 예수님의 명령에 순종하여 인생의 깊은 곳에 그물을 내려야 합니다. 우리 인생의 깊은 곳은 뻔히 고기가 잡히지 않을 것이라고 생각하는 곳입니다. 경험적으로, 지식적으로 실패가 확정된 곳입니다. 내 생각으로 분명히 실패할 것 같은 일, 해야 하는 것을 알지만 두려워서 회피한 일, 내가 할 수 없는 일이라 여기며 덮어 둔 일이 인생의 깊은 곳입니다.

우리는 인생의 깊은 곳에 그물을 내리기 위해 먼저 영혼의 깊은 곳에 그물을 내려야 합니다.

우리의 예상 밖에 있는, 무의식 속에 있는, 잠재의식 속에 있는 영혼의 깊은 곳까지 기도의 그물, 찬양의 그물, 말씀의 그물, 예배의 그물을 내려야 합니다.

물론 무조건 오래 기도한다고, 많이 기도한다고 영혼의 깊은 곳에 기도의 그물을 내리는 것은 아닙니다. 영혼의 깊은 곳에 기도의 그물을 내리려면 진실하고 정직하게 상한 심령을 하나님께 드려야 합니다.

"하나님께서 구하시는 제사는 상한 심령이라 하나님이여 상하고 통회하는 마음을 주께서 멸시하지 아니하시리이다"(시 51:17)

상한 심령을 하나님께 드리기 위해서는 완고하고 굳은 마음을 버려야 합니다. 굳은 심령은 무감각해진 상태를 가리킵니다.

특별히 하나님의 은혜와 진리에 대해, 하나님의 말씀에 대해 마음이 완전히 굳어져 버린 상태가 굳은 심령입니다.

굳은 심령은 하나님의 은혜에 대한 감각이 없고 중언부언으로 위선적인 기도를 합니다. 우리는 모든 거짓과 위선을 벗고 진실하게 회개하며 기도의 그물을 영혼의 깊은 곳까지 내려야 합니다. 또한 하나님의 영으로 조명을 받아 말씀의 그물을 영혼 깊은 곳에 내려야 합니다. 머리나 가슴으로 받는 말씀은 육적인 지식으로 전락할 수 있지만, 영혼 깊은 곳에 새겨진 말씀은 곧 인생을 변화시키는 권세가 됩니다.

이렇게 영혼 깊은 곳에 기도와 말씀의 그물이 내려지면 기도와 말씀에 곡조가 붙은 찬양의 그물도 함께 내려지게 되고, 성령님과 진리로 강권 되는 예배의 그물도 내려지게 됩니다. 우리 모두가 영혼 깊은 곳에 기도의 그물, 말씀의 그물, 찬양의 그물, 예배의 그물을 내리고 전인이 새로워지는 은혜를 누리기를 소원합니다.

예수님의 말씀에 순종해서 깊은 곳에 그물을 내린 베드로는 고기를 잡은 것이 심히 많아 그물이 찢어지는 역사를 경험했습니다.

"그렇게 하니 고기를 잡은 것이 심히 많아 그물이 찢어지는지라 이에 다른 배에 있는 동무들에게 손짓하여 와서 도와 달라 하니 그들이 와서 두 배에 채우매 잠기게 되었더라"(눅 5:6-7)

깊은 곳에 내려진 베드로의 그물은 하나님의 전능하신 능력에 의해 찢어졌습니다. 여기에서 그물은 인간이 생각하는 한계를 의미합니다.

지금까지 육적인 삶을 살고 있었던 베드로의 아집, 고집, 불신앙, 이론이 모두 그물을 통해 표현되었습니다. 그러나 이제 하나님의 기적적인 역사에 의해 베드로의 자아의 그물, 고집과 아집의 그물, 불신앙의 그물이 찢어졌습니다.

우리도 오직 하나님의 말씀에 의지하여 영혼의 깊은 곳, 인생의 깊은 곳에 그물을 내려 자아의 그물을 찢고 깊이 있는 영성을 소유해야 합니다.

깊이 있는 영성을 소유하면 어떤 일이 일어날까요?

1. 깊이 있는 영성을 소유하면 회개가 깊어집니다.

"너희는 옷을 찢지 말고 마음을 찢고 너희 하나님 여호와께로 돌아올지어다 그는 은혜로우시며 자비로우시며 노하기를 더디하시며 인애가 크시사 뜻을 돌이켜 재앙을 내리지 아니하시나니"(욜 2:13)

자아의 그물이 찢어진 베드로는 곧바로 영의 눈이 열려서 자신이 죄인임을 발견하고 예수님이 자신의 구세주임을 보게 되었습니다.

"시몬 베드로가 이를 보고 예수의 무릎 아래에 엎드려 이르되 주여 나를 떠나소서 나는 죄인이로소이다 하니 이는 자기 및 자기와 함께 있는 모든 사람이 고기 잡힌 것으로 말미암아 놀라고"(눅 5:8-9)

그물이 찢어지기 전에 베드로는 예수님을 선생님이라고 불렀습니다. 그러나 예수님의 기적을 체험한 그는 8절에서 "주여!"라고 부르면서 자신을 떠나라고 하며 예수님의 무릎 아래 엎드렸습니다. 이전에는 죄가 있어도 깨닫지 못했지만, 이제 진리이신 예수님을 경험함으로 죄의 실체를 보게 된 것입니다.

어둠에 거하는 사람은 자신의 죄를 볼 수 없지만, 빛 가운데로 나온 사람은 자신의 죄를 볼 수 있습니다. 어둠에 거하는 사람은 죄를 깨닫지 못하고, 혹 알아도 부정하거나 회피하며 변명하고 합리화합니다. 그러나 빛에 거하는 사람은 남의 탓을 하거나 변명하는 일이 없습니다. 이런 사람은 모든 사람이 죄인이며, 범죄 하지 않았다고 하는 사람은 하나님을 거짓말하는 자로 만드는 사람이라는 것을 잘 알고 있습니다. 그래서 빛 가운데 거하는 사람은 늘 자신의 죄를 돌아보고 자백하고 회개합니다.

"그가 빛 가운데 계신 것 같이 우리도 빛 가운데 행하면 우리가 서로 사귐이 있고 그 아들 예수의 피가 우리를 모든 죄에서 깨끗하게 하실 것이요 만일 우리가 죄가 없다고 말하면 스스로 속이고 또 진리가 우리 속에 있지 아니할 것이요 만일 우리가 우리 죄를 자백하면 그는 미쁘시고 의로우사 우리 죄를 사하시며 우리를 모든 불의에서 깨끗하게 하실 것이요 만일 우리가 범죄하지 아니하였다 하면 하나님을 거짓말하는 이로 만드는 것이니 또한 그의 말씀이 우리 속에 있지 아니하니라"(요일 1:7-10)

진리가 만드는 회개의 깊이는 기도의 깊이를 더하고 영성의 깊이를 더합니다. 죄를 깨달으면 깨달을수록, 자신의 나약함과 미련함을 깨달을수록 기도하지 않고서는 견딜 수 없습니다. 결국 깊은 영성은 자기 죄에 민감해져서 양심의 교훈을 받고 자발적으로 주님의 책망을 받는 단계에 이릅니다. 그리고 마침내 죄로부터 자유케 되어 죄를 이기는 단계에 도달합니다.

2. 깊이 있는 영성을 소유하면 사명이 깊어집니다.

예수님은 무릎 꿇고 회개하는 베드로에게 "무서워하지 말라 이제 후로는 네가 사람을 취하리라"라고 말씀하셨습니다. 자아의 그물이 찢어진 베드로는 이러한 예수님의 부르심에 자신의 모든 것을 단번에 내려놓고 예수님을 따랐습니다.

"그들이 배들을 육지에 대고 모든 것을 버려두고 예수를 따르니라"(눅 5:11)

영성이 깊어질수록 우리는 영원한 것과 일시적인 것, 가치 있는 것과 헛된 것을 구분하게 되고 영원한 것을 위해 헛된 것을 포기하는 일에 주저함이 없어집니다.

짐 엘리엇은 "영원한 것을 얻기 위해 영원하지 않는 것을 버리는 자는 절대 어리석은 자가 아닙니다"라고 말했습니다. 영성이 깊어지면 자기 인생의 목적과 의미, 기쁨과 만족을 사명

안에서 발견하게 되고 사명에 온전히 몰입하는 삶을 살게 됩니다.

> "우리 주 예수 그리스도의 하나님, 영광의 아버지께서 지혜와 계시의 영을 너희에게 주사 하나님을 알게 하시고 너희 마음의 눈을 밝히사 그의 부르심의 소망이 무엇이며 성도 안에서 그 기업의 영광의 풍성함이 무엇이며 그의 힘의 위력으로 역사하심을 따라 믿는 우리에게 베푸신 능력의 지극히 크심이 어떠한 것을 너희로 알게 하시기를 구하노라"(엡 1:17-19)

피상적인 것만 넘쳐나는 이 시대에 우리는 깊이 있는 영성을 소유하여 깊이 있는 결실을 맺는 인생을 살아야 합니다. 깊은 기도, 깊은 찬양, 깊은 말씀, 깊은 예배로 영혼의 깊은 곳에서 하나님과 소통하며 능력을 나타내는 삶을 살아갑시다. 깊은 영성을 소유하면 회개가 깊어지고, 사명이 깊어집니다.

우리 모두가 깊은 곳에 그물을 내리라는 예수님의 말씀에 순종하여 영혼의 깊은 곳에 기도의 그물, 찬양의 그물, 말씀의 그물, 예배의 그물을 내리고 깊은 영성으로 이 땅에서도 천국을 누리며 하나님의 뜻을 이루기를 주님의 이름으로 축원합니다.

복음과 인생설계

1. 깊이 있는 영성을 소유하면 무엇이 깊어질까요?

( ) 안에 맞는 단어는 무엇입니까?

(1) ( )가 깊어진다.

어둠에 거하는 사람은 자신의 죄를 볼 수 없지만, 빛 가운데로 나온 사람은 자신의 죄를 볼 수 있습니다. 어둠에 거하는 사람은 죄를 깨닫지 못하고, 혹 알아도 부정하거나 회피하며 변명하고 합리화합니다.

● 시편 51편 7절에 의하면 하나님은 어떤 마음을 기뻐하신다고 말씀하십니까?

(2) ( )이 깊어진다.

영성이 깊어질수록 우리는 영원한 것과 일시적인 것, 가치 있는 것과 헛된 것을 구분하게 되고 영원한 것을 위해 헛된 것을 포기하는 일에 주저함이 없어집니다.

● 깊은 기도, 깊은 찬양, 깊은 말씀, 깊은 예배로 영혼의 깊은 곳에서 하나님과 소통하며 능력을 나타내는 삶을 살고 있습니까?

2. 아래 성구를 보고 당신의 삶에 일어난 일들을 나누십시오.

(1) 골로새서 3장 5절- "그러므로 땅에 있는 지체를 죽이라 곧 음란과 부정과 사욕과 악한 정욕과 탐심이니 탐심은 우상 숭배니라"

(2) 빌립보서 4장 6, 7절- "아무 것도 염려하지 말고 다만 모든 일에 기도와 간구로, 너희 구할 것을 감사함으로 하나님께 아뢰라 그리하면 모든 지각에 뛰어난 하나님의 평강이 그리스도 예수 안에서 너

희 마음과 생각을 지키시리라"

(3) 골로새서 3장 17절– "또 무엇을 하든지 말에나 일에나 다 주 예수
의 이름으로 하고 그를 힘입어 하나님 아버지께 감사하라"

3. 아래 성구의 ( )에 맞는 단어를 넣고 가능하면 암송합시다.

"그러므로 너희가 그리스도 예수를 ( )로 받았으니 그 안에서 행하되
그 안에 (   )를 박으며 세움을 받아 교훈을 받은 대로 믿음에 굳게
서서 (   )함을 넘치게 하라"(골로새서 2:6–7)

6. 깊은 곳에 그물을 내리라

작사/작곡 이 순 희

깊은곳에그 물을 내 리 라 깊은곳에그 물을 내 리 라

깊 은곳에 그 물을 내 리 라 말씀 하 신

주 님의말씀 따 라 내 모 든 생 각 내려 놓 고

내 영혼깊은곳 에 그 물을 내 리 네

내 면에 쌓 인 깊은 상처 깨 끗 하게 비 우 고

깊 은 기 도 깊 은 찬 양 깊 은 말 씀 깊 은 사 랑

깊 은 영 성 으 로 죄 로물 든 자 아 를 깨 뜨 리 네

자 아 의 그 물 씻 고 깊 은 영 성 소 유 하 네

예 수 안 에 서 영 성 의 깊 이 를 더 해 가 네

영 혼 의 깊 은 곳 에 서 영 원 토 록 주 를 찬 양 하 네

제6장 깊이 있는 영성

깨달음의 힘

하박국 2:1-4

"내가 내 파수하는 곳에 서며 성루에 서리라 그가 내게 무엇이라 말씀하실는지 기다리고 바라보며 나의 질문에 대하여 어떻게 대답하실는지 보리라 하였더니 여호와께서 내게 대답하여 이르시되 너는 이 묵시를 기록하여 판에 명백히 새기되 달려가면서도 읽을 수 있게 하라 이 묵시는 정한 때가 있나니 그 종말이 속히 이르겠고 결코 거짓되지 아니하리라 비록 더딜지라도 기다리라 지체되지 않고 반드시 응하리라 보라 그의 마음은 교만하며 그 속에서 정직하지 못하나 의인은 그의 믿음으로 말미암아 살리라"

7

깨달음의 힘

인생의 행복은 위기를 대하는 자세에 따라 달라집니다.

위기를 다루는 실력이 클수록 흔들리지 않는 행복을 누리게 되고, 위기를 해석하는 지혜가 클수록 창조적인 인생을 살게 됩니다.

본래 위기는 '위험'과 '기회'의 합성어입니다.

닥쳐오는 위기 앞에 놀라고 낙심하며 절망하는 사람은 위기를 통해 더 큰 나락으로 떨어지게 됩니다. 환경의 위기가 마음의 위기로 이어지고, 마음의 위기는 존재의 위기로 이어지기 때문입니다.

위기 앞에 하나님을 원망하고, 주위 사람들을 탓하며 부정적인 자세를 취하는 사람은 사탄의 올무에 갇혀서 파멸의 길에 이르게 됩니다. 그러나 닥쳐오는 위기 앞에 긍정적인 자세, 창조적인 자세, 영적인 자세를 지닌 사람은 위기를 돌파하고 더 나은 삶으로 도약할 수 있습니다.

물질의 위기 앞에 새로운 영적 기회를 얻을 수 있고, 건강의 위기 앞에 더 깊은 진리를 향해 전진할 수 있습니다. 관계의 위기 앞에 자기를 돌아보며 성숙한 인격으로 나아갈 수 있고, 환경의 위기 앞에 육의 힘을 빼고 하나님만 의지하는 신앙으로 거듭날 수 있습니다.

"형제들아 우리가 아시아에서 당한 환난을 너희가 모르기를 원하지 아니하노니 힘에 겹도록 심한 고난을 당하여 살 소망까지 끊어지고 우리는 우리 자신이 사형 선고를 받은 줄 알았으니 이는 우리로 자기를 의지하지 말고 오직 죽은 자를 다시 살리시는 하나님만 의지하게 하심이라"(고후 1:8-9)

대부분의 사람들은 위기를 만나지 않으면 변화되지 않습니다. 편안하고 안정적인 삶에서는 긴장감을 잃고 안주하기 쉽습니다. 그러나 위기를 만나면 자기 인생에 대해 진지하게 생각하게 됩니다. 인생의 우선순위를 재정립하고 본질에 집중하게 됩니다.

우리는 위기를 돌파하는 힘을 받고 위기를 인생의 기회로 만들어야 합니다.

믿음의 눈으로 볼 때 위기는 하나님의 능력을 경험할 절호의 찬스입니다. 영적인 관점으로 볼 때 위기는 기적의 때요, 은혜의 때이며, 변화의 때입니다.

기적은 아무에게나 일어나지 않습니다.
하나님의 기적은 위기의 벼랑 끝에서 일어납니다.
예수님의 기적은 자아가 깨어지는 위기 속에서 일어나고, 자기 생각과 힘이 무너지는 위기 속에서 나타납니다.
하늘로부터 임하는 초월적인 기적은 자기 자신을 포기하는 위기 속에 임하고, 자기 한계를 인정하고 하나님께만 소망하게하는 위기 속에 나타납니다.

"내 영혼아 네가 어찌하여 낙심하며 어찌하여 내 속에서 불안해 하는가 너는 하나님께 소망을 두라 그가 나타나 도우심으로 말미암아 내 하나님을 여전히 찬송하리로다"(시 43:5)

그 어떤 심각하고 절박한 위기를 만나도 하나님을 바라보면 새로운 길을 찾을 수 있습니다. 살아계신 하나님은 광야에 길을 만드시고 사막에 강을 내십니다. 원수로 친구 되게 하시고, 역경을 뒤집어 경력이 되게 하십니다(사 43:19-21).

위기를 돌파하는 힘은 어떤 상황 속에서도 믿음의 눈을 열어 하나님을 바라보는 데서 나옵니다. 모든 위기를 초월하여 역사하시는 하나님을 바라볼 때 우리는 자족의 힘, 기도의 힘, 바라봄의 힘, 긍휼의 힘으로 위기를 돌파할 수 있습니다. 광풍이 몰아치는 위기 속에서도 하나님의 음성에 귀를 기울이면 깨달음의 힘으로 위기를 넘어설 수 있습니다.

깨달음의 힘을 받고 인생의 모든 위기를 돌파하시길 바랍니다. 인생의 문제는 깨달음의 문제입니다. 고난을 유익으로 바꾸고, 저주를 축복으로 바꾸는 것이 바로 깨달음의 능력입니다. 우리가 무슨 고난을 만나도 하나님이 주신 깨달음을 얻으면 고난은 곧바로 축복으로 바뀝니다. 하나님의 뜻을 깨닫기만 하면 원수 같던 아내나 남편이 심장같이 소중한 존재로 바뀌고, 구제불능처럼 보이는 자녀가 복덩어리처럼 귀하게 여겨집니다. 참으로 깨달음은 인생의 모든 것을 변화시킵니다(시 119:71, 롬 8:28).

깨달음은 인생의 해석을 새롭게 만듭니다.
『철학은 어떻게 삶의 무기가 되는가?』의 저자 야마구치 슈는 "하나님은 우리에게 해석하는 능력을 주셨다. 인간만이 유일하게 해석할 수 있다. 우리는 세상을 있는 그대로 보지 않고 해석한 것을 통해 바라본다. 좋은 해석이 좋은 인생을 만든다. 해석하는 능력이 변한다면 우리 인생도 새롭게 변할 수 있다. 하나님의 방법으로 '해석'하는 능력이야말로 그리스도인의 최고의 '무기'다"라고 말했습니다.

영에 속한 깨달음은 지혜와 계시의 영인 성령으로 말미암아 이루어집니다. 내주하시는 성령님은 우리의 지각, 이해력, 통찰력 등과 같은 마음의 작용을 선하게 운행하심으로 하나님의 뜻을 알게 합니다. 그래서 성령님으로 말미암은 깨달음의 능력을 소유한 사람은 지식에 넘치는 그리스도의 사랑을 알게 됩니다. 범사에 하나님의 모든 충만하신 것으로 충만한 인생을 살고, 속사람의 능력으로 모든 고난과 위기를 넉넉하게 이깁니다. 우리 모두가 영을 깨우고, 성령님으로 말미암는 깨달음의 능력을 받길 소원합니다(엡 3:16-19).

깨달음은 모든 존재에 위대한 가치를 부여합니다.
자기 인생의 목적과 위치, 역할과 의미를 깨달을 때 우리는 존귀한 삶을 살아갈 수 있습니다.

권정생 선생님의 작품인 『강아지똥』은 1969년 『기독교교육』의 제1회 기독교 아동문학상 당선작이며 작가의 등단작입니다. 작가는 가정형편과 신병을 비관하던 중에 이 작품을 썼습니다.

시골의 어느 돌담 아래에 홀로 떨어진 강아지똥은 참새나 흙조차 무시하는 하찮고 냄새나는 존재였습니다. 강아지똥은 옆에 핀 민들레를 부러워하며 자신의 신세를 한탄했습니다. 그런데 봄비가 내리던 날, 민들레는 자신을 부러워하는 강아지똥에게 "강아지똥이 거름이 되어 주어야 꽃을 피울 수 있다"라고 알려주었습니다.

강아지똥은 생전 처음으로 들어보는 따뜻한 말과 세상 어디에도 쓸모없는 줄 알았던 자신이 새로운 생명을 꽃피우는 데 도움이 된다는 사실에 감격했습니다.

강아지똥은 민들레의 바람대로 빗물을 기꺼이 받아 자신의 몸을 잘게 부수어 노란 민들레 꽃을 피웠습니다.

민들레꽃은 강아지똥의 눈물겨운 희생을 꽃 속에 담아 더욱 노랗게 피어났습니다. 강아지똥은 민들레꽃을 피우기 위해 하나님이 자신을 만드셨다는 것을 깨달았습니다. 그리고 나중에 나비처럼 날아갈 민들레 씨앗 안에 자기가 영원히 살아 있음도 깨달았습니다. 민들레 씨앗 역시 자기 혼자만의 힘으로 꽃을 피우는 것이 아니라 다들 싫어하는 강아지똥을 끌어 안아야만 새로운 생명이 열린다는 사실을 기쁨으로 받아들였습니다.

성령님으로 말미암은 깨달음은 모든 영적 활동의 시작입니다. 구원의 시작, 치유의 시작, 회개의 시작, 찬양의 시작, 훈련의 시작, 사명의 시작, 성결의 시작, 성화의 시작, 자유의 시작이 모두 깨달음에서 출발합니다.

사람은 깨닫는 만큼 상한 내면을 치유 받고, 전인 치료의 은혜를 누리게 됩니다. 깨닫는 만큼 죄를 버리고 하나님의 말씀에 자발적으로 순종하게 되고, 기도와 말씀, 찬양과 전도에 열정을 내며 푯대를 향해 전력 질주하게 됩니다. 그러나 깨닫지 못하면 많은 설교를 들어도 변화되지 않습니다. 죄를 반복하는 삶을 청산하지 못하고 늘 같은 죄에 매입니다. 하루 이틀 변화를 경험한 듯하다가도 이내 이전의 상태로 돌아가고, 조금 좋아진 듯하다가도 뿌리박힌 질병과 악습에 또다시 지배를 당하며 살게 됩니다.

머리에 쌓인 지식이 아무리 많아도 영으로 체득한 지식이 없으면 삶에 적용하지 못합니다. 우리는 깨달음의 힘을 받고, 깨달음의 은혜로 살아야 합니다. 그리스도인은 진리를 깨달은 만큼 자유합니다. 사랑을 깨달은 만큼 담대하고, 은혜를 깨달은 만큼 성령의 열매를 맺게 됩니다.

"진리를 알지니 진리가 너희를 자유롭게 하리라"(요 8:32)

반대로 깨닫지 못하면 그 만큼 어둠에 처하게 됩니다.
진리를 모르는 만큼 사탄에게 속게 되고, 사랑을 모르는 만큼 다투고 경쟁하게 됩니다. 은혜를 모르는 만큼 인색한 삶을 살게 되고, 하나님을 모르는 만큼 육적인 삶을 살게 됩니다. 깨닫지 못하여 영적인 지식이 없는 사람은 멸망을 자초합니다.

"의인의 입술은 여러 사람을 교육하나 미련한 자는 지식이 없어 죽느니라"

(잠 10:21)

"존귀하나 깨닫지 못하는 사람은 멸망하는 짐승 같도다"(시 49:20)

우리는 무엇보다 우선적으로 깨달음의 힘을 구해야 합니다. 무법한 자의 미혹에 끌려가지 않도록 날마다 예수 그리스도를 아는 지식에서 자라가야 합니다. 영적인 세계를 실제적으로 이해하고 영적 지식을 소유해야 합니다. 죽은 말씀이 아니라 영적인 말씀, 살아 역사하는 말씀을 듣고 깨달아야 합니다 (벧후 3:17-18).

아무리 많은 말씀을 들어도 깨닫지 못하면 삶의 변화가 일어나지 않지만, 한 말씀이라도 영으로 듣고 깨달으면 존재의 변화가 일어납니다. 영혼 깊은 곳에 심겨진 말씀은 살아서 활력 있게 역사하여 마음의 생각과 뜻을 판단하고 죄의 실체를 드러냅니다. 그래서 말씀을 깨달을 때 우리 안에 숨어있던 어둠의 영들이 떠나가고 우리 인생을 장악하던 죄성이 무너지게 됩니다. 하나님의 말씀을 깨달은 만큼 기질이 바뀌고, 습관이 바뀌며, 비전이 바뀝니다. 사랑과 관심의 대상이 바뀌고, 열정과 열심의 원동력이 바뀝니다(롬 7:9).

깨달음의 수준은 영성의 수준을 결정합니다.

깊이 깨달을수록 깊은 영성을 소유하게 되고, 분명하고 확

복음과 인생설계

실한 깨달음을 얻을수록 풍성하고 아름다운 성령의 열매를 맺게 됩니다. 그러나 깨닫지 못하면 잘못된 열심으로 향방 없는 삶을 살게 됩니다.

하나님의 뜻을 모르면 하나님을 사랑한다고 하면서도 사탄이 좋아하는 일을 하게 되고, 영적인 초점을 맞추지 못하면 부지런히 수고하면서 하나님의 영광을 가리는 행동을 하게 됩니다. 아무리 징계와 훈계를 받아도 깨닫지 못하는 사람은 갑자기 닥치는 멸망의 날을 피하지 못합니다.

"자주 책망을 받으면서도 목이 곧은 사람은 갑자기 패망을 당하고 피하지 못하리라"(잠 29:1)

숲속에 자비로운 원숭이 한 마리가 있었습니다.

어느 날, 이 원숭이가 계곡의 개울물에 있는 물고기 한 마리를 발견했습니다. 원숭이는 물에 빠진 물고기를 불쌍하게 생각하여 건져서 개울가 모래 톳에 올려놓았습니다. 잠시 펄떡거리던 물고기는 이내 죽어버렸습니다.

원숭이는 물고기가 왜 죽었는지 이유를 몰랐습니다.

원숭이는 물고기에 대하여 미움이나 악의가 전혀 없었습니다. 오히려 불쌍히 여겼을 뿐입니다. 원숭이는 자신이 땅에서 살아야 하듯이 물고기가 물에서 살아야 한다는 것을 몰랐을 뿐입니다.

깨닫지 못하는 것은 죄의 결과입니다.

예수님은 더러운 손으로 먹는 것이 사람을 더럽히는 것이 아니라 사람의 속에서 나오는 악한 생각이 사람을 더럽게 한다고 하셨습니다. 그리고 그 악한 생각 중의 하나가 우매함이라고 하셨습니다.

> "속에서 곧 사람의 마음에서 나오는 것은 악한 생각 곧 음란과 도둑질과 살인과 간음과 탐욕과 악독과 속임과 음탕과 질투와 비방과 교만과 우매함이니 이 모든 악한 것이 다 속에서 나와서 사람을 더럽게 하느니라"(막 7:21-23)

우리는 깨달음의 힘을 받아 우매함을 깨뜨려야 합니다.

영적 진리를 깨닫고 성령님의 인도를 받고, 하나님의 뜻을 깨달아 충실하게 사명을 감당해야 합니다. 영적 진리를 깨달은 성도는 고난의 때에 믿음을 굳게 합니다. 하나님은 우리에게 진리를 깨달을 수 있는 영적인 눈을 열어주시고 상황과 환경을 초월할 수 있는 힘을 주십니다.

우리는 자신의 한계에 갇힌 삶을 사는 것이 아닌 말씀을 붙잡고 하나님만 바라보는 삶을 살아가야 합니다. 우리가 만난 모든 위기의 의미를 깨닫고, 위기를 풀어나가는 하나님의 방법을 깨달아야 합니다. 좋으신 하나님은 깨달음의 힘을 구하는 자에게 지혜와 계시의 영을 부으시고 응답해주십니다.

"그러므로 우리가 여호와를 알자 힘써 여호와를 알자 그의 나타나심은 새벽 빛 같이 어김없나니 비와 같이, 땅을 적시는 늦은 비와 같이 우리에게 임하시리라 하니라"(호 6:3)

본문의 하박국 선지자는 극심한 두려움과 불안 속에서 깨달음의 힘을 받음으로 위기를 돌파했습니다. 그는 하박국 1장에서 하나님을 이해할 수 없다고, 자신의 눈 앞에 펼쳐진 현실을 인정할 수 없다고 울부짖었습니다. 밀려오는 전쟁의 소문 속에 창자가 떨리는 두려움을 느꼈고, 문제 해결을 위해 아무것도 할 수 없는 무력감을 느꼈습니다.

하박국 선지자가 활동하던 남 왕국 유다의 왕은 18대인 여호야김이었습니다. 여호야김 당시에 북이스라엘을 멸망시킨, 영원할 것만 같았던 앗수르는 바벨론에 망했습니다. 바벨론은 애굽도 쳐들어갈 만큼 파죽지세였습니다. 일전에 앗수르의 편에 서서 애굽과 싸우러 나갔던 유다의 선한 왕 요시야는 애굽의 왕 '느고'의 군대에 의해 죽고 말았습니다.

요시야 왕은 31년간 남 유다를 다스리던 선한 왕이었습니다. 요시아 왕이 죽고 아들 여호아하스가 왕위를 이었으나 세 달 만에 애굽에 의해 죽고 말았습니다. 그리고 이어서 왕이 된 인물이 여호야김인데 그는 하나님 앞에서 극악한 왕이었습니다.

그런 시대에 바벨론이 유다까지 쳐들어왔습니다.

바벨론은 여호야김 왕을 쇠사슬로 묶어 끌고 갔고, 예루살렘 성전의 성물들도 다 집어 갔습니다. 이것이 제1차 바벨론 포로 생활의 시작입니다. 하박국 선지자는 이처럼 암담하던 시절에 다음과 같이 하나님께 부르짖었습니다.

"여호와여 내가 부르짖어도 주께서 듣지 아니하시니 어느 때까지리이까 내가 강포로 말미암아 외쳐도 주께서 구원하지 아니하시나이다 어찌하여 내게 죄악을 보게 하시며 패역을 눈으로 보게 하시나이까 겁탈과 강포가 내 앞에 있고 변론과 분쟁이 일어났나이다 이러므로 율법이 해이하고 정의가 전혀 시행되지 못하오니 이는 악인이 의인을 에워쌌으므로 정의가 굽게 행하여짐이니이다"(합 1:2-4)

하박국이 보기에 남 유다가 바벨론에 멸망하는 것은 정의가 전혀 시행되지 못하는 일이었습니다. 그래서 하박국은 지금 자신이 목격하는 것은 겁탈과 강포, 변론과 분쟁이고 정의가 굽게 행해지는 것이라고 하나님께 탄원했습니다. 그는 무려 세 차례나 '어찌하여'를 반복하며 하나님께 항의하고 불만을 표시했습니다.

"주께서는 눈이 정결하시므로 악을 차마 보지 못하시며 패역을 차마 보지 못하시거늘 어찌하여 거짓된 자들을 방관하시며 악인이 자기보다 의로운 사람을 삼키는데도 잠잠하시나이까 주께서 어찌하여 사람을 바다의 고기

복음과 인생설계

같게 하시며 다스리는 자 없는 벌레 같게 하시나이까"(합 1:13-14)

하박국은 하나님의 방법에 불만을 가졌고, 현재에 닥친 위기 속에 그의 영이 짓눌려 침체에 빠졌습니다. 그러나 그는 곧 응답하시는 하나님을 통해 깨달음의 힘을 받았습니다.

그는 자기의 지식, 상식, 논리를 초월하는 하나님의 사랑과 공의를 깨달았습니다. 영원한 구원을 보장하는 하나님을 바라볼 때 그 어떤 상실이나 고난은 문제가 되지 않는다는 사실을 알았습니다. 상황과 환경은 그대로였지만, 그는 깨달음의 힘으로 위기를 돌파했습니다. 기쁨으로 두려움을 돌파했고, 만족으로 공포를 돌파했습니다.

"나는 여호와로 말미암아 즐거워하며 나의 구원의 하나님으로 말미암아 기뻐하리로다"(합 3:18)

여전히 바벨론이 침공한다는 소문은 창자를 흔들 만큼 두려운 일이었습니다. 하박국은 전쟁에 대한 두려움 때문에 집안 처소에 있어도 뼈가 썩고 몸이 떨릴 만큼 두려움에 장악되었습니다. 그러나 한순간 하늘로부터 임한 깨달음은 하박국으로 하여금 환경을 초월한 기쁨과 담대함을 누리게 했습니다.

전쟁으로 인해 먹을 것이 없고, 자신의 소유를 빼앗겨 가난해져도 구원의 하나님으로 말미암아 기뻐할 것이라는 믿음의 확신이 하박국에게 생겨났습니다. 이로 인해 하박국은 이전에 갈 수 없다고 생각한 자신의 한계 지역, 자신의 높은 곳으로 갈 수 있다는 용기가 생겼습니다.

"주 여호와는 나의 힘이시라 나의 발을 사슴과 같게 하사 나를 나의 높은 곳으로 다니게 하시리로다 이 노래는 지휘하는 사람을 위하여 내 수금에 맞춘 것이니라"(합 3:19)

이렇게 깨달음은 모든 것을 역전시킵니다.

깨달음이 있을 때 두려움은 담대함이 되고, 절망은 소망이 됩니다. 하나님이 주시는 깨달음은 문제 많은 삶 속에서도 승리할 수 있는 능력을 만들고, 견딜 수 없는 아픔을 뛰어넘어 기쁨을 누리게 합니다. 깨달음의 힘을 받아야 합니다.

깨달음의 힘을 얻기 위해 어떻게 해야 할까요?

1. 우리는 전체를 볼 수 있는 높은 곳에 서야 합니다.

문제 속에 빠져 있으면 그 문제의 핵심을 제대로 파악할 수 없고, 사람 속에 빠져 있으면 그 사람의 진면모를 객관적으로 살펴볼 수 없습니다. 자기 자아에 빠져 있으면 자기 죄를 정확히 깨달을 수 없고, 자기 상처에 빠져 있으면 하나님의 은혜를

복음과 인생설계

제대로 누릴 수 없습니다. 그러므로 우리는 깨달음의 힘을 얻기 위해 전체를 볼 수 있는 높은 곳에 서야 합니다.

유명한 부흥사인 빌리 그레이엄 목사님에게 한 친구가 있었습니다. 그는 어렸을 때부터 산악지대에 살았기 때문에 산의 지리에 대해서는 누구보다 자신이 있었습니다. 그런데 젊은 시절, 하루는 등산을 하다 불행히도 길을 잃고 헤매게 되었습니다. 다행히도 산속 오두막집에 살고 있는 노인의 도움으로 위기를 모면할 수 있었습니다. 노인은 그에게 다음과 같이 말했습니다. "젊은이, 대부분의 사람들이 산에서 길을 잃으면 동리나 길을 찾으려고 산 밑으로 내려가는데 그것이 곧 죽는 길이라네. 산중에서 길을 잃으면 반대로 위로 올라가야만 살 수 있다는 것을 명심하기 바라네." 왜 위로 올라가야 할까요? 위로 올라가서 자기의 위치를 확인하고 어디에 길이 있는지, 어느 쪽에 마을이 있는지 명확한 방향을 본 후에야 정확한 방향으로 내려갈 수 있기 때문입니다.

지구의 모습을 보려면 지구에서 벗어난 우주에서 지구의 전체를 봐야 합니다. 산의 모습을 보려면 산의 가장 높은 곳에 올라가서 전체를 조망해야 합니다. 마찬가지로 우리는 문제의 감옥, 자아의 감옥, 환경의 감옥에서 벗어나서 영적으로 높은 곳에 올라가서 하나님의 음성을 들어야 합니다.

하박국 선지자는 하나님의 음성을 듣기 위해 파수하는 곳에 서며 성루에 섰습니다.

"내가 내 파수하는 곳에 서며 성루에 서리라 그가 내게 무엇이라 말씀하실
는지 기다리고 바라보며 나의 질문에 대하여 어떻게 대답하실는지 보리라
하였더니"(합 2:1)

파수꾼은 성을 지키기 위해 가장 높은 곳인 성루에 서서 모든 감각을 깨워 집중하며 살핍니다. 가장 높은 곳인 성루에 서면 동서남북 사방을 감찰할 수 있기 때문입니다. 외면도 보이고 내면도 보이는 곳, 전체적인 정리를 하기 좋은 곳이 성루입니다. 즉 성루는 전체를 바라볼 수 있는 곳입니다.

성루에서는 모든 것을 볼 수 있습니다. 백성들이 어떻게 살고 있는지 뿐만 아니라 적들이 어떻게 침입하고 어떻게 움직이고 있는지도 볼 수 있습니다.

하박국은 이렇게 높은 곳에 올라가서 전체를 보며 하나님의 음성을 들으려고 했습니다. 마찬가지로 우리도 예배를 통해, 기도를 통해, 말씀을 통해 문제의 수렁에서 벗어나서 인생의 높은 곳으로 가야 합니다.

인생의 앞뒤 전후를 한 번에 볼 수 있는 곳, 고난의 의미와 목적을 파악할 수 있는 곳으로 가야 합니다. 예배를 통해 육신의 정욕, 안목의 정욕, 이생의 자랑을 내려놓고 성령과 진리의 인도를 받아 영적 성루에 서야 합니다.

"내가 여호와를 기다리고 기다렸더니 귀를 기울이사 나의 부르짖음을 들으셨도다 나를 기가 막힐 웅덩이와 수렁에서 끌어올리시고 내 발을 반석 위에 두사 내 걸음을 견고하게 하셨도다 새 노래 곧 우리 하나님께 올릴 찬송을 내 입에 두셨으니 많은 사람이 보고 두려워하여 여호와를 의지하리로다"(시 40:1-3)

하나님의 은혜를 받을수록 우리는 세상에 대한 집착을 내려놓게 되고 영원한 천국을 바라보게 됩니다. 하나님의 관점에서 고난을 해석하게 되고, 위기가 주는 이로운 점을 발견하게 됩니다. 즉, 깨달음의 힘을 얻게 되는 것입니다.

『천국의 속삭임』이라는 이탈리아 영화가 있습니다.

시력을 잃고 절망에 빠진 한 소년이 소리를 통해 장애를 극복하는 과정을 그린 이 영화는 실화를 바탕으로 하고 있습니다. 영화 주인공인 미르코는 본래 어떤 불편함도 겪지 않고 친구들과 즐겁게 놀고 공부하는 평범한 소년이었습니다.

어느 날, 미르코는 총을 가지고 장난을 치다가 다쳐, 시력을 잃었습니다. 미르코는 고향을 떠나서 시각장애인들이 지내는 학교로 전학을 갔습니다.

처음에 적응을 못 했습니다.

어느 날 그를 가르치던 줄리오 신부가 이렇게 말했습니다.

"넌 꽃을 보면 향기를 맡고 싶지 않니? 눈이 올 때 그 속을 걷고 싶지 않니? 그걸 만지고 네 손의 냄새를 맡아보고 싶지는 않니? 네게 비밀 하나 말해줄게. 연주자의 연주를 보면서 난 뭔가를 알아차렸지. 음악을 연주할 때, 왜 눈을 감는지 아니? 더 깊게 느끼기 위해서지. 음악이 마치 육체적인 감각인 것처럼 말이야. 미르코 네겐 오감이 있어. 왜 굳이 한 가지만 이용하지?"

선생님의 말을 듣고 미르코는 소리에 흥미를 가지기 시작했습니다. 그리고 여러 가지 소리를 듣고 레코딩하고 편집하기 시작했습니다. 그는 성장하여 지금 현존하는 이탈리아 최고의 음향 감독인 미르코 멘카치가 되었습니다. 우리에게 잃어버린 것이 있다면 그로 인해 더 주님을 느낄 수 있음을 알아야 하고 감사해야 합니다.

이 세상에는 의미가 없는 위기가 없고, 목적이 없는 고난이 없습니다. 우리는 위기의 순간에 더욱 예배와 말씀에 집중하여 인생의 높은 곳에 서야 합니다. 좁은 시야를 넓혀 위를 바라보고 하나님의 음성에 귀를 기울여야 합니다.

2. 우리는 하나님의 말씀을 붙들고 인내해야 합니다.

"여호와께서 내게 대답하여 이르시되 너는 이 묵시를 기록하여 판에 명백히 새기되 달려가면서도 읽을 수 있게 하라 이 묵시는 정한 때가 있나니 그 종말이 속히 이르겠고 결코 거짓되지 아니하리라 비록 더딜지라도 기다리

라 지체되지 않고 반드시 응하리라"(합 2:2-3)

하나님은 현실의 문제 앞에 불평하며 부르짖는 하박국에게 묵시를 보여주시며 이 묵시가 응할 때까지 더딜지라도 기다리라고 하셨습니다.

하나님이 하박국에게 보여주신 묵시는 하박국 2장 전체에 나오는데, 하나님이 범죄한 유다를 징계하기 위해 일시적으로 바벨론을 사용하시는 것이니 결국에는 의인이 승리하게 된다는 내용입니다. 하나님은 하박국에게 이 묵시가 응할 때까지 기다리라고 하셨습니다.

그런데 그냥 기다리는 것이 아니라 이 묵시를 판에 기록하여 명백히 새겨서 달려가면서도 읽을 수 있게 하라고 했습니다. 말씀을 한번 듣거나, 한번 보고 말 것이 아니라 말씀이 실현되기까지 계속해서 말씀을 통해 영혼을 자극하여 영혼을 깨우며 기다리라는 것입니다.

이 세상에서 들려오는 수많은 소리들은 우리에게 낙심과 염려, 좌절과 절망을 주입합니다. 육신의 소리에 치우칠 때 우리의 믿음은 약해지고 희미해집니다. 그러므로 우리는 주야로 하나님의 말씀을 묵상해야 합니다. 말씀에 순종하며 주님과 동행해야 합니다(수 1:7-9).

말씀을 붙들고 인내하는 과정을 통해 우리의 속사람은 성령으로 강해지고, 예수 그리스도의 신성한 성품에 참여하게 됩니다. 인내를 통해 우리의 영혼의 불순물이 제거되고, 온전하고 구비하여 조금도 부족함이 없는 사람으로 서게 됩니다(약 1:2-4).

하나님의 목적은 우리가 위기 없는 삶을 살게 하려는데 있지 않고, 위기를 통해서 영적 거장이 되게 하는데 있습니다. 그래서 하나님은 우리가 위기의 때에 말씀을 붙들며 인내하기를 원하십니다(히 10:36-39).

우리는 하나님의 말씀을 통해 날마다 도약하며 영적인 진보를 이뤄야 합니다. 성경은 하나님의 영감으로 쓰여진 권위 있는 말씀이며 기독교 교리의 유일한 원천입니다. 하나님은 말씀을 통해 세상을 창조하셨고, 말씀을 통해 자신을 계시하셨습니다.

"말씀이 육신이 되어 우리 가운데 거하시매 우리가 그의 영광을 보니 은혜와 진리가 충만하더라"(요 1:14)

하나님의 때는 우리의 때와 다를 수 있습니다. 그러므로 우리는 하나님의 때를 분별하고, 하나님의 때까지 믿음의 인내를 이루어야 합니다. 말씀을 붙들고 인내하면 영혼이 성장하고, 영혼이 성장하면 깨달음의 수준이 높아져서 하나님의 섭리를 알게 됩니다.

3. 우리는 교만을 버리고 믿음으로 무장해야 합니다.

영적 깨달음은 많은 지식이나 대단한 지능에서 오지 않고 하나님을 향한 순수한 믿음에서 옵니다. 먼저 믿어야 깨달음이 따라오는 것입니다(요 6:69).

그러므로 우리는 깨달음의 힘을 얻기 위해 믿음을 방해하는 교만을 버려야 합니다. 그리스도인은 자기 잘남을 내세울수록 영적으로 미련해지고, 자기 이론을 주장할수록 진리에 둔감해집니다. 교만할 때 내면이 복잡해져서 단순한 진리를 보지 못하게 되고, 여러 가지 거짓에 미혹 받아 정직하지 못한 삶을 살게 됩니다.

"보라 그의 마음은 교만하며 그 속에서 정직하지 못하나 의인은 그의 믿음으로 말미암아 살리라"(합 2:4)

믿음은 히브리어로 '에무나(אֱמוּנָה)'인데, 하나님의 뜻을 전제하는 '견고함, 신실함'의 의미를 가지고 있습니다.

믿음의 반대편에 있는 교만은 모든 죄와 연결됩니다.

교만은 모든 일의 결정, 통제, 판단을 자신이 하겠다는 오만이며, 하나님의 자리를 넘보는 악입니다. 교만한 사람은 결코 하나님의 뜻을 깨달을 수 없습니다(잠 18:12).

우리는 하나님의 완전한 주권을 믿고 선하신 섭리를 신뢰하여 깨달음의 힘을 구해야 합니다. 모든 불평과 원망, 의심과 대적하는 마음을 버리고 믿는 마음으로 하나님께 나아가야 합니다.

깨달음의 힘으로 위기를 돌파합시다!

문제의 본질을 깨닫고, 인생의 본질을 깨달으며, 하나님의 뜻을 깨달읍시다! 깨달음은 모든 것을 역전시킵니다! 깨닫는 순간 위기는 기회가 되고, 고난은 유익이 됩니다. 영의 눈을 열고 영의 귀를 열어 위기의 의미를 깨달을 때 우리는 환경을 초월하는 형통을 누리게 됩니다.

깨달음의 힘을 얻기 위해 예배를 통해 인생의 높은 곳에 올라가서 하나님의 음성을 들읍시다. 말씀을 붙잡고 인내하며, 교만을 버리고 믿음으로 무장합시다.

우리 모두가 깨달음의 힘으로 위기를 돌파하며 하나님이 주시는 충만한 복을 누리시기를 주님의 이름으로 축원합니다.

1. 깨달음의 힘을 얻기 위해 어떻게 해야 할까요?

(   ) 안에 맞는 단어는 무엇입니까?

(1) (   )를 볼 수 있는 높은 곳에 서야 한다.

우리는 문제의 감옥, 자아의 감옥, 환경의 감옥에서 벗어나서 영적으로 높은 곳에 올라가서 하나님의 음성을 들어야 합니다.

● 하나님의 관점에서 고난을 해석하고, 위기가 주는 이로운 점을 발견하고 있습니까?

(2) (   )의 말씀을 붙들고 인내해야 한다.

인내를 통해 우리의 영혼의 불순물이 제거되고, 온전하고 구비하여 조금도 부족함이 없는 사람으로 서게 됩니다.

● 주야로 하나님의 말씀을 묵상하며 말씀에 순종하며 주님과 동행합니까?

(3) (   )을 버리고 믿음으로 무장해야 합니다.

그리스도인은 자기 잘남을 내세울수록 영적으로 미련해지고, 자기 이론을 주장할수록 진리에 둔감해집니다.

● 하박국 2장 4절 말씀을 보면 우리는 무엇으로 살아야 합니까?

2. 아래 성구를 보고 당신의 삶에 일어난 일들을 나누십시오.

(1) 요한복음 8장장 32절– "진리를 알지니 진리가 너희를 자유롭게 하리라"

(2) 잠언 10장 21절– "의인의 입술은 여러 사람을 교육하나 미련한 자는 지식이 없어 죽느니라"

(3) 잠언 19장 1절– "자주 책망을 받으면서도 목이 곧은 사람은 갑자기 패망을 당하고 피하지 못하리라"

3. 아래 성구의 ( )에 맞는 단어를 넣고 가능하면 암송합시다.

"내 영혼아 네가 어찌하여 (   )하며 어찌하여 내 속에서 (   )해 하는가 너는 하나님께 (   )을 두라 그가 나타나 도우심으로 말미암 아 내 하나님을 여전히 찬송하리로다"(시편 43:5)

7. 깨달음의 힘

작사/작곡 이순희

8

백전백승을 위한 성결

여호수아 7:10-15

"여호와께서 여호수아에게 이르시되 일어나라 어찌하여 이렇게 엎드렸느냐 이스라엘이 범죄하여 내가 그들에게 명령한 나의 언약을 어겼으며 또한 그들이 온전히 바친 물건을 가져가고 도둑질하며 속이고 그것을 그들의 물건들 가운데에 두었느니라 그러므로 이스라엘 자손들이 그들의 원수 앞에 능히 맞서지 못하고 그 앞에서 돌아섰나니 이는 그들도 온전히 바친 것이 됨이라 그 온전히 바친 물건을 너희 중에서 멸하지 아니하면 내가 다시는 너희와 함께 있지 아니하리라 너는 일어나서 백성을 거룩하게 하여 이르기를 너희는 내일을 위하여 스스로 거룩하게 하라 이스라엘의 하나님 여호와의 말씀에 이스라엘아 너희 가운데에 온전히 바친 물건이 있나니 너희가 그 온전히 바친 물건을 너희 가운데에서 제하기까지는 네 원수들 앞에 능히 맞서지 못하리라 너희는 아침에 너희의 지파대로 가까이 나아오라 여호와께 뽑히는 그 지파는 그 족속대로 가까이 나아올 것이요 여호와께 뽑히는 족속은 그 가족대로 가까이 나아올 것이요 여호와께 뽑히는 그 가족은 그 남자들이 가까이 나아올 것이며 온전히 바친 물건을 가진 자로 뽑힌 자를 불사르되 그와 그의 모든 소유를 그리하라 이는 여호와의 언약을 어기고 이스라엘 가운데에서 망령된 일을 행하였음이라 하셨다 하라"

8

백전백승을 위한 성결

백전백승은 '백 번 싸워 백 번 승리한다'는 말입니다. 성도가 백전백승하는 삶을 사는 것은 하나님의 의도이자 약속입니다. 십자가로 사탄의 일을 멸하시고 완전한 승리를 거두신 예수 그리스도를 따르는 성도는 마땅히 허락된 모든 영적 전쟁에서 승리해야 합니다. 하나님이 주신 복과 권세를 의지하여 죄를 이기고 상처를 이기며 고난과 역경을 이겨야 합니다. 어둠의 영들을 이기고, 세상의 유혹을 이겨야 합니다.

"무릇 하나님께로부터 난 자마다 세상을 이기느니라 세상을 이기는 승리는 이것이니 우리의 믿음이니라 예수께서 하나님의 아들이심을 믿는 자가 아니면 세상을 이기는 자가 누구냐"(요일 5:4–5)

그리스도인이 실패하고 넘어지는 것은 실력의 문제가 아니라 성결의 문제입니다. 성도가 패배하는 것은 환경의 문제, 능력의 문제가 아니라 죄의 문제입니다.

성도는 성결할 때 항상 이기는 삶을 살 수 있습니다.

성결한 심령은 천국을 나타내는 통로가 되고, 깨끗한 생각은 성령의 인도를 깨닫는 지혜가 되기 때문입니다. 누구든지 마음을 비우기만 하면 예수 그리스도의 능력을 유통할 수 있고, 자기 자신을 내려놓기만 하면 성령님의 권능을 나타낼 수 있습니다. 아무리 가진 것이 없고 아는 것이 없어도 자아를 부인하고 하나님의 말씀에 철저히 순종하는 삶을 살면 백전백승의 삶을 살 수 있습니다.

그러나 배운 것이 많아도 교만한 성도는 영적으로 어리석은 삶을 살게 됩니다. 아무리 신앙생활을 오래 해도 욕심이 많은 사람은 영의 눈이 어두워져 분별력을 잃게 됩니다. 아무리 가진 재능과 물질, 힘이 많아도 자기 자신을 내려놓지 못한 사람은 늘 두 마음을 가지고 우왕좌왕하며 하나님께 쓰임 받을 수 없습니다.

영적 전쟁은 자아가 죽어야 승리하는 싸움입니다.

내가 살아 있을수록, 내 힘을 의지할수록, 내 고집을 주장할수록 영적 전쟁에서 패배할 수밖에 없습니다. 철저히 나를 죽이고 하나님만 의지할 때 우리는 백전백승할 수 있습니다(시

115:9–11).

영적인 세계에 무지한 사람은 자기 힘으로 영적 전쟁에서 이겨보려는 무모한 시도를 합니다. 자기 힘으로 기도하고, 자기 의로 봉사하고, 자기 경험으로 사역하려고 합니다. 그러나 영적인 진리를 깨달은 사람은 자기를 완전히 포기하고 성령님을 의지해야만 영적 전쟁에서 승리할 수 있다는 것을 압니다. 자신의 힘으로 할 수 있다는 생각이 클수록, 자기 생각이 가미될수록 사탄에게 질 수밖에 없다는 것을 알기에, 영적으로 눈뜬 성도는 먼저 자기를 죽이는 일에 집중하게 됩니다.

"형제들아 내가 그리스도 예수 우리 주 안에서 가진 바 너희에 대한 나의 자랑을 두고 단언하노니 나는 날마다 죽노라"(고전 15:31)

사도 바울은 죄 앞에서 무력한 자신을 발견하고 예수 그리스도와 함께 죽고, 예수 그리스도와 함께 다시 살아나는 것이 생명의 지혜임을 알았습니다. 자기 자신은 질그릇과 같이 연약하지만, 항상 예수의 죽음을 몸에 짊어지면 모든 영적 싸움에서 승리하고 예수님의 생명을 나타내는 삶을 살 수 있다는 것을 믿었습니다(고후 4:7–10).

우리는 열매 맺는 삶을 살기 위해 철저히 죽어야 합니다. 백전백승의 삶을 위해 모든 죄를 회개하고 성결해야 하고,

부흥을 위해 땅에 있는 지체를 죽이고 위를 바라보아야 합니다. 열매는 영적 전쟁에서의 승리의 결과입니다.

그리스도인은 미움을 부추기는 악한 영들과의 싸움에서 승리하는 만큼 사랑할 수 있고, 우울과 불안을 초래하는 어둠의 영들을 물리치는 만큼 희락을 누릴 수 있으며, 시기와 다툼의 영들을 몰아내는 만큼 화평을 이룰 수 있습니다. 내면세계에서 벌어지는 영적 전쟁에서 승리하는 만큼 성령님의 열매가 채워지는 외면세계를 살아갈 수 있습니다.

지금 우리의 삶 속에 시기와 미움, 절망과 우울, 두려움과 의심이 있다면 그만큼 내면의 싸움에서 실패한 것입니다. 하나님이 허락하신 복을 누리지 못하고 결핍 의식과 피해의식에 매여 있다면 그만큼 영적 싸움에서 패배한 것입니다. 아직도 하나님의 말씀을 거스르는 죄를 반복하고 있다면 그만큼 어둠의 영에게 매여 있는 것입니다(골 3:1-5).

우리는 하나님이 약속하신 땅을 누리기 위해 영적 싸움에서 승리해야 하고, 영혼이 누리는 자유와 평안을 위해 어둠의 세력과 싸워 승리해야 합니다.

이스라엘 백성들도 하나님이 약속하신, 젖과 꿀이 흐르는 가나안의 축복을 누리기 위해 가나안 7족속과 싸워야 했습니다. 하나님은 이스라엘 백성들이 가나안 7족속을 상대로 전쟁

복음과 인생설계

을 치러 강하고 능수능란한 여호와의 군대로 세워지도록 하셨습니다. 그래서 복을 누릴 수 있는 실력을 겸비하도록 하셨습니다.

이제 우리도 능동적인 자세로 영적 전쟁에 임하여 믿음의 성장을 이루어야 합니다. 진취적인 태도로 기도와 찬양, 말씀에 몰입함으로 온전한 성결을 이루어야 합니다. 하나님의 전신갑주로 완전무장하고 강하고 담대한 자세로 백전백승해야 합니다. 영적 전쟁을 통해 우리를 연단해가시고 강하게 만드시는 하나님의 뜻을 알고 여유 있는 모습으로 백전백승해야 합니다.

"근신하라 깨어라 너희 대적 마귀가 우는 사자 같이 두루 다니며 삼킬 자를 찾나니"(벧전 5:8)

악한 영들에게 쉬운 표적이 되는 사람은 자기 이론이 강하고 욕심이 많은 사람입니다. 하나님의 뜻을 알지 못하고 자기 의에 도취되는 사람, 높아지길 좋아하고 드러나길 좋아하는 사람이 사탄의 손쉬운 상대입니다. 그래서 성도에게 가장 위험한 시간은 칭찬받는 시간, 높임 받는 시간, 인정받는 시간입니다.

물론 그 시간 속에서 영광을 온전히 하나님께 돌리는 성도는 교만함에 빠지지 않습니다. 그러나 여전히 자기 욕심과 자기 의를 버리지 못한 성도는 칭찬과 인정을 통해 마음을 높이며 우쭐해집니다. 그러므로 우리는 내일을 위하여 성결의 자리로 나아가야 합니다. 스스로 교만과 탐심, 욕심과 이기심을 버리고 거룩함의 자리로 나아가야 합니다.

사탄은 지금도 성도를 반복적인 죄에 빠져 성결하지 못하게 합니다. 죄의 반복을 통한 사탄의 계략을 알아보도록 하겠습니다.

(1) 사탄은 죄의 반복을 통해서 하나님에 대한 원초적인 의심을 불러일으킵니다.

죄에 익숙한 사람들은 하나님보다는 죄가 익숙하고 친밀하기 때문에 하나님에 대한 원초적인 의심의 씨앗을 마음에 두게 됩니다. 하나님의 존재 자체까지도 의심하게 합니다. 죄는 하나님과의 막힌 담이 되어서 하나님이 진정으로 우리의 삶 가운데 주인이 되시지 못하도록 근본적인 불신을 심어줍니다.

(2) 사탄은 죄의 반복을 통해 하나님이 주시는 기쁨이 아닌 죄가 주는 기쁨에 빠지게 만듭니다.

죄는 대부분 육적인 자신을 만족시켜주고 쾌감을 선물해줍니다. 나약한 인간은 이 땅에서의 쾌락을 위해 죄를 선택하게 됩니다. 죄의 반복적인 악습관에 빠지게 되면 헤어 나오기가 힘들게 됩니다. 결국 죄의 반복은 하나님 속에서 느끼는 자유와 기쁨이 하찮고 지루한 것이라고 생각하게 만듭니다. '예배는 재미없어', '기도하고 찬양하고, 말씀 보는 것 정말 지루하다'라는 인식을 심어줍니다. 이것이 죄를 통해서 사탄이 하나님 안에서 느끼는 진정한 참된 만족과 기쁨을 가리는 계략 중 하나입니다.

(3) 사탄은 고질적인 죄의 반복을 통해 죄의 힘이 은혜의 힘보다 강하다는 착각에 빠지게 합니다.

사람들은 죄 앞에서 무력한 자기 자신을 보면서 자괴감에 빠지게 됩니다. 또한 '하나님이 전능하시다면 왜 내가 이 죄를 이길 수 있도록 돕지 않으시는가'에 대한 의심에 빠지게 됩니다. 이런 생각에 빠져서 하나님을 의심하게 하려는 것이 사탄의 계략입니다. 자신이 죄를 선택했다는 사실을 인정하지 못하고 '나를 이렇게 만든 분은 하나님'이라는 생각에 사로잡혀 하나님을 대적합니다.

우리는 사탄의 계략을 간파하고 죄를 끊어내야 합니다.

성결할 때 우리는 승리의 내일을 맞이할 수 있습니다.

성결할 때 우리의 내일은 영광과 기쁨, 존귀로 충만해질 수 있습니다.

성결은 그 자체가 최고의 지혜이자 능력이고, 기적과 위대한 일을 위한 토양이 됩니다. 거룩하신 하나님은 우리에게 성결을 명령하셨고, 성결을 통해 하나님의 능력과 사랑을 나타내는 것을 기뻐하십니다.

마틴 로이드 존스는 '성결은 하나님을 향하여 집중된 하나의 마음'이라고 했고, 로버트 마운스는 '성결은 마음이 하나로 집중된 상태로 분열된 자아의 공포로부터 벗어난 자유로운 상태'라고 설명했습니다.

"너희는 나에게 거룩할지어다 이는 나 여호와가 거룩하고 내가 또 너희를 나의 소유로 삼으려고 너희를 만민 중에서 구별하였음이니라"(레 20:26)

성결한 마음을 통해 하나님이 기뻐하시는 교회가 세워지고, 순수하고 깨끗한 삶을 통해 영적 성장과 부흥이 이루어집니다. 무조건적인 용서와 이타적인 섬김을 통해 이 땅 위에 주님 나라가 임하는 역사가 일어납니다.

우리는 무엇보다도 우선적으로 자기 자신과의 싸움에서 승리해야 합니다. 욕심과의 싸움에서, 열등감과의 싸움에서, 교만과 이기심과의 싸움에서 승리하여 하나님이 원하시는 영혼의 온전함에 이릅시다.

"너희가 너희를 사랑하는 자를 사랑하면 무슨 상이 있으리요 세리도 이같이 아니하느냐 또 너희가 너희 형제에게만 문안하면 남보다 더하는 것이 무엇이냐 이방인들도 이같이 아니하느냐 그러므로 하늘에 계신 너희 아버지의 온전하심과 같이 너희도 온전하라"(마 5:46-48)

하나님이 원하시는 온전함은 헬라어 원문에서는 '텔레이오스(τέλειος)'라는 단어를 사용했는데, 영어로는 perfect(퍼펙트) 또는 complete(컴플리트)로 번역하며, '완전한', '성숙한'이라는 의미를 가지고 있습니다. 즉 '흠이 없고 잘못됨이 없는 완전한 인격'을 의미합니다. 거룩하신 하나님은 흠이 없는 거룩한 것을 원하십니다.

> "너희는 눈 먼 것이나 상한 것이나 지체에 베임을 당한 것이나 종기 있는 것이나 습진 있는 것이나 비루먹은 것을 여호와께 드리지 말며 이런 것들은 제단 위에 화제물로 여호와께 드리지 말라"(레 22:22)

눈먼 것, 상한 것, 지체에 베임을 당한 것은 주님이 받지 않으십니다. 종기 있는 것, 습진 있는 것, 비루먹은 것은 주님이 받지 않으십니다. 다시 말해 교만한 눈, 거짓된 혀, 무죄한 자의 피를 흘리는 손을 가진 자는 주님이 받지 않는다는 것입니다. 악한 계교를 꾀하는 마음과 빨리 악으로 달려가는 발 그리고 거짓을 말하는 망령된 증인, 형제 사이를 이간하는 자는 주님이 받지 않으십니다. 하나님이 가장 싫어하는 죄이기 때문입니다(잠 6:16-19).

> "그러나 너희 마음 속에 독한 시기와 다툼이 있으면 자랑하지 말라 진리를 거슬러 거짓말하지 말라 이러한 지혜는 위로부터 내려온 것이 아니요 땅 위의 것이요 정욕의 것이요 귀신의 것이니 16 시기와 다툼이 있는 곳에는 혼

란과 모든 악한 일이 있음이라"(약 3:14-16)

우리 모두가 반복적인 죄, 은밀한 죄, 고질적인 죄를 버리고 하나님이 원하시는 성결을 이루기를 소원합니다.

본문은 이스라엘 백성들이 가나안으로 들어와 아이성과의 전투에서 패배한 이후에 여호수아에게 들려주신 하나님의 말씀입니다.

출애굽 한 지 40년이라는 시간이 지나 모세는 죽었고, 이스라엘 백성들은 그의 후계자 여호수아의 인도로 가나안에 들어가게 되었습니다. 하지만 가나안 땅에는 강한 원주민들이 견고한 성 안에 살고 있었기 때문에 기쁨과 감격도 잠시뿐이었습니다. 그러나 이스라엘 백성들은 하나님의 약속만 믿고 법궤를 앞세우고 요단강을 건너갔습니다.

그러자 하나님께서 도와주셔서 난공불락으로 여겨지던 여리고 성을 손가락 하나 까딱하지 않고 점령했습니다. 하나님의 말씀대로 6일 동안 침묵하며 성을 돌다가 7일째 되던 날 7번 성을 돌고, 명하신 대로 제사장들이 나팔을 불고 백성들이 외치자 견고한 여리고 성이 무너졌습니다.

"여호수아가 백성에게 명령하여 이르되 너희는 외치지 말며 너희 음성을 들리게 하지 말며 너희 입에서 아무 말도 내지 말라 그리하다가 내가 너희

에게 명령하여 외치라 하는 날에 외칠지니라 하고"(수 6:10)

이어 이스라엘 백성들은 여리고 성을 함락시킨 여세를 몰아 '아이성'으로 진격해 들어갔습니다. 그런데 완전한 승리로 끝난 것 같았던 여리고 전투의 끝에 불미스러운 일이 벌어졌습니다. 아간이 하나님께 온전히 바쳐야 할 물건을 가졌기 때문입니다.

"이스라엘 자손들이 온전히 바친 물건으로 말미암아 범죄하였으니 이는 유다 지파 세라의 증손 삽디의 손자 갈미의 아들 아간이 온전히 바친 물건을 가졌음이라 여호와께서 이스라엘 자손들에게 진노하시니라"(수 7:1)

이스라엘 백성들이 가나안 원주민들과 싸우는 전쟁은 거룩한 전쟁입니다. 즉 이스라엘 백성들은 우상을 섬기는 가나안 원주민들에게 하나님의 심판을 집행하는 도구입니다. 그런데 거룩한 전쟁 중에 아간 한 사람이 탐심을 품어 강도 짓을 했습니다. 그래서 하나님이 거룩한 전쟁은 약탈 전쟁이 되고 말았습니다. 이로 인해 하나님은 이스라엘 자손들에게 진노하셨습니다. 하나님은 이를 아간 한 사람의 잘못으로 보지 않고 이스라엘 전체의 잘못으로 여기셨습니다.

그러나 여호수아는 이러한 사실을 모르고 있었습니다.

그는 하나님이 이스라엘 자손들을 향해 진노하고 계시다는 사실을 모른 채 사람을 보내서 아이성을 정탐했습니다. 그리고 아이성을 정탐한 사람은 의기양양하게 아이성을 과소평가하며 다음과 같이 말했습니다.

"여호수아에게로 돌아와 그에게 이르되 백성을 다 올라가게 하지 말고 이삼천 명만 올라가서 아이를 치게 하소서 그들은 소수이니 모든 백성을 그리로 보내어 수고롭게 하지 마소서 하므로"(수 7:3)

여호수아 8장 25절에 따르면 아이성 주민은 12,000명이었습니다. 따라서 전쟁에 참여할 수 있는 장정은 대략 3,000명에서 4,000명가량 되었을 것입니다.

실제로 브라이언트 우드 등의 고고학자들은 발굴 결과 아이성이 여리고성 보다 두 배나 큰 면적을 갖고 있었다고 주장합니다. 학자에 따라 아이성이 여리고성 보다 3~10배 이상 컸을 것이라고 주장하기도 합니다. 그런데 아이성을 정탐한 사람은 아이성 군사를 '소수'라고 표현했습니다. 이는 이전의 승리에 도취되어 교만한 태도로 아이성을 정탐했기 때문이었습니다.

이전의 승리는 철저히 하나님의 주권적 권능에 의한 것이었습니다. 아이성을 정탐한 사람들은 마치 자신들이 능력이 있어서 이긴 것처럼 자세를 취하며 2~3,000명만 올라가면 이길 수 있다고 장담했습니다. 전혀 하나님의 명령이나 뜻을 고려하지 않고, 아이성의 실제적 정황이나 전투의 돌발 상황을 생각하지 않고 섣불리 호언장담을 한 것입니다. 이러한 보고를 들은 여호수아도 하나님께 묻지 않고 그들의 말을 따랐습니다. 한 번만이라도 하나님께 물었다면 진노하는 마음을 품고 계신 하나님의 의중을 깨달았을 텐데….

여호수아도 하나님의 뜻과 관계없이 명령을 내렸습니다.
그 결과는 참패였습니다. 아이성 전투에서 이스라엘 백성 36명이 죽임을 당했고, 군사들은 혼비백산 도망을 치고 말았습니다. 승전보를 기다리다가 패전 소식을 들은 이스라엘 백성들은 간담이 서늘해졌습니다.

"백성 중 삼천 명쯤 그리로 올라갔다가 아이 사람 앞에서 도망하니 아이 사람이 그들을 삼십육 명쯤 쳐죽이고 성문 앞에서부터 스바림까지 쫓아가 내려가는 비탈에서 쳤으므로 백성의 마음이 녹아 물 같이 된지라"(수 7:4-5)

여호수아도 극심하게 낙담하며 이전에 가지고 있었던 용기와 믿음을 잃고 주저앉았습니다.

"여호수아가 옷을 찢고 이스라엘 장로들과 함께 여호와의 궤 앞에서 땅에 엎드려 머리에 티끌을 뒤집어쓰고 저물도록 있다가 이르되 슬프도소이다 주 여호와여 어찌하여 이 백성을 인도하여 요단을 건너게 하시고 우리를 아모리 사람의 손에 넘겨 멸망시키려 하셨나이까 우리가 요단 저쪽을 만족하게 여겨 거주하였더면 좋을 뻔하였나이다 주여 이스라엘이 그의 원수들

앞에서 돌아섰으니 내가 무슨 말을 하오리이까"(수 7:6-8)

이렇게 절망하고 있는 여호수아에게 하나님은 이 싸움에서 패배한 원인을 말씀하시며 공동체의 성결을 요구하셨습니다.

"너는 일어나서 백성을 거룩하게 하여 이르기를 너희는 내일을 위하여 스스로 거룩하게 하라 이스라엘의 하나님 여호와의 말씀에 이스라엘아 너희 가운데에 온전히 바친 물건이 있나니 너희가 그 온전히 바친 물건을 너희 가운데에서 제하기까지는 네 원수들 앞에 능히 맞서지 못하리라"(수 7:13)

왜 이스라엘 백성들이 당연히 이겨야 할 전쟁에서 패했습니까? 그들이 하나님을 버렸기 때문입니다. 하나님의 말씀을 어겼고, 약속을 어겼고, 계약을 저버렸기 때문에 하나님께서 저들을 떠나시게 되었고 전쟁은 패하게 된 것입니다. 그래서 하나님은 '죄를 회개하고 다시 신앙을 가다듬고 성결케 하라'고 하셨습니다. 하나님은 구체적으로 잘못을 범한 사람을 찾을 수 있는 방법까지 알려주셨습니다.

"너희는 아침에 너희의 지파대로 가까이 나아오라 여호와께 뽑히는 그 지파는 그 족속대로 가까이 나아올 것이요 여호와께 뽑히는 족속은 그 가족대로 가까이 나아올 것이요 여호와께 뽑히는 그 가족은 그 남자들이 가까이 나아올 것이며 온전히 바친 물건을 가진 자로 뽑힌 자를 불사르되 그와 그의 모든 소유를 그리하라 이는 여호와의 언약을 어기고 이스라엘 가운데에서 망령된 일을 행하였음이라 하셨다 하라"(수 7:14-15)

제비를 뽑아 약탈의 주범을 찾았더니 아간이 뽑혔습니다. 아간이 약탈한 것은 시날산의 아름다운 외투 한 벌과 은 이백 세겔, 금덩이 하나였습니다. 시날산의 외투는 아름답게 수놓아진 바벨론산 외투를 가리킵니다. 바벨론산 외투는 왕족이나 방백들, 부자들만 입었던 옷입니다. 멋진 옷과 은금을 보는 순간 아간은 욕심에 미혹되어 하나님의 명령을 잊었습니다. 그는 화려한 옷과 돈을 가지면 잘 살 수 있을 것이라 믿었습니다. 육의 세계를 다스리는 영의 세계의 일을 망각한 채, 눈에 보이는 물질과 아름다움에 현혹되었습니다. 그리고 잘 감추어 놓으면 아무도 모를 것이라고 생각했습니다.

그러나 결국 아간 한 사람 때문에 이스라엘 백성 36명이 목숨을 잃었고 전쟁에 패했습니다. 그리고 아간과 그에게 속한 모든 소유와 그의 아들들과 딸들도 다 처형을 당했습니다.

우리는 이 말씀에서 영적인 교훈을 얻어야 합니다.

하나님은 죄가 있는 곳에는 함께 하지 않는다는 사실입니다. 아이성의 패배는 이스라엘의 죄 때문입니다.

이스라엘이 여리고성에서 승리한 후 자만하지 않고 전체 군사가 심기일전하여 아이성을 쳤을지라도 이스라엘 백성들은 패배했을 것입니다.

문제는 그 안에 있는 죄입니다.

죄의 결과 이스라엘이 자만에 빠져 3,000명만 보내도 충분하다는 생각을 하게 되었고, 또 여호수아가 하나님께 기도하기보다는 정탐꾼의 말을 더 의지했던 것입니다.

자만과 기도하지 않는 불신은 죄의 결과일 뿐입니다.

"이것쯤이야, 나 하나쯤이야"라는 생각이 얼마나 무서운 사탄의 공격인지 알아야 합니다.

지금도 사탄은 "어떻게 사람이 모든 사람을 사랑하고 용서하냐? 한두 사람 정도는 상대하기 싫고, 용서할 수 없는 것이 당연하지. 어떻게 사람이 사심 없이, 욕심 없이 사냐? 어느 정도는 자기 이익을 챙기고 살아야지"라고 속삭이며 많은 성도들을 미혹합니다.

C.S. 루이스의 책 『스크루 테이프의 편지』에 이런 이야기가 있습니다.

고참 악마인 스크루 테이프가 자기의 조카인 웜 우드에게 인간을 넘어뜨릴 수 있는 간교한 유혹에 대해서 설명합니다. 그가 제시한 중요한 목표는 "큰 죄를 짓게 하지 마라! 사소한 죄를 반복해서 짓게 하라!"라는 것이었습니다.

그는 이렇게 이야기합니다.

"기억하라! 너의 가장 중요한 임무는, 사람이 우리의 대적자인 하나님과 분리되도록 만드는 거란다. 죄들이 얼마만큼 사소한 것인지는 중요하지 않단다. 아무리 사소한 죄들이라도

복음과 인생설계

그것들이 자꾸 쌓이면 사람은 빛으로부터 멀어지게 되고 공허함 속으로 들어가게 되어 있단다. 사람들을 지옥으로 보내기에 가장 좋은 방법이 무엇인지 아느냐? 서서히 죄를 짓게 만드는 거란다. 갑작스런 전환점도 없이, 획기적인 사건도 없이, 뚜렷한 길잡이도 없이, 완만한 경사에서 가벼운 발걸음으로 죄에 차곡차곡 들어가게 하는 것이란다."

우리는 교묘하게 죄와 타협하게 만드는 사탄의 궤계를 물리치고 온전하기를 원하시는 하나님의 뜻을 좇아야 합니다. 사랑하되 모든 사람을 사랑해야 하고, 인내하되 끝까지 인내해야 하며, 순종하되 완전하게 순종해야 합니다. 99%에서 만족할 것이 아니라 100%의 온전함을 이루어 주님을 기쁘시게 해야 합니다. 이를 위해 먼저 우리 내면을 철저히 비우고, 예수 그리스도의 보혈로 씻으며 성령으로만 채워야 합니다.

우리의 영혼이 성결하면 우리의 삶은 저절로 성령의 능력으로 충만해집니다. 우리의 마음이 깨끗하면 우리의 인생은 담대해집니다. 온전히 깨끗한 영혼을 소유함으로 하나님의 능력을 삶 속에서 드러내고 성령님의 열매를 맺는 우리가 되기를 소원합니다.

더불어 한 사람의 영향력이 얼마나 큰 것인지 깨달아야 합니다. 아마 아간이 자기 한 사람의 범죄가 이스라엘 전체에 악

영향을 끼친다는 사실을 알았다면 그렇게 쉽게 범죄 하지 못했을 것입니다. 성경은 한 개인의 중요성을 강조합니다.

"너희 중에 어떤 사람이 양 백 마리가 있는데 그 중의 하나를 잃으면 아흔 아홉 마리를 들에 두고 그 잃은 것을 찾아내기까지 찾아다니지 아니하겠느냐"(눅 15:4)

성경은 한 사람이 끼치는 영향력을 강조합니다.

아담 한 사람의 범죄와 예수님 한 분의 순종이 가져온 결과를 보십시오. 우리는 말씀을 통해 한 사람의 선택이 가져온 영원한 결과를 볼 수 있습니다(롬 5:17-19).

우리도 우리 자신이 끼칠 수 있는 영향력의 크기와 범위를 인식해야 합니다.

나 한 사람의 영향력을 알 때 우리는 자신을 더욱 귀하게 여기고 잘 가꾸게 됩니다.

나 한 사람의 영향력을 알 때 우리는 작은 죄에도 민감하게 회개하게 되고, 더 적극적이고 부지런하게 자기 자리에서 최선을 다하는 삶을 살게 됩니다.

나 한 사람이 활기차게 웃고 열정적으로 사명을 감당하면 많은 사람들이 나를 통해 긍정적인 영향을 받게 됩니다.

그런데 나 한 사람이 어두운 표정으로 불평, 불만을 일삼으면 전체 분위기를 해치게 됩니다. 우리는 서로 연결되어 있다는 사실을 알아야 합니다. 성숙한 사람과 그렇지 않은 사람의 차이가 바로 여기에 있습니다. 우리가 한 몸이요 한 공동체임을 받아들일 수 있을 때, 문제가 제대로 보이고, 문제를 근본적으로 해결할 수 있습니다.

우리 모두가 믿음의 롤 모델, 성실의 롤 모델, 열정의 롤 모델로 세워져서 많은 사람들에게 본이 되기를 원합니다. 부정적인 영향을 미쳤던 삶을 청산하고 하나님의 나라와 의를 위해 진리의 빛을 발하는 인생을 살기 원합니다.

"내일을 위해 스스로 거룩하라"라고 말씀하시는 하나님의 음성을 듣고, 각자의 자리, 역할, 사명을 깨달아 영혼을 살리고 교회를 세우고 복음을 전파하는 일에 쓰임받기를 원합니다. 우리 모두 하나님의 뜻을 위해 연합하여 열매 맺는 삶을 살아갑시다.

"형제들아 내가 우리 주 예수 그리스도의 이름으로 너희를 권하노니 모두가 같은 말을 하고 너희 가운데 분쟁이 없이 같은 마음과 같은 뜻으로 온전히 합하라"(고전 1:10)
"한 사람이면 패하겠거니와 두 사람이면 맞설 수 있나니 세 겹 줄은 쉽게 끊어지지 아니하느니라"(전 4:12)

성결은 백전백승을 위한 능력입니다.

성결할 때 우리는 지혜롭고 담대하며, 강하고 민첩한 군사가 되어 모든 영적 싸움에서 승리하고 성령님의 열매를 맺으며 부흥의 주역으로 세워질 수 있습니다.

내일을 위해 스스로 성결의 자리로 나아갑시다.

우리의 내일은 전지전능하신 하나님의 손에 달려있습니다.

거룩을 원하시는 하나님 앞에 거룩한 심령과 행실을 가지고 나아갑시다.

하나님을 기쁘시게 하는 자가 되어 하나님께 복 받고, 하나님께 새 힘을 받읍시다.

우리 모두가 '나 하나쯤이야'하는 악한 생각을 버리고, '나부터 먼저'라는 선한 생각으로 교회를 세우는 인생이 되기를 바랍니다.

하나님이 원하시는 성결을 겸비함으로 가정과 교회, 사회와 민족, 국가와 세계를 향한 축복의 통로로 쓰임 받는 우리 모두가 되기를 주님의 이름으로 축원합니다.

1. 성도가 성결할 때의 특징입니다.

( ) 안에 맞는 단어는 무엇입니까?

(1) 항상 ( ) 삶을 살 수 있다.

청결한 심령은 천국을 나타내는 통로가 되고, 깨끗한 생각은 성령의 인도를 깨닫는 지혜가 됩니다.

- 고린도전서 15장 31절 말씀대로 날마다 죽는 삶을 살고 있습니까?

(2) 항상 ( ) 맺는 삶을 살 수 있다.

많은 그리스도인들이 승리의 결과인 '열매'를 맺기 원하지만 열매를 얻기 위해 어떻게 싸워야 하는지는 별로 관심이 없습니다. 그래서 정작 열매 맺는 삶을 살지 못합니다.

- 항상 열매 맺는 삶을 위해 희생하며 살고 있습니까?

(3) ( )의 내일을 맞이할 수 있다.

자기 자신과의 싸움에서, 욕심과의 싸움에서, 열등감과의 싸움에서, 교만과 이기심과의 싸움에서 승리하여 하나님이 원하시는 영혼의 온전함에 이릅니다.

- 요즘 당신의 생활은 주님 안에서 승리하고 있습니까?

2. 아래 성구를 보고 당신의 삶에 일어난 일을 나누십시오.

(1) 여호수아 6장 10절- "여호수아가 백성에게 명령하여 이르되 너희는 외치지 말며 너희 음성을 들리게 하지 말며 너희 입에서 아무 말도 내지 말라 그리하다가 내가 너희에게 명령하여 외치라 하는 날에 외칠지니라"

(2) 누가복음 15장 4절– "너희 중에 어떤 사람이 양 백 마리가 있는데 그중의 하나를 잃으면 아흔아홉 마리를 들에 두고 그 잃은 것을 찾아내기까지 찾아다니지 아니하겠느냐"

(3) 고린도전서 1장 10절– "형제들아 내가 우리 주 예수 그리스도의 이름으로 너희를 권하노니 모두가 같은 말을 하고 너희 가운데 분쟁이 없이 같은 마음과 같은 뜻으로 온전히 합하라"

3. 아래 성구의 (   )에 맞는 단어를 넣고 가능하면 암송합시다.

"내 영혼아 네가 어찌하여 (   )하며 어찌하여 내 속에서 (   )해 하는가 너는 하나님께 (   )을 두라 그가 나타나 도우심으로 말미암아 내 하나님을 여전히 찬송하리로다"(시편 43:5)

8. 백전백승

작사/작곡 이 순 희

207

제8장 백전백승을 위한 성결

9

선으로 악을 이기라

로마서 12:14-21

"너희를 박해하는 자를 축복하라 축복하고 저주하지 말라 즐거워하는 자들과 함께 즐거워하고 우는 자들과 함께 울라 서로 마음을 같이 하며 높은 데 마음을 두지 말고 도리어 낮은 데 처하며 스스로 지혜 있는 체 하지 말라 아무에게도 악을 악으로 갚지 말고 모든 사람 앞에서 선한 일을 도모하라 할 수 있거든 너희로서는 모든 사람과 더불어 화목하라 내 사랑하는 자들아 너희가 친히 원수를 갚지 말고 하나님의 진노하심에 맡기라 기록되었으되 원수 갚는 것이 내게 있으니 내가 갚으리라고 주께서 말씀하시니라 네 원수가 주리거든 먹이고 목마르거든 마시게 하라 그리함으로 네가 숯불을 그 머리 위에 쌓아 놓으리라 악에게 지지 말고 선으로 악을 이기라"

선으로 악을 이기라

이 세상에는 두 가지 차원의 싸움이 있습니다.

하나는 육적인 싸움이고 다른 하나는 영적인 싸움입니다. 육적인 싸움은 육을 위해 육으로 하는 싸움이고, 영적인 싸움은 영을 위해 영으로 하는 싸움입니다. 육적인 싸움을 하는 사람은 돈, 명예, 인기, 지식 등을 얻기 위해 사람과 싸웁니다. 더 좋은 것을 가지기 위해, 더 높은 자리에 오르기 위해 다투고, 더 많이 인정받고 사랑받기 위해 경쟁합니다.

육의 싸움을 하는 사람들은 끊임없이 시기하고 다투며 땅에 속한 것을 추구하다가 깊은 허무와 절망에 빠집니다. 닥쳐온 질병과 문제, 고난과 역경을 상대해서 싸우다가 몸과 마음에 여러 가지 상처를 입고 좌절과 낙심을 경험하게 됩니다.

그러나 영의 싸움을 하는 사람들은 하늘의 것을 추구합니다. 영적인 싸움을 하는 사람들은 하나님의 뜻을 이루기 위해 악한 영과 싸우고, 사람을 상대해서 싸우지 않습니다. 영의 싸움을 싸우는 사람들은 하나님이 공급하시는 힘으로 싸우고 영적인 방법과 원리를 따라 싸웁니다.

지금 당신은 어떤 싸움을 하고 계십니까?

그리스도인은 영적 싸움을 위해 부름 받은 사람들입니다. 우리는 모든 정욕과 탐심을 십자가에 못 박고 하나님의 나라와 하나님의 의를 구하며 영적 싸움을 싸워야 합니다.

"우리의 씨름은 혈과 육을 상대하는 것이 아니요 통치자들과 권세들과 이 어둠의 세상 주관자들과 하늘에 있는 악의 영들을 상대함이라 그러므로 하나님의 전신 갑주를 취하라 이는 악한 날에 너희가 능히 대적하고 모든 일을 행한 후에 서기 위함이라"(엡 6:12-13)

영적 싸움을 위해서 싸울 대상이 무엇인지 잘 알아야 합니다. 그래서 오스왈드 챔버스는 "영적 전쟁에서 이기지 못하는 가장 큰 이유는 싸움의 대상을 오해하기 때문이다"라고 했습니다.

살아계신 하나님은 하나님의 말씀을 따라 악한 영을 상대하여 영적 싸움을 하는 성도를 사랑하십니다. 실제로 전쟁에 임하는 군사가 자신의 체격과 기술에 최적화된 갑옷을 입고 무기를 취하듯이 하나님은 우리에게 가장 걸맞는 영적 갑옷과 영의 무기를 허락하십니다. 영적 싸움을 하는 성도에게 승리를 위한 분별력과 인내력을 주시고 영적 권위와 권세를 허락하십니다. 자원하는 심령으로 영적 싸움에 참여하여 하나님의 뜻을 따르고자 하는 자들에게 영원한 생명과 축복을 주시고, 천국을 유업으로 받게 하십니다.

> "오직 너 하나님의 사람아 이것들을 피하고 의와 경건과 믿음과 사랑과 인내와 온유를 따르며 믿음의 선한 싸움을 싸우라 영생을 취하라 이를 위하여 네가 부르심을 받았고 많은 증인 앞에서 선한 증언을 하였도다"(딤전 6:11-12)

성도가 임할 영적 싸움은 선한 싸움이요 아름다운 싸움이며 경건한 싸움입니다. 최후 승리가 보장된 싸움이요 하늘의 권세를 위임받아 치루는 싸움입니다. 그러므로 예수를 따르는 그리스도인은 영적 싸움에 참여할 수 있다는 사실만으로도 기뻐하며 즐거워해야 합니다. 성도는 영적 싸움을 치르면 치를수록 더욱 강한 영적 권세를 받게 되고, 더욱 밀도 높은 기쁨과 자유를 누리게 됩니다. 영적 싸움을 통해 예수 그리스도와 연합하는 복을 누리고 영적 성장과 성숙을 이루어 신성한 성품에 참여하게 됩니다.

그런데 오늘날 많은 성도들이 영적 싸움에 대해 무지합니다. 많은 사람들이 예수를 믿는다고 하면서도 영적 싸움에 대해 막연한 거부감과 부담감을 가지고 영적 싸움을 회피하려합니다. 말씀을 듣고 예배를 드리면서도 영적 싸움을 하지 않고 육적인 싸움을 하며 세상을 살아갑니다. 입술로는 하늘의 것을 구하는 찬양을 부르면서도 삶에서는 땅의 것을 구하고, 귀로는 악한 영을 상대해서 싸울 것을 배워도 실제로는 사람들과 싸우며 세속적인 삶을 살아갑니다. 그래서 오늘날 많은 성도들이 영적인 힘을 잃고 무력한 삶을 살아갑니다. 어두운 세상 속에서 빛을 발하기는커녕 세상 사람들에게 지탄을 받을 부끄러운 일을 행하면서 육의 길로 향합니다.

우리는 영적인 싸움을 싸워야 합니다.

영적인 싸움을 하는 사람은 육적인 싸움을 하지 않습니다. 죄와 어둠의 세력에 맞서서 하나님의 뜻을 따르는 사람은 육적인 목적과 방법으로 살지 않습니다. 하늘의 것을 구하며 영적인 싸움을 하는 사람은 하늘의 권세로 초월적인 삶을 살며 문제를 다스리고 상황을 정복하는 삶을 삽니다. 하지만 육적인 싸움을 하는 사람은 영적인 싸움을 치를 수 없습니다.

육적인 싸움에 매여 있는 사람은 영적 싸움을 깨닫거나 분별할 수도 없습니다. 영적 싸움을 알지 못한 채 육적인 싸움을 하는 사람은 많이 가져도 가난하게 살고, 많이 배워도 미련하게 살게 됩니다. 영적 싸움에서의 패배가 인생의 결정적인 패배를 가져오기 때문입니다. 우리는 영적 싸움에서 이길 때 비로소 근원적인 승리를 얻을 수 있습니다.

우리는 영적 전쟁에 기쁨으로 참여하고, 하나님의 말씀에 의지해서 승리해야 합니다. 위의 것을 찾으며 땅에 있는 지체를 죽여야 합니다.

"그러므로 너희가 그리스도와 함께 다시 살리심을 받았으면 위의 것을 찾으라 거기는 그리스도께서 하나님 우편에 앉아 계시느니라 위의 것을 생각하고 땅의 것을 생각하지 말라 이는 너희가 죽었고 너희 생명이 그리스도와 함께 하나님 안에 감추어졌음이라 우리 생명이신 그리스도께서 나타나실 그 때에 너희도 그와 함께 영광 중에 나타나리라 그러므로 땅에 있는 지체를 죽이라 곧 음란과 부정과 사욕과 악한 정욕과 탐심이니 탐심은 우상숭배니라"(골 3:1-5)

우리 모두가 육의 싸움을 멈추고 영적 싸움을 싸우시길 바랍니다. 하나님이 주시는 능력으로 영적 싸움을 싸우고 육의 문제를 다스리고 초월하는 삶을 사시기를 소원합니다. 영적 싸움은 하나님의 능력으로 악의 세력을 이기고, 선으로 악을 이기는 싸움입니다. 사랑으로 미움을 이기고, 소망으로 절망을 이기며, 화평으로 분쟁을 이기는 싸움입니다.

믿음으로 의심을 이기고, 용기로 두려움을 이기며, 겸손으로 교만을 이기는 싸움입니다. 그러므로 영적 싸움은 차원이 다른 싸움입니다.

비등비등한 세력끼리 힘겨운 싸움을 벌이는 것이 아니라 땅과는 견줄 수 없는 하늘의 힘으로 땅에 속한 것을 다스리는 것입니다. 바로 지금 우리는 하나님의 능력으로 영적 싸움에서 승리해야 합니다. 하나님의 빛으로, 사랑으로, 진리로 악한 영들과의 싸움에서 이겨야 합니다(고후 10:3-5).

어둠은 빛에 대항할 수 없고, 미움은 사랑에 맞설 수 없습니다. 거짓은 진리를 이길 수 없습니다. 하나님의 능력으로 영적 싸움을 싸울 때 악한 영들은 결코 우리를 이길 수 없습니다. 그런데 영적 싸움에 무지한 성도들은 패배의식에 젖어 살아갑니다. 이들은 믿음이 약해 '해봤자 안된다. 나는 되는 것이 없는 사람이다'라는 생각을 가지고 영적 권세를 활용하지 못하고, 비관주의가 만든 무기력과 우울에 빠져서 살아갑니다. 그리고 세상에 가득 한 죄악과 부조리를 보면서도 방관합니다. 부당한 대우를 받으면 억울해하면서도 건강하고 합리적인 방식으로 저항하지 못합니다. 세상의 문화와 풍조를 무분별하게 수용하기도 합니다.

칼 바르트는 '성도들이 세상 풍조를 따라 안주하는 것이 악에게 지는 것'이라고 규정했습니다. 그리고 악한 세상의 문화 속에서 아무런 문제의식 없이 휩쓸리는 사람은 악의 힘에 끌

복음과 인생설계

려다니는 사람이라고 했습니다. 이 시간 우리는 영의 눈을 뜨고, 영의 귀를 열어서 하나님의 뜻을 분별하고 하나님이 허락하신 영적 싸움을 담대하게 싸워야 합니다. 무기력하고 의기소침한 태도를 떨쳐내고 용기 있게 싸워야 합니다(롬 12:2).

하나님은 우리가 악에 휩쓸려 사는 것을 싫어하십니다.

악에 패배하여 악에 짓눌리는 것도 싫어하십니다. 세상의 악을 방관하며 모른 척하는 것도 원하지 않으십니다. 하나님은 우리에게 선으로 악을 이기라고 하셨습니다. 우리는 어둡고 악한 세상 속에서 승리를 명하신 하나님의 말씀을 따라 선으로 악을 이겨야 합니다.

"악에게 지지 말고 선으로 악을 이기라"(롬 12:21)

'악에게 지지 말고'에 해당하는 헬라어 '메 니코 휘포 투 카쿠(μὴ νικῶ ὑπὸ τοῦ κακοῦ)'는 '계속해서 악에 의하여 정복을 당하지 말라'라는 뜻입니다. 즉 '지속적인 상태에 있는 것이나 진행 중의 동작을 나타내어 단 한순간도 악에게 틈을 내어주지 말아야 함을 강조합니다.

본문인 로마서는 사도 바울이 제3차 전도여행이 끝나갈 무렵인 A.D. 75년경에 로마 교인들에게 보낸 편지입니다. 로마교회의 기원은 정확하지 않지만, 일반적으로 오순절에 예루살렘에 방문했다가 예수를 믿게 된 성도들이 주축이 되어 세워진 교회라고 알려져 있습니다. 그런데 바울이 로마서를 쓸 당시 로마교회는 로마로부터 무서운 박해를 받고 있었습니다.

특히 A.D. 54년부터 68년까지 로마를 다스렸던 네로 황제는 기독교인들에게 로마 시내에 일어난 대화재의 책임을 전가하며 무섭게 핍박했습니다. 당시 다신교를 믿는 로마에서 유일신을 믿는 기독교인들은 일반 대중들에게 미움을 받고 있었고, 영아 살인, 근친상간 등의 행위를 저지른다는 누명을 쓰고 있었습니다. 네로는 이런 기독교인들을 희생양으로 삼고 잔인하게 고문한 후 처형했습니다.

당시 역사가 타키투스는 네로 황제의 박해에 대해 다음과 같이 기록했습니다.

"엄청나게 많은 사람들이 방화죄라기보다는 오히려 인류 적대 죄를 선고받았다. 그들은 살해당할 때 놀림감이 되었다. 야수의 모피를 뒤집어쓴 채 개에게 물리고 찢겨 죽었다. 십자가에 매달거나 불타기 쉽게 만들어, 저녁이 되면 야간의 등불대신 그들을 불태워 불을 밝혔다."

로마 교인들은 이러한 로마의 박해 속에서 심한 조롱과 비난을 받으며 정상적인 사회적, 경제적 생활을 할 수 없었습니다. 이들은 예수를 믿는다는 이유로 억울한 누명을 쓰고 생명을 잃었고, 사랑하는 사람들을 잃었습니다. 하지만 바울은 이런 로마 교인들에게 편지하면서 선으로 악을 이기라고 했습니다. 박해하는 자를 오히려 축복하라고 했습니다. 그리고 교회 공동체 안에서 기쁨과 슬픔을 함께하며 연합을 이루라고 했습니다.

> "너희를 박해하는 자를 축복하라 축복하고 저주하지 말라 즐거워하는 자들과 함께 즐거워하고 우는 자들과 함께 울라"(롬 12:14-15)

보통 사람들은 박해하는 자에게 원한을 품고 기회가 오면 보복하려 합니다. 부당하게 미움을 받거나 차별을 당하면 상대에게 악감정을 품고 분노하기 쉽습니다.

그런데 바울은 인간의 천성적인 죄성을 거슬러서 박해하는 자를 오히려 축복하라고 했습니다. 이는 예수님의 가르침을 따른 것입니다. 예수님은 산상수훈을 통해 차원이 다른 용서와 사랑을 가르치셨습니다.

> "나는 너희에게 이르노니 악한 자를 대적하지 말라 누구든지 네 오른편 뺨을 치거든 왼편도 돌려 대며 또 너를 고발하여 속옷을 가지고자 하는 자에게 겉옷까지도 가지게 하며 또 누구든지 너로 억지로 오 리를 가게 하거든 그 사람과 십 리를 동행하고 네게 구하는 자에게 주며 네게 꾸고자 하는 자에게 거절하지 말라 또 네 이웃을 사랑하고 네 원수를 미워하라 하였다는 것을 너희가 들었으나 나는 너희에게 이르노니 너희 원수를 사랑하며 너희를 박해하는 자를 위하여 기도하라"(마 5:39-44)

예수님이 가르치신 사랑은 구약의 율법을 넘어선 것이요, 인간의 보편적인 상식을 뛰어넘은 것입니다. 하나님은 구약시대에 손해당한 만큼 해를 가하는 동해보상법을 율법으로 주셨습니다.

"그러나 다른 해가 있으면 갚되 생명은 생명으로, 눈은 눈으로, 이는 이로, 손은 손으로, 발은 발로, 덴 것은 덴 것으로, 상하게 한 것은 상함으로, 때린 것은 때림으로 갚을지니라"(출 21:23-25)

이는 남의 아픔을 나의 아픔으로 느끼도록 만드는 교훈이고, 해를 입은 것 이상의 보복을 가하려는 악한 마음을 제지하는 교훈입니다. 그러나 성육신하신 예수님은 이러한 율법의 차원을 넘어서는 절대적인 사랑을 가르치셨습니다. 예수님은 상대가 어떤 사람이든지 관계없이 사랑하라고 하셨고, 상대가 어떤 행동을 하든지 더 큰 사랑으로 용납하라고 하셨습니다. 이를 통해 하늘에 계신 아버지의 온전하심과 같이 온전함에 이르라고 하셨습니다(마 5:46-48).

우리를 사랑하는 사람을 사랑하는 것은 육에 속한 사람도 다 하는 일입니다. 우리의 형제를 영접하고 섬기는 것 역시 하나님을 알지 못하는 사람들도 다 할 수 있는 일입니다. 그러나 우리를 미워하고 박해하는 사람을 사랑하고 축복하는 것은 하나님께 속한 자만이 할 수 있는 일입니다(요일 2:9-11).

원수를 사랑하는 것은 하나님 사랑의 인간적인 표현입니다. 우리는 원수를 사랑하고 축복할 때 하나님과 더 가까워집니다. 말이나 생각으로 다른 누군가를 미워하며 증오할 때 우리는 마치 동물과 같아집니다. 다른 사람을 정죄하고 판단할 때 우리는 육에 속한 인생을 살게 됩니다. 하지만 나에게 악을 끼친 원수를 사랑하고 용서할 때 우리는 영에 속한 인생을 살게 됩니다. 예수님은 우리 영혼의 고귀함과 거룩함을 위해 원수를 사랑하라고 하셨고, 바울은 이러한 예수님의 가르침을 따라 박해하는 자를 축복하라고 가르치며 선으로 악을 이기라고 했습니다.

우리는 선으로 악을 이기는 권능을 받아야 합니다. 선을 무기로 악에 대항할 때 우리는 하늘의 권세와 영광을 누리며 영적인 온전함에 도달하게 됩니다.

선으로 악을 이기기 위해 어떻게 해야 할까요?

1. 먼저 내면의 악을 물리쳐야 합니다.

『레미제라블』을 쓴 프랑스의 유명한 소설가 빅토르 위고는 이렇게 말했습니다. "오늘의 문제는 싸우는 것이요, 내일의 문제는 이기는 것이며. 모든 날의 문제는 죽는 것이다." 빅토르 위고는 모든 사람이 세 가지 싸움을 싸우는데 자연과의 싸움, 인간과의 싸움, 자기 자신과의 싸움을 싸워야한다고 했습니다. 우리는 선으로 악을 이기기 위해 먼저 자기 내면 안에 있는 악과 싸워서 승리해야 합니다. 사람들은 누구나 자신 속에 선과 악을 동시에 가지고 있습니다.

우리 안에 있는 선과 악은 부단히 서로 싸우고 있습니다.

양심은 욕심과 싸우고 있고, 본능은 이성과 싸우고 있으며, 영은 육과 싸우고 있고, 이상적인 자아는 현실적인 자아와 싸우고 있습니다. 우리는 이러한 내적싸움에 직면하고, 속에 있는 어두운 죄와 상처를 몰아내어 악한 성질을 죽여야 합니다.

우리의 의지를 내어 하나님의 뜻을 따르고자 하는 속사람에 집중해야 합니다. 우리의 의지를 하나님께 내어드리는 순간 하나님은 우리의 의지에 성령의 능력을 더해주십니다. 그러나 죄에게 의지를 빼앗기는 성도는 결국 죄의 노예가 되어 살아갈 뿐만 아니라 죄에게 속는 삶을 살아갑니다. 자기 안에 미움을 버리지 못한 사람이 원수를 사랑한다고 말하는 것은 위선입니다. 내면에는 시기와 분노를 가지고 있으면서 축복을 말하는 것은 모두를 속이는 것입니다. 그러므로 우리는 먼저 자기 속의 악을 물리쳐야 합니다.

"노하기를 더디하는 자는 용사보다 낫고 자기의 마음을 다스리는 자는 성을 빼앗는 자보다 나으니라"(잠 16:32)

토마스 아 켐피스는 "자신을 완벽하게 이길 수 있으면 다른 어떤 것도 쉽게 통달할 수 있다. 자신을 이겨내는 것이 가장 완벽한 승리이다"라고 말했습니다.

특별히 우리는 불신의 악을 물리쳐야 합니다. 불신은 하나님의 능력을 의심하는 죄이고, 하나님의 심판을 부정하는 죄입니다. 불신은 곧 교만입니다. 믿지 않는 악심으로 마음이 높아진 사람은 교만에 빠져서 사랑을 받고 있으면서 사랑을 느끼지 못하고, 은혜를 받고 있으면서 은혜를 깨닫지 못합니다.

그리고 하나님이 약속하신 수많은 말씀을 믿지 않고 자기연민에 빠져서 신세타령을 하고 자포자기 합니다. 말씀을 저버린 채 자기 욕심에 미혹되어 시기하고 다투며 육신의 일을 도모하기도 합니다.

자기연민이란 '자기 자신을 불쌍히 여기는 마음'입니다. 일반적으로 자기연민에 빠진 사람의 특징은 자신을 최우선시하고, 자기 기분 상하는 것을 못 견딥니다. 남에게 상처받을까 봐 지나치게 예민하게 행동합니다. 특히 자기 연민에 빠진 사람들은 상대방보다 자신이 더 불쌍하고 힘들다는 것을 부각시키며 은근히 자신의 이득을 챙깁니다. 문제 앞에서 항상 '난 연약하고, 난 상처가 많고, 난 아프기 때문에 그럴 수밖에 없었던 거야.'라고 변명하는 비겁한 삶, 무책임한 삶을 살아갑니다. 이러한 자기연민에 대해 헬렌 켈러는 '자기연민은 최악의 적이다. 만약 우리가 그것에 굴복하면 이 세상에서 선한 일은 아무것도 할 수 없다'라고 했고, 데일 카네기는 '현재 상태에 대해 자기 연민에 빠지는 것은 에너지 낭비일 뿐 아니라 최악의 습관이다'라고 했습니다.

우리는 불신이 만드는 교만을 물리치고, 자포자기하게 하는 자기 연민을 몰아내며, 마음을 낮추어야 합니다. 하나님을 경외하며 말씀에 순종하는 것이 최고의 지혜임을 알고 스스로 지혜 있는 체 하지 말아야 합니다.

"서로 마음을 같이하며 높은 데 마음을 두지 말고 도리어 낮은 데 처하며 스스로 지혜 있는 체 하지 말라"(롬 12:16)

우리 모두가 선으로 악을 이기는 인생을 살기 위해 내면의 악을 완전히 몰아내기를 소원합니다. 우리가 마음속에 시기, 미움, 질투, 원망, 교만 등의 악을 조금이라도 남겨놓으면 그 악이 어둠의 영을 불러들입니다. 우리가 남겨 놓은 악이 악한 생각을 만들고 악한 행동을 만들어 우리의 삶을 무너뜨립니다.

어두운 감정의 뿌리를 뽑고 악한 생각의 뿌리를 뽑읍시다.

그리고 하나님의 말씀을 충만하게 채우고 하나님의 말씀대로 살겠다는 강한 의지를 소유합시다. 우리 모두가 내면의 악을 제거하고 선으로 악을 이기는 삶을 살기를 원합니다.

2. 모든 사람 앞에서 선한 일을 도모해야 합니다.

'모든 사람'이라는 말 안에는 나를 미워하고 박해하는 사람까지 포함되어 있습니다. 우리는 누구를 만나든지, 어떤 사람을 대하든지 그에게 선한 마음을 품고 선한 행동을 해야 합니다. 그리스도인들의 선한 행동은 위대한 영향력을 가지고 있습니다. 영적 권세를 지닌 성도의 선한 언어, 진실한 생각, 성결한 마음을 고스란히 드러낼 수 있는 것이 바로 '선한 일'입니다.

"아무에게도 악을 악으로 갚지 말고 모든 사람 앞에서 선한 일을 도모하라 할 수 있거든 너희로서는 모든 사람과 더불어 화목 하라"(롬 12:17-18)

우리는 모든 사람과 화목을 이루고 화평한 삶을 살아야 합니다. 내 마음에 맞지 않는 사람, 나를 힘들게 하는 사람과도 화평을 이루고 그리스도 예수의 사랑으로 모든 사람을 사랑해야 합니다(히 12:14). 나아가 우리는 원수까지 사랑하고 선대하는 삶을 살아야 합니다.

"내 사랑하는 자들아 너희가 친히 원수를 갚지 말고 하나님의 진노하심에 맡기라 기록되었으되 원수 갚는 것이 내게 있으니 내가 갚으리라고 주께서 말씀하시니라 네 원수가 주리거든 먹이고 목마르거든 마시게 하라 그리함

으로 네가 숯불을 그 머리 위에 쌓아 놓으리라"(롬 12:19-20)

하나님은 사랑의 하나님이시고 동시에 공의의 하나님입니다. 그러므로 각 사람의 행위대로 보응하시고 갚아주십니다. 그러기에 우리는 친히 자기 힘으로 원수 갚으려 하지 말고, 원수 갚는 것을 하나님께 맡겨야 합니다. 그리고 오히려 원수가 주리면 먹이고, 목마르거든 마시게 해야 합니다. 이것이 숯불을 그 머리에 쌓아놓는 것입니다. 고대 유대사회에서는 불이 귀해서 요리하는 화덕에 불을 완전히 끄지 않고 다음날 요리를 위해 항상 불씨를 조금 남겨두었습니다.

그런데 화덕관리를 잘못하면 불씨를 아예 꺼뜨릴 수가 있습니다. 이런 경우에는 화로를 머리에 이고 이웃집에 숯불을 구하러 다녔습니다. 그러니 원수의 머리에 숯불을 쌓는다는 말은 원수가 화덕의 불씨를 완전히 꺼뜨렸을 그때 도와준다는 뜻입니다. 즉 원수가 곤경에 처했을 때 도와준다는 것입니다. 그래서 "네가 숯불을 그 머리에 쌓아 놓으리라"라는 의미를 존 칼빈, 메튜헨리, 애머튼, 크랜필드, 핸드릭슨 등은 공통적으로 '원수에 대하여 친절과 필요를 채워줌으로 원수들의 양심에 호소하여 내적 수치심을 일으켜 그 사람이 회개하기에 이르게 한다'로 해석합니다.

성 어거스틴도 이에 대해 '피해를 당한 사람이 원수에게 도리어 먹을 것과 마실 것을 주면 원수는 그 순간에 너무 부끄러워서 얼굴이 마치 숯불처럼 화끈 달아오르게 된다'로 해석함으로 악인에게 선을 행함으로 감동을 주라는 교훈을 제시했습니다. 그러므로 우리는 모든 사람을 향하여 구체적이고 적극적인 사랑과 용서를 실천하여 선으로 악을 이기는 삶을 살아야 합니다(엡 4:32).

요셉은 자기를 죽이려하고 애굽의 노예로 판 형들을 용서했을 뿐 아니라 형들이 느끼는 죄책감까지 어루만져 주었습니다. 그리고 형들과 형들의 자녀를 돌보며 그들의 삶을 책임졌습니다.

예수님도 온 인류의 죄를 대속하기 위해 십자가를 지시면서 자신을 못 박은 자들을 위해 기도하셨습니다.

"해골이라 하는 곳에 이르러 거기서 예수를 십자가에 못 박고 두 행악자도 그렇게 하니 하나는 우편에, 하나는 좌편에 있더라 이에 예수께서 이르시되 아버지 저들을 사하여 주옵소서 자기들이 하는 것을 알지 못함이니이다 하시더라"(눅 23:33-34)

스데반도 복음을 전하다가 순교하면서도 자기에게 돌을 던지는 자들을 위해 기도하며 예수님이 걸어가신 길을 따라갔습니다(행 7:55-60).

예수님을 믿는 성도들을 박해했던 청년 사울은 죽으면서도 용서의 기도를 한 스데반의 모습을 지켜봤습니다. 선으로 악을 이겼던 스데반의 모습은 청년 사울에게 무게감 있는 영적 도전이 되었습니다. 이후에 바울은 다메섹 도상에서 빛으로 나타나신 예수님을 만나 회심하고 선으로 악을 이기는 삶에 동참하게 되었고, 오늘의 본문인 로마서를 포함하여 13권의 신약성경을 기록한 이방인의 사도가 되었습니다.

『유토피아』를 쓴 토머스 모어가 교수형을 당할 때의 일입니다. 사형 집행관이 그에게 마지막으로 소원을 말하라고 했습니다. 이때 그는 유명한 말을 했습니다. "성경에 보면 스데반이 죽을 때에 사도 바울은 이를 합당히 여기고 죽이는 일에 가담했습니다. 그런데도 스데반은 끝까지 천사의 얼굴을 하고 자신을 죽이는 자를 위하여 기도를 했고 하나님 앞에 간절히 용서를 구했습니다. 마침내 그 사울이 변해서 예수의 복음을 위한 전도자가 되었고, 그도 순교하게 되었습니다.

나는 그들이 하늘나라에서 만나 같은 순교자끼리 친구가 되고 영원한 기쁨과 행복을 누리고 있음을 믿습니다.

내가 당신들의 손에 죽고 있지만 언젠가 당신들도 회개하여 주님 앞에서 친구로 만나 영원한 행복을 누릴 것을 믿고 기도합니다."

우리는 헛된 육적인 싸움에 골몰하며 시간과 에너지를 낭비할 것이 아니라 하나님의 뜻을 따라 영적인 싸움을 해야 합

복음과 인생설계

니다. 영적인 싸움을 통해 하늘의 권세와 축복을 얻고 천국의 기쁨과 자유를 누려야 합니다. 우리가 싸울 영적 싸움은 하나님의 능력으로 악한 영을 상대하는 것이고 하나님의 방법인 선으로 악을 이기는 것입니다.

우리는 선으로 악을 이김으로 온전한 영적 수준에 이를 수 있고, 영적인 권세로 하나님의 뜻을 이룰 수 있습니다. 선으로 악을 이기기 위해 우리는 먼저 내면의 악을 제거해야 하고, 이어서 모든 사람 앞에서 선한 일을 도모해야 합니다.

우리 모두가 선으로 악을 이기는 권세로 이 땅을 다스리며 어두운 세상 속에 빛을 발하시기를 주님의 이름으로 축원합니다.

1. 선으로 악을 이기기 위해 어떻게 해야 할까요?

( ) 안에 맞는 단어는 무엇입니까?

(1) 내면의 ( )을 물리쳐야 한다.

사람들은 누구나 자신 속에 선과 악을 동시에 가지고 있는데, 선과 악은 부단히 서로 싸우고 있습니다. 속에 있는 어두운 죄와 상처를 몰아내어 악한 성질을 죽여야 합니다.

● 하나님의 뜻을 따르고자 하는 속사람에 집중하고 있습니까?

(2) 모든 사람 앞에서 ( )한 일을 해야 한다.

'모든 사람'이라는 말 안에는 나를 미워하고 박해하는 사람까지 포함되어 있습니다. 우리는 누구를 만나든지, 어떤 사람을 대하든지 그에게 선한 마음을 품고 선한 행동을 해야 합니다.

● 로마서 12장 17, 18 말씀대로 살려고 노력합니까?

2. 아래 성구를 보고 당신의 삶에 일어난 일을 나누십시오.

(1) 에베소서 6장 12, 13절- "우리의 씨름은 혈과 육을 상대하는 것이 아니요 통치자들과 권세들과 이 어둠의 세상 주관자들과 하늘에 있는 악의 영들을 상대함이라 그러므로 하나님의 전신 갑주를 취하라 이는 악한 날에 너희가 능히 대적하고 모든 일을 행한 후에 서기 위함이라"

(2) 로마서 12장 21절- "악에게 지지 말고 선으로 악을 이기라"

(3) 로마서 12장 14-16절- "너희를 박해하는 자를 축복하라 축복하고 저주하지 말라 즐거워하는 자들과 함께 즐거워하고 우는 자들과

함께 울라"

3. 아래 성구의 (　)에 맞는 단어를 넣고 가능하면 암송합시다.

"서로 (　　)을 같이하며 높은 데 마음을 두지 말고 도리어 낮은 데 처하며 스스로 (　　) 있는 체 하지 말라 아무에게도 악을 악으로 갚지 말고 모든 사람 앞에서 (　　) 일을 도모하라 할 수 있거든 너희로서는 모든 사람과 더불어 (　　) 하라"(로마서 12:16-18)

9. 하늘의 권세

작사/작곡 이 순 희

10

역경을 초월하는 형통

창세기 39:1-5

"요셉이 이끌려 애굽에 내려가매 바로의 신하 친위대장 애굽 사람 보디발이 그를 그리로 데려간 이스마엘 사람의 손에서 요셉을 사니라 여호와께서 요셉과 함께 하시므로 그가 형통한 자가 되어 그의 주인 애굽 사람의 집에 있으니 그의 주인이 여호와께서 그와 함께 하심을 보며 또 여호와께서 그의 범사에 형통하게 하심을 보았더라 요셉이 그의 주인에게 은혜를 입어 섬기매 그가 요셉을 가정 총무로 삼고 자기의 소유를 다 그의 손에 위탁하니 그가 요셉에게 자기의 집과 그의 모든 소유물을 주관하게 한 때부터 여호와께서 요셉을 위하여 그 애굽 사람의 집에 복을 내리시므로 여호와의 복이 그의 집과 밭에 있는 모든 소유에 미친지라"

10

역경을 초월하는 형통

지금 우리는 불통이 난무하는 역경의 시대 속에 살아가고 있습니다.

이 시대에는 돈의 흐름이 막히고, 인간관계가 막혀서 고통받는 사람들이 너무도 많습니다. 사업의 길이 막히고, 미래가 막막해서 절망에 빠져있는 사람들도 참으로 많습니다. 가뜩이나 장기화되던 경제 불황은 코로나19로 인해 더욱 심각해져서 수많은 사람들이 경영 부진과 취업난 속에 물질적인 불통, 사회적인 불통에 시달리고 있습니다.

갈수록 심해지는 정치적 불통은 우리나라를 여, 야, 좌파, 우파, 보수, 진보, 영호남, 세대 간, 계층 간으로 분열시키며, 갈등을 심화시키고 있습니다. 그뿐만 아니라 관계의 불통, 대화의 불통은 가정의 해체와 붕괴를 야기하고 있고, 정서적인 불통, 심리적인 불통은 개인의 인생을 무너뜨리고 있습니다.

불통의 시대 속에서 불통의 문제 속에 파묻힌 사람들은 생각이 막히고, 마음이 막혀서 괴로운 삶을 살아갑니다. 물질의 불통 때문에 절망하고, 관계의 불통 때문에 상처받고, 건강의 불통 때문에 두려워합니다.

참으로 불통은 모든 문제의 원인이고, 만병의 근원입니다. 어디든지 통로가 막히면 모든 것이 막힙니다. 사람의 몸도 혈관이 막히면 뇌졸중, 동맥경화, 중풍 등의 큰 병에 걸리고 사망에 이르기도 합니다.

영적으로도 마찬가지입니다.

기도의 통로가 막히면 하늘과 단절된 삶을 살게 되고, 말씀의 통로가 막히면 깨달음이 없이 죄를 반복하게 됩니다. 은혜의 통로가 막히면 사탄의 종노릇을 하게 되고, 축복의 통로가 막히면 수고하고 애쓰는 모든 것이 수포로 돌아갑니다.

"여호와께서 집을 세우지 아니하시면 세우는 자의 수고가 헛되며 여호와께서 성을 지키지 아니하시면 파수꾼의 깨어 있음이 헛되도다"(시 127:1)

우리는 역경을 초월하는 형통의 복을 받아야 합니다. 하나님과 잘 통하고, 이웃과 잘 통하며, 자기 자신과 잘 통하는 사

복음과 인생설계

람은 불통의 시대 속에서도 막힘이 없는 형통의 인생을 살 수 있습니다. 영혼의 형통이 이루어지면 마음의 형통, 생각의 형통, 언어의 형통이 이루어지고 역경을 뛰어넘은 형통을 창조할 수 있기 때문입니다. 바로 이 시간 우리 모두에게 역경을 초월하는 형통의 은혜가 임하기를 소원합니다(고후 4:7-10).

세상 사람들이 생각하는 형통은 아무 문제없이 자신이 원하고 계획한 일을 이루는 것입니다. 국어사전에도 '형통'을 '온갖 일이 뜻과 같이 잘되고 번영함'이라고 정의합니다. 세상 사람들은 좋은 학교에 들어가고, 사람들에게 칭찬과 인정을 받으며, 많은 돈을 버는 것을 형통이라고 생각합니다. 남들이 부러워하는 직장에 들어가서 승진하고, 높은 사회적인 지위와 막강한 권세를 지니는 것을 형통이라고 생각합니다. 그리고 비천에 처하고 배고픔과 궁핍에 처하는 것은 불통이라고 생각합니다.

하지만 성경적인 형통은 이와 다릅니다.
성경적인 형통은 문제없는 삶을 사는 것이 아니라 '하나님과 함께 하는 삶'을 사는 것입니다. 성경적인 형통은 자기 뜻을 이루는 것이 아니라 하나님의 뜻을 이루는 것이고, 육의 부요함보다 영의 부요함을 누리는 것입니다.
성경적인 형통은 환경에 임하는 것이 아니라 우리의 내면세계에 임합니다. 하나님이 주시는 형통은 고난을 통해서라도 우리의 내면을 정결하게 하고, 역경을 통해서라도 우리의 영혼을 성장시킵니다. 그리고 마침내 많은 영혼을 살리는 삶을 살게 합니다.

딜라스 윌라드가 쓴 『잊혀진 제자도』에는 이런 글이 있습니다. "우리가 해야 할 첫 번째이자 가장 기본적인 일은 항상 하나님 앞에 서는 것이다. 이렇게 하나님의 임재를 연습하고, 끊임없이 나의 생각을 그분께로 돌리고 또다시 돌리게 될 때 은혜가 충만한 삶, 하나님과 동행하는 삶을 살게 된다. 하나님을 항상 앞에 두고 생각하고 행동하다 보면, 나침반을 아무리 흔들어도 바늘은 늘 정북으로 돌아가듯이 우리의 생각과 마음이 온전히 하나님께로 향하게 된다. 하나님과 동행하는 삶이 계속 이어질 때 세상의 혼란과 소음 대신에 예수님의 인격과 아름다운 말씀들이 저절로 우리의 삶에 자리 잡게 될 것이다." 그리스도인의 능력의 비결, 풍성한 열매를 맺는 것의 비결은 하나님께 붙어 있는 것입니다. 하나님과 함께함이 곧 능력입니다.

그러나 사탄이 주는 형통은 하나님으로부터 멀어지게 하는 형통이고 교만과 강포에 빠지게 만드는 형통입니다. 사탄이 주는 형통으로 사는 사람은 최고의 부귀, 명예, 권세를 누리고 죽을 때에도 고통이 없는 삶을 살아서 회개할 기회를 얻지 못하고, 지존자 하나님을 깨닫지 못합니다(시 73:1-9).

복음과 인생설계

우리는 형통을 분별해야 합니다. 악인의 형통을 부러워하지 말고, 하나님이 주시는 형통을 사모해야 합니다.

"너는 악인의 형통함을 부러워하지 말며 그와 함께 있으려고 하지도 말지어다 그들의 마음은 강포를 품고 그들의 입술은 재앙을 말함이니라"(잠 24:1-2)
"눈이 높은 것과 마음이 교만한 것과 악인이 형통한 것은 다 죄니라"(잠 21:4)

하나님은 우리에게 문제가 없는 형통을 주시지 않고, 문제를 이기는 형통을 허락하십니다.

하나님이 주시는 형통은 역경이 없이 사는 것이 아니라 역경을 이길 수 있는 능력과 기쁨을 공급받는 것입니다. 그래서 하나님이 주시는 형통의 복을 받은 사람들은 위기를 기회로 바꾸고, 고난 속에서 유익을 발견합니다.

하나님이 주시는 형통으로 사는 사람은 어떤 환경 속에 있든지 최고의 기쁨을 누리면서, 하나님의 뜻에 절대적으로 순종합니다. 이를 통해 하나님이 허락하시는 존귀와 영예를 누리고 열매 맺는 삶을 살아갑니다(빌 4:11-13).

토마스 아 캠피스는 그의 책 『그리스도를 본받아』를 통해 다음과 같이 말했습니다.

"영적 생활은 고통 없는 삶이 아니다. 고통 없는 삶이 행복한 것도 아니다. 그러므로 네가 지금 아무런 고통도 받지 않는다고 해서 그것이 참 평화인 줄 생각하지 말라.

또한 아무도 나를 반대하거나 괴롭히는 사람이 없다고 해서 모든 것이 원만하다고 생각하지 말며, 모든 일이 네가 원하는 대로 되어간다고 해서 만사가 완전하다고는 생각하지 말라. 영적인 생활이란, 잔잔한 바다가 아니라 풍랑 치는 바다에서 베드로가 한 것 같이 살아계신 하나님을 만나는 것이다."

우리는 역경을 초월하는 형통의 능력을 받음으로 모든 상황 속에서 형통한 인생을 살아야 합니다.

본문의 주인공인 요셉은 역경을 초월하는 형통의 삶을 살았습니다. 사실 육의 눈으로 보면 그의 인생은 형통이 아니라 극심한 불통의 인생이었습니다. 본문의 때에 이르기 직전에 요셉은 형들에게 죽임을 당할 뻔하다가 애굽에 노예로 팔리는 역경에 처해야 했습니다. 본래 그는 태어나는 순간부터 아버지 야곱의 사랑을 독차지하며 형들의 부러움을 받던 사람이었습니다. 요셉은 혼자 채색 옷을 입었고, 형들이 양을 치러 나가면 아버지의 가까운 곳에서 형들의 잘못을 아버지에게 말하곤 했습니다.

"요셉은 노년에 얻은 아들이므로 이스라엘이 여러 아들들보다 그를 더 사랑하므로 그를 위하여 채색 옷을 지었더니 그의 형들이 아버지가 형들보다 그를 더 사랑함을 보고 그를 미워하여 그에게 편안하게 말할 수 없었더라"

(창 37:3-4)

결정적으로 요셉의 형들은 요셉이 꿈을 꾸고 아버지와 그들에게 하는 이야기를 듣고, 분노를 이기지 못하여 요셉을 죽이려고 모의했습니다.

"요셉이 그들에게 이르되 청하건대 내가 꾼 꿈을 들으시오 우리가 밭에서 곡식 단을 묶더니 내 단은 일어서고 당신들의 단은 내 단을 둘러서서 절하더이다 그의 형들이 그에게 이르되 네가 참으로 우리의 왕이 되겠느냐 참으로 우리를 다스리게 되겠느냐 하고 그의 꿈과 그의 말로 말미암아 그를 더욱 미워하더니 요셉이 다시 꿈을 꾸고 그의 형들에게 말하여 이르되 내가 또 꿈을 꾼즉 해와 달과 열한 별이 내게 절하더이다 하니라 그가 그의 꿈을 아버지와 형들에게 말하매 아버지가 그를 꾸짖고 그에게 이르되 네가 꾼 꿈이 무엇이냐 나와 네 어머니와 네 형들이 참으로 가서 땅에 엎드려 네게 절하겠느냐 그의 형들은 시기하되 그의 아버지는 그 말을 간직해 두었더라"(창 37:6-11)

사랑만 받고 자란 요셉은 아버지께 사랑을 받지 못해 상처받은 형들의 마음을 헤아리지 못했습니다. 그저 요셉은 천진난만하게 하나님이 자신에게 보여준 꿈을 기뻐했습니다. 그래서 "네가 참으로 우리의 왕이 되겠느냐. 참으로 우리를 다스리게 되겠느냐"라고 말한 형들의 말을 헤아리지 못하고 거듭 자기 꿈을 이야기했습니다. 이로 인해 요셉은 그를 죽이려는 형들의 모의에 의해 채색 옷이 벗겨지고, 구덩이에 던져지게 되었습니다.

그러다가 "우리가 우리 동생을 죽이고 그의 피를 덮어둔들 무엇이 유익할까 자 그를 이스마엘 사람들에게 팔고 그에게 우리 손을 대지 말자 그는 우리의 동생이요 우리의 혈육이니라"라고 말한 유다에 의해 미디안 사람들에게 팔려서 애굽의 보디발 장군 집에 노예로 가게 되었습니다. 이 얼마나 기가 막힌 일입니까?

요셉에게 찾아온 역경은 한 순간에 모든 것을 잃어버리는 것이었습니다. 하루아침에 요셉은 그토록 자신을 사랑해준 아버지로부터 멀어졌고, 혈육인 형들이 자신을 죽이려 하는, 너무도 아프고 무서운 순간을 경험해야 했습니다. 그리고 인간의 기본권마저 잃고 물건처럼 사고 팔리는 노예가 되었습니다.

요셉은 높은 곳에 우뚝 서 있다가 갑자기 낭떠러지로 떨어져 모든 것을 잃었습니다. 17세의 어린 나이에 낯선 애굽 땅의 노예가 된 요셉에게는 이제 그 누구도 의지할 사람이 없었습니다. 그는 주인의 기분에 따라 당장 죽어도 어쩔 도리가 없는 신세가 되었습니다. 정말 이보다 더 큰 역경이 어디 있겠습니까? 그런데 놀랍게도 성경은 노예로 팔린 요셉을 '형통한 자'라고 불렀습니다.

"요셉이 이끌려 애굽에 내려가매 바로의 신하 친위대장 애굽 사람 보디발이 그를 그리로 데려간 이스마엘 사람의 손에서 요셉을 사니라 여호와께서 요셉과 함께 하시므로 그가 형통한 자가 되어 그의 주인 애굽 사람의 집에 있으니"(창 39:1-2)

요셉의 형통은 세상적인 형통이 아니라 하나님이 함께 하시는 형통으로, 하나님이 주신 지혜와 능력으로 역경을 돌파해내는 형통이었습니다. 물론 성경은 요셉의 마음이 어떠했는지 직접 설명하고 있지는 않습니다. 성경은 단도직입적으로 요셉의 주인인 보디발이 요셉의 형통을 목격했다고 설명함으로써 요셉이 누린 형통이 얼마나 강력한 것이었는지를 표현했습니다.

"그의 주인이 여호와께서 그와 함께 하심을 보며 또 여호와께서 그의 범사에 형통하게 하심을 보았더라"(창 39:3)

보디발 장군은 애굽 바로의 경호대장이었습니다.

당대 막강한 힘을 가지고 있었던 보디발의 집은 단순한 집이 아니라, 국사범을 수감하는 감옥이 딸려 있는 국가 기관이었습니다. 그러니 그곳에는 요셉뿐만 아니라 다른 노예들도 많이 있었을 것이고, 여러 가지 바쁜 일이 돌아가고 있었을 것입니다. 따라서 보디발 장군이 노예로 팔려온 17세 소년을 눈여겨보는 일은 일반적인 일이 아니라고 볼 수 있습니다.

그런데 보디발 장군은 요셉을 관찰하며 주목하게 되었고,

하나님을 믿지 않는 이방 사람인 그가 요셉의 형통이 여호와로 말미암은 것임을 인정하게 되었습니다. 이를 통해 우리는 요셉의 형통이 얼마나 압도적이고 강력한 형통이었는지를 알 수 있습니다.

요셉의 삶에는 외적으로도 확연하게 드러나는 마음의 형통, 생각의 형통, 태도의 형통, 언어의 형통, 행실의 형통이 있었습니다. 그래서 그는 비범하게 사고했고 행동했으며, 타인의 감동을 불러일으킬 만한 일을 했습니다.

처음에 어린 소년 요셉이 맡은 일은 허드렛일이었을 것입니다. 그는 쓰레기 치우는 일, 걸레 빨아 말리는 일, 무거운 짐을 나르는 일을 하면서 갖은 수모를 겪었을 것입니다. 그런데 요셉이 하는 일은 다 잘 되었습니다. 요셉은 그가 천한 일을 맡아도 고귀한 일처럼 해냈습니다. 불평이나 힘든 기색 없이 형통한 외형으로 형통한 결과를 만들어냈습니다.

이것이 바로 역경을 초월하는 형통의 힘입니다.

형통의 삶을 사는 사람은 실패처럼 보이는 상황 속에서 승리의 역사를 써내려갑니다. 형통의 근원지는 마음이기에, 어떤 환경에 처해도 함께 하시는 하나님을 신뢰하며 마음으로부터 승리의 개가를 부릅니다. 그래서 형통의 삶을 사는 사람들은 언제나 정직하고 성실하며, 지혜롭고 깔끔합니다.

복음과 인생설계

하나님 안에서의 형통은 시작보다 끝이 창대하며 열매가 맺힙니다. 하나님 안에서 형통하기 위해서는 자신의 모든 것을 비우고 버려야 하지만 곧 모든 것을 얻는 인생을 살게 됩니다. 약할 때 강함 되시는 하나님, 우리를 부요케 하시는 하나님, 우리를 넘치도록 충만하게 하시는 하나님은 반드시 승리하는 인생, 큰 산이 평지가 되는 인생으로 인도하십니다(슥 4:7).

요셉에게 있었던 역경을 초월하는 형통의 능력이 우리에게 임하기를 소원합니다.

역경을 초월하는 형통의 능력이 임하려면…

1. 과거에서 벗어나게 합니다.

형통의 시작은 과거에서 벗어나 현재에 몰입하는 것으로부터 이루어집니다. 좋았던 과거에 빠져서 현실을 직시하지 못하거나, 아팠던 과거에 빠져서 고통에서 헤어 나오지 못할 때 우리는 역경을 초월하는 형통을 이룰 수 없습니다. 요셉이 보디발 장군의 노예로 있으면서 이전에 아버지에게 사랑받던 때와 형들에게 미움을 받고 팔릴 때에 매여 있었다면, 어떻게 성실하게 현재의 삶을 살아낼 수 있었겠습니까? 그러므로 우리는 역경을 초월하는 형통을 위해 먼저 과거에서 벗어나야 합니다.

한 제자가 스승에게 인생의 고통에서 영원히 벗어나는 방법은 없느냐고 물었습니다. 스승은 제자의 얼굴을 한참 쳐다보더니 숲으로 걸음을 옮겼습니다. 그리고 숲에서 갑자기 나무를 껴안더니 "놓으란 말이야, 이놈의 나무야. 나를 놓으란 말이다"라고 소리쳤습니다.

스승의 행동에 어리둥절한 제자는 나무를 붙잡고 계시면서 왜 나무에게 놔달라는 것이냐고 물었습니다. 그러자 스승이 웃으며 나무에서 팔을 풀었습니다. 그리고 말했습니다.

"이것이 바로 인생의 고통에서 벗어나는 길이다. 사실 세상의 고통이 나를 놓아주지 않는 것이 아니라 내가 그 고통을 붙잡고 놓지 않는 것이다. 인간의 모든 고통은 거기에서부터 시작되는 것이다."

어떤 사람들은 현재의 어려움을 회피하기 위해 과거의 상처를 핑계거리로 사용합니다.

현재 자신의 부족함과 연약함을 과거의 형통으로 감추려고 시도하는 사람도 있습니다. 그러나 우리는 과거에 묶이는 것 자체가 현재의 불통을 가져온다는 사실을 알아야 합니다. 그리고 현재의 형통을 위해 모든 과거에서 벗어나서 현재의 삶에 집중해야 합니다.

복음과 인생설계

요셉은 갑자기 노예가 된 자기 처지를 비관하지 않고, 주어진 삶에 최선을 다했습니다. 요셉이 과거에서 벗어나 현재에 집중할 수 있었던 비결은 모든 역사의 배후에서 일하시는 하나님의 섭리를 아는 데 있었습니다. 후에 요셉은 애굽의 국무총리가 되어 형들과 재회할 때 '하나님이 나를 애굽으로 보내셨다'는 고백을 합니다.

"하나님이 큰 구원으로 당신들의 생명을 보존하고 당신들의 후손을 세상에 두시려고 나를 당신들보다 먼저 보내셨나니 그런즉 나를 이리로 보낸 이는 당신들이 아니요 하나님이시라 하나님이 나를 바로에게 아버지로 삼으시고 그 온 집의 주로 삼으시며 애굽 온 땅의 통치자로 삼으셨나이다"(창 45:7-8)

스위스의 의사이며 작가이고 기독교 상담학의 거장 폴 트루니에는 그의 책 『모험으로 사는 인생』에서 "인생은 하나님이 지휘하시는 모험이다. 하나님의 뜻은 성공을 통해서도 이루어지지만 실패를 통해서도 이루어진다"라고 말했습니다.

우리 믿는 사람들은 결말이 보장된 모험의 인생을 살아갑니다. 그 결말은 지휘자이신 하나님이 보장하십니다. 우리 인생 여정이 굴곡져 때론 높은 산이 가로막고 있고 때론 가파른 내리막을 내달린다 할지라도 두려워할 필요가 없습니다. 우리의 시선이 하나님을 향하여 고정되어 있기만 하면 결국은 종착지에 안전하게 도착할 것이기 때문입니다.

요셉은 역경의 이면에 하나님의 선하신 섭리가 있음을 믿었습니다. 그래서 자신이 노예가 된 것도 하나님의 뜻임을 알고 과거에서 벗어나 충실한 삶을 살았습니다. 우리에게도 이러한 지혜와 집중이 필요합니다. 하나님이 나를 이 가정에, 사업장에, 교회에 보내셨다는 것을 알고, 모든 과거에서 벗어나 하나님의 뜻에 합한 현재를 살아야 합니다.

2. 임마누엘의 생활을 만듭니다.

형통의 능력은 하나님과 동행할 때 주어집니다.

전지전능하신 하나님, 우리를 자녀 삼으시고 조건 없이 사랑하시는 하나님과 동행할 때 우리는 하나님의 능력, 사랑, 열정을 가지고 모든 상황 속에서 넉넉히 이기는 삶을 살 수 있습니다.

요셉은 노예로 있으면서도 하나님과 함께 하는 임마누엘의 삶을 살았기에 삶에 대한 의욕이 있고, 지혜가 있었으며, 좋은 결과가 있었습니다. 노예 요셉에게 주인은 육적으로는 보디발이었지만, 영적으로는 하나님이었습니다. 그래서 요셉은 무엇을 하든지 하나님 앞에서 했고, 하나님이 주시는 힘으로 했습니다.

"종들아 두려워하고 떨며 성실한 마음으로 육체의 상전에게 순종하기를 그리스도께 하듯 하라 눈가림만 하여 사람을 기쁘게 하는 자처럼 하지 말고 그리스도의 종들처럼 마음으로 하나님의 뜻을 행하고 기쁜 마음으로 섬기

기를 주께 하듯 하고 사람들에게 하듯 하지 말라"(엡 6:5-7)

결국 요셉의 생활은 보디발 장군에게도 인정을 받았습니다. 요셉은 승진의 길이 열려서 보디발의 모든 소유를 다 관리하는 가정 총무 자리에 이르게 되었습니다.

"요셉이 그의 주인에게 은혜를 입어 섬기매 그가 요셉을 가정 총무로 삼고 자기의 소유를 다 그의 손에 위탁하니"(창 39:4)

우리도 임마누엘의 신앙을 가지고 우리에게 주어진 자리에서 최선을 다하여 형통의 은혜를 입어야 합니다. 하나님은 작은 것에 충성된 자에게 큰 형통의 복을 허락해주십니다.

"지극히 작은 것에 충성된 자는 큰 것에도 충성되고 지극히 작은 것에 불의한 자는 큰 것에도 불의하니라"(눅 16:10)

범사에 함께 하시는 하나님과 동행하면 최선을 다하는 삶을 살게 되고, 인생의 거친 돌도 형통을 위한 디딤돌로 만드는 삶을 살게 됩니다.

3. 다른 사람의 형통을 만듭니다.

세상의 형통은 이기적인 욕망만을 충족시키지만, 하나님이 주신 형통은 다른 사람의 형통으로 이어집니다. 빛이 어둠을 물리쳐서 많은 사람들이 환하게 볼 수 있게 만들고, 소금이 맛을 내어 많은 사람들을 유익하게 하듯이 형통의 복을 받은 사람은 그 복을 주위로 흘려보냅니다.

링컨은 "행복하려거든 남을 행복하게 만들어라. 남에게 행복을 준 것만큼 행복하게 된다"라고 말했습니다.

그래서 요셉이 받은 복은 애굽 사람의 집 전체로 이어져 보디발 장군의 집과 밭에 있는 모든 소유에까지 미치게 되었습니다.

"그가 요셉에게 자기의 집과 그의 모든 소유물을 주관하게 한 때부터 여호와께서 요셉을 위하여 그 애굽 사람의 집에 복을 내리시므로 여호와의 복이 그의 집과 밭에 있는 모든 소유에 미친지라"(창 39:5)

본래 '형통한'은 히브리어로 '마츨리아흐(מַצְלִיחַ)'로서 '번영케 하다'라는 뜻을 가지고 있습니다. 이것은 본인만 형통한 것이 아니라 주위 사람까지도 형통하게 만드는 자라는 뜻입니다. 이후에 요셉은 누명을 써서 옥에 갇혀서도 형통의 복을 흘려보내는 삶을 살았습니다.

"여호와께서 요셉과 함께 하시고 그에게 인자를 더하사 간수장에게 은혜를 받게 하시매 간수장이 옥중 죄수를 다 요셉의 손에 맡기므로 그 제반 사무를 요셉이 처리하고 간수장은 그의 손에 맡긴 것을 무엇이든지 살펴보지 아니하였으니 이는 여호와께서 요셉과 함께 하심이라 여호와께서 그를 범사에 형통하게 하셨더라"(창 39:21-23)

우리도 형통의 복을 흘려보내는 삶을 살아야 합니다. 우리의 형통으로 가족들이 형통하게 만들고, 교회가 형통하게 만들며, 이 나라 이 민족이 형통하게 해야 합니다. 우리가 먼저 받은 복으로 가난하고 병든 영혼을 살리고 예수님의 제자를 세우는 삶을 살아야 합니다.

요셉은 그가 받은 복을 흘려보내는 지경을 넓혀나가다가 결국 애굽의 전권을 맡아 처리하는 국무총리의 자리에 올랐습니다. 그리고 그를 통해 애굽의 경제가 살고, 요셉의 온 가족이 기근에서 구원받는 은혜를 입게 되었습니다.

이것이 십자가로 말미암는 형통의 모형입니다.
예수 그리스도의 십자가는 요셉이 애굽의 노예로 팔린 것과 견줄 수 없는 극한 역경이었지만 이를 통해 온 인류가 구원받을 길을 얻었습니다. 그러므로 우리는 십자가 정신을 이

어받아 한 알의 밀이 땅에 떨어져 죽어서 많은 열매가 맺히는 형통의 삶을 살아야 합니다.

"내가 진실로 진실로 너희에게 이르노니 한 알의 밀이 땅에 떨어져 죽지 아니하면 한 알 그대로 있고 죽으면 많은 열매를 맺느니라"(요 12:24)

하나님이 주시는 형통의 복은 환경이 아니라 내면에 임합니다. 그래서 형통의 은혜를 입은 자는 애굽의 노예로 팔려서도 형통한 삶을 살았던 요셉처럼 환경을 뛰어넘어 형통한 삶을 살 수 있습니다. 역경을 초월하는 형통의 은혜를 받읍시다. 역경을 초월하는 형통은 과거에서 벗어나게 하고, 임마누엘의 생활을 만들며, 또 다른 사람들의 형통을 만듭니다.

우리 모두가 역경을 초월하는 형통의 능력으로 범사에 형통을 누리고 많은 영혼에게 형통의 영향력을 미쳐서 하나님의 뜻을 이루기를 주님의 이름으로 축원합니다.

복음과 인생설계

주님과 동행하는 기쁨 나누기

1. 역경을 초월하는 형통의 능력이 임하면 어떻게 될까요?

(   ) 안에 맞는 단어는 무엇입니까?

(1) (   )에서 벗어나게 된다.

좋았던 과거에 빠져서 현실을 직시하지 못하거나, 아팠던 과거에 빠져서 고통에서 헤어 나오지 못할 때 우리는 역경을 초월하는 형통을 이룰 수 없습니다.

● 현재 모든 과거에서 벗어나 하나님의 뜻에 합한 삶을 살고 있습니까?

(2) (   )의 생활을 만든다.

하나님과 동행할 때 우리는 하나님의 능력, 사랑, 열정을 가지고 모든 상황 속에서 넉넉히 이기는 삶을 살 수 있습니다.

● 창세기 39장 4절의 요셉의 삶이 당신에게도 있습니까?

(3) (   )의 형통을 만든다.

세상의 형통은 이기적인 욕망만을 충족시키지만, 하나님이 주신 형통은 다른 사람의 형통으로 이어집니다.

● 창세기 39장 5절의 요셉처럼 당신으로 인해 하나님의 복을 받은 사람이 있습니까?

2. 아래 성구를 보고 당신의 삶에 일어난 일을 나누십시오.

(1) 시편 127편 1절- "여호와께서 집을 세우지 아니하시면 세우는 자의 수고가 헛되며 여호와께서 성을 지키지 아니하시면 파수꾼의 깨어 있음이 헛되도다"

⑵ 고린도후서 4장 7절- "우리가 이 보배를 질그릇에 가졌으니 이는 능력의 심히 큰 것이 하나님께 있고 우리에게 있지 아니함을 알게 하려 함이라"

⑶ 빌립보서 4장 11-13절- "내가 궁핍하므로 말하는 것이 아니라 어떠한 형편에든지 내가 자족하기를 배웠노니 내가 비천에 처할 줄도 알고 풍부에 처할 줄도 알아 모든 일에 배부르며 배고픔과 풍부와 궁핍에도 일체의 비결을 배웠노라 내게 능력 주시는 자 안에서 내가 모든 것을 할 수 있느니라"

3. 아래 성구의 (   )에 맞는 단어를 넣고 가능하면 암송합시다.

"여호와께서 집을 세우지 아니하시면 (   ) 자의 수고가 헛되며 여호와께서 성을 지키지 아니하시면 (   )의 깨어 있음이 헛되도다" (시편 127:1)

10. 소통의 문

작사/작곡 이 순 희

소 통 의 문 소 통 의 문 소 통 의 문을 열 고

하 나 님 과 소 통 하 고 자 신 과 소 통 하 세

막 힘 없 는 인 생 형 통 의 인 생 살 아 가 세

영 혼 의 형 통 은 마 음 의 형 통 생 각 의 형 통 언 어 의 형 통

이 루 고 역 경 을 뛰 어 넘 는 형 통 을 창 조 하 네

우 ― 리 모 두 악 인 의 형 통 부 러 워 하 지 말 고

하 ― 나 님 이 주 시 는 형 통 누 리 세

고 난 속 에 유 익 발 견 하 여 위 기 를 기 회 로 바 꾸 세

어 떤 환 경 속 에 있 든 주 앞 에 순 종 하 며

하 나 님 과 소 통 하 여 형 통 의 삶 을 사 네

위기를 기회로 만드는 영적 원리

사도행전 6:1-7

"그 때에 제자가 더 많아졌는데 헬라파 유대인들이 자기의 과부들이 매일의 구제에 빠지므로 히브리파 사람을 원망하니 열두 사도가 모든 제자를 불러 이르되 우리가 하나님의 말씀을 제쳐 놓고 접대를 일삼는 것이 마땅하지 아니하니 형제들아 너희 가운데서 성령과 지혜가 충만하여 칭찬 받는 사람 일곱을 택하라 우리가 이 일을 그들에게 맡기고 우리는 오로지 기도하는 일과 말씀 사역에 힘쓰리라 하니 온 무리가 이 말을 기뻐하여 믿음과 성령이 충만한 사람 스데반과 또 빌립과 브로고로와 니가노르와 디몬과 바메나와 유대교에 입교했던 안디옥 사람 니골라를 택하여 사도들 앞에 세우니 사도들이 기도하고 그들에게 안수하니라 하나님의 말씀이 점점 왕성하여 예루살렘에 있는 제자의 수가 더 심히 많아지고 허다한 제사장의 무리도 이 도에 복종하니라"

11

위기를 기회로 만드는
영적 원리

1800년대 초 세관에서 일하던 30대의 한 청년이 무능하다는 이유로 직장에서 해고되었습니다.

집에 돌아온 그는 실직 사실을 아내에게 알리면서 자신은 인생의 실패자라고 말했습니다. 하지만 지혜로운 아내는 남편에게 이렇게 말했습니다.

"아니에요. 지금이야말로 당신이 원하셨던 그 일, 글을 쓰는 일을 시작하셔야 할 때입니다."

그는 아내의 기도와 격려에 힘입어 열심히 작품을 쓰는 일에 몰두하였습니다. 그는 10년간의 칩거 끝에 미국이 낳은 가장 위대한 작품이라 평가되는 걸작, 『주홍글씨』를 발표하게 되었습니다.

이 이야기는 바로 나다나엘 호손의 이야기입니다. 인생의 위기가 그의 인생에 새로운 축복을 안겨준 것입니다.

인생을 살아가다 보면 누구나 예기치 않은 위기를 만나게 됩니다. 뜻하지 않은 때에 건강의 위기를 만나기도 하고, 관계의 위기를 만나기도 하며, 물질의 위기를 만나기도 합니다.

'이제 죽는구나, 이것이 내 인생의 끝이구나' 싶은 고비를 만나기도 하고, 그 누구에게도 쉽게 털어놓을 수 없는 답답한 문제를 만나기도 합니다.

믿음이 좋은 그리스도인도 예외가 아닙니다. 하나님을 경외하는 성도 역시 위기의 때를 만날 수 있습니다. 살아계신 하나님은 믿음의 연단과 영적 성숙을 위해 불 시험과 같은 위기를 허락하시기도 합니다.

"그러므로 너희가 이제 여러 가지 시험으로 말미암아 잠깐 근심하게 되지 않을 수 없으나 오히려 크게 기뻐하는도다 너희 믿음의 확실함은 불로 연단하여도 없어질 금보다 더 귀하여 예수 그리스도께서 나타나실 때에 칭찬과 영광과 존귀를 얻게 할 것이니라"(벧전 1:6-7)

위기는 하나의 사건에 불과합니다.

그러나 그 위기가 기회로 전환될 수 있도록 돕는 것이 용기입니다. 다윗은 물맷돌 하나로 하나님의 이름을 모욕하는 골리앗을 쓰러뜨림으로 하나님의 영광을 만천하에 드러냈습니다. 믿음의 용기는 우리 그리스도인으로 하여금 하나님의 영광을 드러내게 합니다.

다윗은 위기를 기회로 바꾸는 축복을 받았습니다.

이와 같이 인생의 문제는 '닥쳐온 위기를 어떻게 잘 극복하느냐'는데 있습니다.

위기는 누구에게나 찾아오지만, 위기를 대하는 태도는 각자 다릅니다.

어떤 사람은 위기를 통해 문제를 해결하는 인생을 살고, 어떤 사람은 문제에 함몰되는 인생을 삽니다. 위기의 때를 성결의 기회, 기도의 기회, 믿음의 기회로 삼고 영적 도약을 이루는 사람도 있고, 위기의 때에 불평하고 원망하며 절망과 낙심에 빠지는 사람도 있습니다. 지금 여러분은 어떤 인생을 살고 계십니까?

문제보다 더 큰 능력을 소유한 사람은 문제가 없는 것처럼 자유한 삶을 살 수 있습니다. 그러나 문제를 다룰 능력이 부족하면 그 문제가 작고 사소한 것일지라도 문제에 잠식됩니다. 문제에 잠식된 사람은 문제 속에 갇혀서 문제에 지배당하게 됩니다.

문제에 잠식당한 사람들은 3무(無)에 빠지기 쉽습니다.

무기력, 무관심, 무의미에 빠져 절망하기 쉽습니다.

노력해도 안 될 것 같으니까, 아무런 시도도 하지 못하고 무기력에 빠지고, 무관심한 태도로 현실을 회피하며, 의미와 목적을 찾지 못해서 허무감에 빠져듭니다. 뿐만 아니라 문제에 함몰된 사람들은 건강한 자세로 문제를 직면하지 못하고 도망가려 합니다. 관계가 어려우면 그 사람을 피하려 하고, 자리가 불편하면 그 자리를 떠나려 합니다. 대화로 문제를 풀어나가려는 노력을 하지 못하고, 자기 상처와 죄에 매여서 문제로부터 도망칩니다.

그러나 회피한 문제는 결코 시간이 해결해주지 못합니다.

외면한 문제는 더 큰 상처와 갈등을 유발하고, 더 큰 악독과 고집을 만들어냅니다.

인생의 위기는 우리를 위험의 상황으로 몰고 가기도 하지만 새로운 기회를 제시해주는 인생의 찬스가 되기도 합니다. 위기를 돌파하는 능력의 유무에 따라 위기가 약이 되기도 하고 독이 되기도 합니다.

그래서 똑같은 위기를 만나도 위기감을 느끼는 정도는 사람마다 다릅니다. 어떤 사람은 작은 위기에도 소스라치게 놀라고 기가 죽어 압도당합니다. 하지만 어떤 사람은 큰 위기를 만나도 태연하게 극복해나갑니다. 이것이 바로 믿음의 차이요, 영적 실력의 차이입니다.

우리는 하나님 앞에 나아와 문제를 해결하는 능력을 받아야 합니다.

복음과 인생설계

위기를 기회로 만드는 근본적인 능력은 속사람의 능력에 따라 달라집니다. 속사람의 능력만큼 문제를 직면할 수 있고, 속사람의 지혜만큼 문제를 통찰할 수 있습니다. 속사람이 성장한 만큼 문제 앞에서 여유로운 태도를 취하고, 속사람이 건강한 만큼 위기 속에 숨겨진 기회를 발견하게 됩니다(엡 3:16-19).

우리는 속사람의 힘으로 살기 위해 하나님께 뿌리를 내리고 영양분을 공급받아야 합니다. 또한 성령으로 숨을 쉬는 삶, 예수 그리스도의 보혈이 흐르는 삶을 살아야 합니다. 육의 생명이 건강한 사람은 강한 면역력을 지니고 있습니다. 그래서 웬만한 바이러스나 질병의 공격을 이겨냅니다.

그러나 육의 생명은 아무리 건강해도 유한합니다. 아무리 건강한 육체를 가지고 있는 사람이라 할지라도 제한된 수명을 넘길 수는 없습니다. 시간이 지나면 모든 육체가 쇠하고 낡아집니다. 하지만 속사람이 가지고 있는 영적 생명은 꺼져가는 불꽃같은 육과 같지 않습니다.

영의 생명은 끝이 없습니다.

영의 생명은 우리 존재의 본질로서, 하나님의 형상과 모양대로 지음 받은 우리의 영혼입니다. 영적 생명의 근원은 오직 하나님께 있습니다. 생명의 원천이신 하나님의 모든 역사는 생명의 풍성함을 이룹니다. 그러므로 성도는 영혼을 깨워야 합니다.

영혼이 깨어 있는 사람은 사방으로 우겨싸는 문제가 있어도 요동하지 않습니다. 왜냐하면 선한 섭리로 모든 역사를 주장하시는 하나님을 볼 수 있기 때문입니다. 사망의 음침한 골짜기와 같은 역경을 만나도 보배이신 예수 그리스도를 발견하는 사람은 문제를 초월하는 삶을 살아갑니다(고후 4:7-10).

성도는 하나님을 믿는 만큼 인간적인 틀을 깨뜨리고 영의 원리를 따릅니다. 예수 그리스도를 의지하는 만큼 우리는 모든 한계를 뛰어넘는 소망을 가지고 기도하게 합니다. 육신의 힘을 내려놓고 영의 힘을 구하고, 땅의 지혜를 내려놓고 하늘의 지혜를 바랍니다.

모든 문제 앞에서 우선적으로 기도합시다.

닥쳐온 위기를 직면하되 육적인 방법이 아니라 영적인 방법으로 접근합시다. 보통 갈등은 본질적인 것으로 인해 생기지 않습니다. 아주 사소한 일로 자존심이 상하고, 별일 아닌 일로 낙심하는 경우가 많습니다. 대수롭지 않은 일로 관계가 틀어지기도 하고, 무심코 지나칠 수도 있는 작은 일로 깊은 상처를 받기도 합니다. 근본 이유는 사람과 사건의 배후에서 역사하는 악한 영에 있습니다(엡 6:10-12).

비우지 못한 욕심과 상처를 통해 역사하는 악한 영들은 작은 문제를 부풀려 인생을 무너뜨리려 하고, 비본질적인 문제를 확대시켜 공동체를 파괴하려 합니다. 그러므로 우리는 모든 문제 앞에서 문제의 표면에만 매달릴 것이 아니라 문제의 배후에서 일어나는 영적 싸움에서 승리해야 합니다. 돈으로, 사람으로, 경험으로, 지식으로 표면적인 문제에만 대처할 것이 아니라 진리에 기반한 기도로 문제의 뿌리를 해결해야 합니다.

기도는 모든 문제의 궁극적인 대안입니다.

● 기도할 수 있는 그리스도인에게는 극복하지 못할 위기가 없습니다. 기도할 수 없는 상황은 없기 때문입니다.

● 기도는 불가능한 일을 가능하게 만들고 영적 흐름을 바꿉니다.

● 기도는 악순환을 선순환으로 바꾸고 문제의 근본 원인을 해결합니다.

우리 모두가 위기를 기회로 만드는 영적 원리를 깨닫고, 문제를 근본적으로 해결할 수 있는 영적 능력을 받기를 소원합니다.

"이르시되 기도 외에 다른 것으로는 이런 종류가 나갈 수 없느니라 하시니라"(막 9:29)

"너희가 내게 부르짖으며 내게 와서 기도하면 내가 너희들의 기도를 들을 것이요 너희가 온 마음으로 나를 구하면 나를 찾을 것이요 나를 만나리라"

(렘 29:12-13)

본문은 '그 때에 제자가 더 많아졌는데'라고 시작합니다.

예루살렘 초대 교회는 오순절 성령 강림 사건을 시작으로 폭발적인 성장과 확장을 경험했습니다. 성령님을 받은 초대교회 성도들은 예수 그리스도를 향한 불타는 믿음과 열정으로 천국 같은 신앙생활을 했습니다. 박해 속에서도 복음을 전했고, 사도의 가르침을 받아 서로 교제하고 기도에 전념했습니다. 수많은 기사와 표적으로 인해 교회는 항상 뜨거웠고, 모든 성도가 서로 물건을 통용하며 예배 중심의 삶을 살았습니다. 모두가 헌신적이었으며 그 누구 하나 핍절한 자가 없는 모습이었습니다.

"그들이 사도의 가르침을 받아 서로 교제하고 떡을 떼며 오로지 기도하기를 힘쓰니라 사람마다 두려워하는데 사도들로 말미암아 기사와 표적이 많이 나타나니 믿는 사람이 다 함께 있어 모든 물건을 서로 통용하고 또 재산과 소유를 팔아 각 사람의 필요를 따라 나눠 주며 날마다 마음을 같이하여 성전에 모이기를 힘쓰고 집에서 떡을 떼며 기쁨과 순전한 마음으로 음식을 먹고 하나님을 찬미하며 또 온 백성에게 칭송을 받으니 주께서 구원 받는 사람을 날마다 더하게 하시니라"(행 2:42-47)

날마다 양적으로 질적으로 부흥한 초대교회에는 문제가 없어보였습니다. 하지만 제자가 더 많아지고 교회가 흥왕하던 때에 갑자기 위기가 닥쳐왔습니다. 성령님으로 뜨거웠던 초대교회는 어느 순간 파가 갈리고 분쟁과 불만이 생겨나게 되었

복음과 인생설계

습니다.

초창기 예루살렘교회에는 크게 두 부류가 있었습니다.

한 부류는 예루살렘 팔레스타인 지방을 떠나지 않고 살다가 예수님을 믿고 그리스도인이 된 히브리파 유대인입니다. 또 다른 부류는 전쟁 등의 이유로 외국에서 디아스포라로 살다가 다시 고향으로 돌아와서 예수님을 믿은 헬라파 유대인이었습니다.

히브리파 유대인들은 대개 율법과 전통에 대해 보수적이었고, 기득권을 가지고 있었으며 경제적으로 여유가 있었습니다. 그러나 헬라파 유대인들은 다수가 먹고 살 대책이 없었던 과부였습니다. 예루살렘교회는 하나님의 명령에 따라 고아와 과부 등의 약자를 돌보고 구제하는 일을 했습니다. 하지만 어느 순간부터 헬라파 유대인들은 자기의 과부들이 매일의 구제의 대상에서 제외된다고 원망하기 시작했습니다.

"그 때에 제자가 더 많아졌는데 헬라파 유대인들이 자기의 과부들이 매일의 구제에 빠지므로 히브리파 사람을 원망하니"(행 6:1)

겉으로 드러난 문제는 구제의 불평등으로 인한 원망이었습니다. 불평하는 말 몇 마디와 못마땅한 제스처가 나타난 문제의 전부일 수 있습니다. 그러나 이 문제의 실체는 교회의 분열과 분쟁을 일으킬 수 있는 막대한 것이었습니다.

제11장 위기를 기회로 만드는 영적 원리

헬라파 유대인들은 과도한 섭섭함을 느끼며 정죄와 비난에 빠졌고, 히브리파 유대인들은 그런 헬라파 유대인들의 마음을 헤아리지 못하고 그들과 소통하지 못했습니다.

악한 사탄은 제아무리 흥왕한 교회라도 분열되면 쉽게 무너진다는 사실을 잘 알고 있습니다. 물질적으로 부유하고 성도의 수가 많은 교회라도 원수 맺음, 다툼, 분냄, 불평, 불만이 가득한 교회에는 성령의 역사가 나타나지 않는다는 사실을 잘 알고 있습니다. 그래서 교활한 사탄은 교회를 공격할 때 먼저 분열을 조장합니다. 당을 지어 끼리끼리 뭉치게 만들고 하나님 중심, 예배 중심, 사명 중심이 아니라 인정 중심, 욕심 중심, 교만 중심으로 움직이게 만들어 결국 하나님의 일을 대적하게 만듭니다.

우리가 속한 모든 공동체가 분열의 조짐을 보인다면 배후에서 역사하는 어둠의 세력을 분별해야 합니다. 캠벨 몰간은 "사탄의 전략은 그와 맞서 싸워야 할 사람들끼리 서로 분열되게 만드는 것이다"라고 말했습니다.

우리는 분열시키는 사탄의 간계를 대적해야 합니다.

성령님의 능력은 연합을 통해 나타납니다. 교회가 하나가 되면 그 자체만으로도 예수 그리스도를 증거하는 강력한 힘을 발휘합니다. 주님은 제자들의 하나 됨을 통해서 세상이 당신을 믿게 해달라고 기도하셨습니다. 주님은 제자들에게 어떤 사명을 맡기기에 앞서 그들이 하나 되는 것이 더 중요하고, 시급한 일임을 잘 아셨습니다.

"내게 주신 영광을 내가 그들에게 주었사오니 이는 우리가 하나가 된 것 같이 그들도 하나가 되게 하려 함이니이다"(요 17:22)

연합이란 우리를 향한 하나님의 강력한 비전입니다. 연합은 선택의 차원이 아닌 그리스도인에게 주어진 의무이자 특권입니다.

"연합이란 우리를 향한 하나님의 강력한 비전입니다. 연합은 선택의 차원이 아닌 그리스도인에게 주어진 의무이자 특권입니다."

우리는 교회 안에서 하나로 연합해야 합니다.

서로의 부족함을 채우고, 서로 사랑하며 하나가 되어야 합니다. 연약한 개인이 모여도 같은 마음, 같은 생각을 가지고 성령의 힘으로 연합하면 모든 위기를 돌파하고 놀라운 역사를 일으킬 수 있습니다.

열두 사도들은 뜻하지 않은 교회의 위기 앞에서 적극적인 자세를 취했습니다. 모든 제자를 불러 문제를 오픈하고 영적인 접근을 했습니다.

"열두 사도가 모든 제자를 불러 이르되 우리가 하나님의 말씀을 제쳐 놓고 접대를 일삼는 것이 마땅하지 아니하니 형제들아 너희 가운데서 성령과 지혜가 충만하여 칭찬 받는 사람 일곱을 택하라 우리가 이 일을 그들에게 맡기고 우리는 오로지 기도하는 일과 말씀 사역에 힘쓰리라 하니"(행 6:2-4)

열두 사도는 문제의 표면이 아닌 뿌리를 통찰하고 영적인 해결책을 내놓았습니다. 단순히 헬라파 유대인들에게 더 많은 구제를 행하라고 지시하거나 구제 시스템을 바꾸기에 앞서 제자들이 하나님의 말씀을 제쳐 놓고 접대를 일삼는 것이 마땅하지 않다는 자기반성을 했습니다.

사도들은 자신들이 인본주의에 치우쳐서 사람의 방법으로 접대를 일삼고 하나님의 말씀을 제쳐놓은 데 문제의 근원이 있다고 본 것입니다.

이것이 바로 위기를 기회로 만드는 영적인 통찰입니다.

우리는 겉으로 드러난 육적인 문제를 만드는 영적인 원인을 볼 수 있어야 합니다. 인생에 닥쳐온 위기 앞에서 인본주의적인 가치관과 행실을 내려놓고 신본주의의 영적 사고와 회개를 해야 합니다. 말씀과 기도를 회복하여 오직 성령님의 인도를 받아야 합니다.

하나님의 생각은 사람의 생각과 다르고, 하나님의 방식은 사람의 방식과 다릅니다.

● 사람들은 하나님보다 사랑하는 무언가가 있는 것이 죄라

고 생각하지 않는 경우가 많으나 하나님은 이것을 가장 무섭고 큰 죄로 보십니다.

● 사람들은 수량의 많고 적음을 보지만 하나님은 마음의 중심을 보십니다.

● 사람들은 많은 물질과 지식을 능력으로 여기지만 하나님은 깨끗한 마음으로 하나님의 말씀을 믿는 것을 능력으로 여기십니다.

육신적인 생각을 버리고 하나님께로 돌아갑시다. 세속적인 행실과 자기 자랑을 버리고 하나님의 말씀에 순종합시다.

"너희는 여호와를 만날 만한 때에 찾으라 가까이 계실 때에 그를 부르라 악인은 그의 길을, 불의한 자는 그의 생각을 버리고 여호와께로 돌아오라 그리하면 그가 긍휼히 여기시리라 우리 하나님께로 돌아오라 그가 너그럽게 용서하시리라 이는 내 생각이 너희의 생각과 다르며 내 길은 너희의 길과 다름이니라 여호와의 말씀이니라 이는 하늘이 땅보다 높음 같이 내 길은 너희의 길보다 높으며 내 생각은 너희의 생각보다 높음이니라"(사 55:6-9)

우리의 사명은 하나님이 기뻐하시는 영의 사람이 되는 것입니다. 육체의 소욕을 버리고 성령님의 소욕을 따를 때, 자아의 고집과 틀을 깨뜨리고 진리의 말씀에 순종할 때 위기는 기회로 역전됩니다. 열두 사도는 하나님의 말씀을 제쳐놓고 인본주의적인 접대에 치우쳤던 것을 회개했습니다. 그리고 오직 기도하는 일과 말씀 사역에 힘쓸 것을 결단했습니다. 그리고 이를 위해 일곱 명의 안수집사를 세우고 그들에게 구제를 비롯한 교회 전반의 사역을 위임하기로 했습니다.

모세가 천부장, 백부장, 오십부장, 십부장을 세운 것처럼, 성령과 지혜가 충만하고 칭찬 받는 집사 일곱을 세워서 자신들에게 과중되는 업무를 적절하게 분산시키고 자신들은 본래 직무인 기도와 말씀 사역에 전념하겠다고 한 것입니다.

이렇게 교회 역사상 최초로 일곱 명의 안수집사가 세워졌습니다. 그런데 이들을 세우는 기준은 재력, 학력, 기술, 실력, 신앙생활의 연수가 아니었습니다. 예루살렘교회는 철저히 영적인 기준으로 사역자를 세웠습니다. 즉 성령과 지혜가 충만하여 칭찬받는 사람을 택하고 안수하여 일꾼으로 세웠습니다.

"온 무리가 이 말을 기뻐하여 믿음과 성령이 충만한 사람 스데반과 또 빌립과 브로고로와 니가노르와 디몬과 바메나와 유대교에 입교했던 안디옥 사람 니골라를 택하여 사도들 앞에 세우니 사도들이 기도하고 그들에게 안수하니라"(행 6:5-6)

교회는 하나님의 집으로서 영적인 기관입니다.

교회의 모든 일은 성령의 역사로 운행되어야 하나님의 뜻을 이룰 수 있습니다. 그러므로 교회의 일꾼은 성령의 통로로 쓰임 받기에 적합해야 합니다. 성령님은 육적인 다수를 통해 일하지 않고, 영적인 소수를 통해 역사하십니다.

그러므로 우리는 하나님께 쓰임 받기 위해 '성령과 지혜가 충만하여 칭찬받는 사람'이 되어야 합니다.

자기 욕심과 이론을 철저히 내려놓고 성령님의 능력을 받아야 하고, 어린아이 같은 심령으로 말씀의 가르침을 받아야 합니다.

지성과 영성에 더불어 인격을 갖추어 주변 사람들로부터 칭찬을 받아야 합니다. 온유하고 겸손한 태도, 조심스러운 언어와 성숙한 행실로 다른 사람들로부터 인정받는 자가 되어야 합니다.

사도들이 말씀과 기도에 전념하여 영적 권세를 회복하고, 성령 충만한 안수집사를 세워 일을 분담하자 하나님의 말씀이 점점 왕성하여지는 역사가 나타났습니다. 닥쳐온 위기 앞에 영적으로 사고하고, 영적으로 반응했을 때 온 교회가 기뻐하며 연합하고 부흥하는 역사가 일어났습니다. 허다한 제사장의 무리도 이 도에 복종했다고 본문 7절은 증거합니다.

이것은 정말 엄청난 사건입니다.

제사장들은 교회를 핍박하는 대제사장들의 수하들입니다. 그들은 주로 성전에서 제사 드리는 일에 관여하는 사람들로 동물 희생 제사를 드리는 것이 그들의 업무입니다. 그러므로 동물 희생 제사가 필요하지 않는 기독교 신앙을 고백하기 위해서는 그들의 생계를 유지하는 업무가 부정되는 위험을 각오해야 합니다. 그런데 왕성해진 하나님의 말씀의 능력 앞에, 한두 명도 아니고 허다한 제사장의 무리들이 이 도에 복종하게 되었습니다.

누구에게나 닥쳐오는 위기를 기회로 만들기 위해 우리는 영적 원리를 알아야 합니다.

드러난 문제의 영적인 원인을 통찰하고 인본주의적인 죄악을 회개하고 말씀과 기도에 전념하여 영적인 권세를 회복 받아야 합니다.

세속적인 사고와 행실을 버리고 성령과 지혜가 충만하여 칭찬받는 사람이 되어야 합니다.

교회와 성도의 근원적인 힘은 오직 하나님의 말씀에 있습니다. 우리는 말씀과 기도의 힘으로 모든 위기를 기회로 역전시킬 수 있습니다.

우리 모두가 영적인 원리를 따라 영적인 권세를 회복 받아 위기를 기회로 만드는 기적의 주인공이 되시기를 주님의 이름으로 축원합니다.

복음과 인생설계

주님과 동행하는 기쁨 나누기

1. 예기치 않은 위기가 주는 약속입니다.

( ) 안에 맞는 단어는 무엇입니까?

(1) 하나님께서 믿음의 ( )과 영적 ( )을 위해 허락하신다.
위기의 때를 성결의 기회, 기도의 기회, 믿음의 기회로 삼고 영적 도약을 이루는 사람도 있고, 위기의 때에 불평하고 원망하며 절망과 낙심에 빠지는 사람도 있습니다.
  ● 베드로전서 1장 6, 7절의 약속을 믿습니까?

(2) 무기력, 무( ), 무의미의 절망에서 ( )을 주신다.
본래 위기는 "위험"과 "기회"의 복합어로 이중적인 의미를 가지고 있습니다.
  ● 위기 상황에서 에베소서 3장 16∼19절 말씀처럼 속사람이 강건해진 체험이 있습니까?

(3) ( )를 초월하는 삶을 산다.
성도는 하나님을 믿는 만큼 인간적인 틀을 깨뜨리고 영의 원리를 따르게 되므로, 예수 그리스도를 의지하는 만큼 우리는 모든 한계를 뛰어넘어 기도하게 됩니다.
  ● 예레미야 29장 12, 13절의 체험을 한 적이 있습니까?

2. 아래 성구를 보고 당신의 삶에 일어난 일을 나누십시오.

(1) 마가복음 9장 29절– "이르시되 기도 외에 다른 것으로는 이런 종류가 나갈 수 없느니라 하시니라"

(2) 사도행전 6장 2–4절– "열두 사도가 모든 제자를 불러 이르되 우리

가 하나님의 말씀을 제쳐 놓고 접대를 일삼는 것이 마땅하지 아니
하니 형제들아 너희 가운데서 성령과 지혜가 충만하여 칭찬 받는
사람 일곱을 택하라 우리가 이 일을 그들에게 맡기고 우리는 오로
지 기도하는 일과 말씀 사역에 힘쓰리라 하니"

(3) 베드로전서 1장 6, 7절- "그러므로 너희가 이제 여러 가지 시험으
로 말미암아 잠깐 근심하게 되지 않을 수 없으나 오히려 크게 기뻐
하는도다 너희 믿음의 확실함은 불로 연단하여도 없어질 금보다 더
귀하여 예수 그리스도께서 나타나실 때에 칭찬과 영광과 존귀를 얻
게 할 것이니라"

3. 아래 성구의 ( )에 맞는 단어를 넣고 가능하면 암송합시다.

"너희가 ( )게 부르짖으며 ( )게 와서 기도하면 ( )가 너희들의 기
도를 들을 것이요 너희가 온 마음으로 ( )를 구하면 ( )를 찾을 것
이요 ( )를 만나리라"(예레미야 29:12-13)

11. 속사람의 능력

작사/작곡 이 순 희

277

제11장 위기를 기회로 만드는 영적 원리

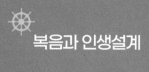

12

미래를 변화시키는 과거 치료

이사야 43:18-20
"너희는 이전 일을 기억하지 말며 옛날 일을 생각하지 말라 보라 내가 새 일을 행하리
니 이제 나타낼 것이라 너희가 그것을 알지 못하겠느냐 반드시 내가 광야에 길을 사막
에 강을 내리니 장차 들짐승 곧 승냥이와 타조도 나를 존경할 것은 내가 광야에 물을,
사막에 강들을 내어 내 백성, 내가 택한 자에게 마시게 할 것임이라"

12

미래를 변화시키는
과거 치료

창조주 하나님은 이전에 볼 수 없었던 새 일을 행하십니다.

죽음을 이기는 생명의 새 일을 행하시고, 절망을 이기는 소망의 새 일을 행하십니다. 한계를 초월하는 능력의 새 일을 행하시고, 어둠을 물리치는 빛의 새 일을 행하십니다.

하나님이 행하시는 모든 일은 진리로 나타나는 새 일입니다. 성경은 창세기부터 요한계시록까지 하나님의 새 일을 증언하고 있습니다. 하나님의 새 일이 나타나는 곳에는 무에서 유로의 천지창조의 역사가 있었고, 부족함과 모자람이 없는 에덴동산이 조성되었습니다.

죄로 인해 황폐해진 곳에도 하나님께서 새 일을 행하시면 회복과 소성의 역사가 일어났고, 마른 뼈도 살아나 하나님의 군대를 이루게 되었습니다. 우리는 하나님의 새 일을 기대해야 합니다. 성실하신 하나님은 언제나 우리에게 새 일을 행하십니다(애 3:23).

예수님을 구주로 영접한 그리스도인에게는 하나님의 새 일을 믿음으로 목도하고 누리며 살아갈 수 있는 특권이 있습니다. 살아계신 하나님은 부르짖어 기도하는 자에게 하나님의 새 일을 보이십니다. 또 믿음으로 순종하는 자에게 하나님의 새 일을 경험하게 하십니다. 새 일을 바라보는 성도에게 믿음은 기대감이자 용기입니다. 성도는 믿음으로 하나님에 대해 마음을 열어놓고 새 일을 행하시는 하나님의 세계에 접촉될 수 있습니다.

"너는 내게 부르짖으라 내가 네게 응답하겠고 네가 알지 못하는 크고 은밀한 일을 네게 보이리라"(렘 33:3)

새 일을 바라보는 하나님의 자녀들의 미래는 항상 밝습니다. 좋으신 하나님은 언제나 주님을 고대하는 자기 자녀들을 위해 미래와 희망을 예비하십니다.

그런데 하나님이 예비하신 축복은 영으로만 깨달을 수 있습니다. 때때로 하나님은 육의 눈으로 볼 때 고난으로 여겨지는 포장지에 싸서 큰 복을 주시기도 합니다. 그래서 영의 눈이 열리지 않은 사람들은 하나님의 새 일을 보지 못한 채 어둠에 싸여 살아갑니다. 우리는 영의 눈을 열고, 영의 귀를 열어 하나님의 새 일을 보고 들어야 합니다.

"기록된 바 하나님이 자기를 사랑하는 자들을 위하여 예비하신 모든 것은 눈으로 보지 못하고 귀로 듣지 못하고 사람의 마음으로 생각하지도 못하였다 함과 같으니라 오직 하나님이 성령으로 이것을 우리에게 보이셨으니 성령은 모든 것 곧 하나님의 깊은 것까지도 통달하시느니라"(고전 2:9-10)

하나님의 새 일은 절대적입니다.

누구도 하나님의 새 일을 방해할 수 없고 막을 수 없습니다. 하나님이 열면 닫을 자가 없고, 닫으면 열 자가 없습니다. 하나님은 하나님의 방식으로 하나님의 때에 새 일을 성취하시되 가장 완전한 모습으로 성취하십니다. 그러므로 가장 지혜로운 인생은 하나님의 새 일을 믿음으로 바라보고 하나님의 말씀에 순종하는 사람입니다.

우리는 광야에 길을, 사막에 강을 내는 하나님의 새 일을 기대해야 합니다. 새 영과 새 마음으로 하나님의 새 일을 기대하며 새 날을 맞이해야 합니다. 윌리엄 캐리는 "하나님으로부터 큰 것을 기대하라. 그리고 하나님을 위해 큰 것을 시도하라"라고 말했습니다.

지금까지 엉망진창의 삶을 살아왔을지라도 새 마음으로 하나님의 새 일을 기대할 때 우리는 다시 시작할 수 있습니다.

이제까지 상처와 죄악에 파묻혀 후회로 점철된 삶을 살았다 해도 새 노래로 하나님의 새 일을 찬양할 때 우리는 완전히 새로운 인생을 살아갈 수 있습니다.

"그런즉 누구든지 그리스도 안에 있으면 새로운 피조물이라 이전 것은 지나갔으니 보라 새 것이 되었도다"(고후 5:17)

하나님의 새 일을 목도하기 위해 반드시 과거를 청산해야 합니다. 새롭게 열어주시는 하나님의 길로 가려면 과거에 대해 확실히 마침표를 찍어야 합니다. 그런데 많은 사람들이 과거에 대해 마침표를 찍지 않고 쉼표를 찍습니다. 과거의 죄와 실수를 반복하고, 과거의 미련한 삶을 이어갑니다.

우리 삶에 생각보다 막강한 영향력을 끼치는 것이 과거입니다. 과거의 사고로 인해 지금까지 트라우마를 안고 살아가는 사람도 있고, 과거의 결핍으로 인해 지금까지 결핍의식에 갇혀 현재의 풍요를 누리지 못하는 사람도 있습니다. 과거의 상실로 인해 지금까지 불안증에 빠져 살아가는 사람도 있고, 과거의 고통에 함몰되어 현재까지 그 고통을 고스란히 안고 있는 사람도 있습니다. 반대로 과거에 소유했던 부, 명예, 인기, 권력, 미모에 집착하여 예전 같지 못한 자신을 거부하고 과거에 머물러 사는 사람들도 많습니다.

이에 대해 롱펠로우는 "과거를 애절하게 들여다보지 마라. 다시 오지 않는다. 현재를 현명하게 개선하라. 희미하게 다가오는 미래를 두려움 없이 맞이하라"라고 말했으며 세네카는 "지나간 과거로 자기를 학대하는 자나 미래를 걱정하는 자나 어리석기는 마찬가지다"라고 말했습니다. 과거에 매어 있으면 앞으로 전진할 수 없습니다.

어떤 사람이 술이 거나하게 취해서 밤에 배를 저어 강 건너 편으로 건너가려고 했습니다. 그런데 30분이면 건널 수 있는 강인데 몇 시간 노를 저어도 제자리에 있었습니다. 술도 깨고 동이 훤하게 튼 다음에 자세히 보니까 거룻줄을 육지에 묶어 둔 채 밤새도록 노를 저었던 것입니다.

지나간 일을 오래오래 기억하고 곱씹는 사람은 영적으로 성장하기가 어렵습니다. 나에게 상처 준 사람을 두고두고 기억하고, 상처를 곱씹는 사람은 믿음이 자라질 않습니다. 상처는 어둠의 통로가 됩니다. 악한 영은 상처를 통해 들어와 과거라는 감옥에 우리 영혼과 삶을 가둡니다.

나아가 우리 인생을 도둑질하고 파멸로 이끌어 갑니다. 악한 영은 상처를 통해 들어와 과거라는 감옥에 우리 영혼과 삶을 가둡니다. 나아가 그 인생을 도둑질하고 파멸로 이끌어 갑니다.

그러므로 과거에 실패했던 기억, 과거의 죄로 인한 죄책감의 기억, 심지어 과거에 잘 나갔던 성공의 기억들까지도 다 잊어야 합니다.

우리는 새 역사를 위해 과거에 감사의 마침표를 찍어야 합니다. 찬양의 마침표, 예배의 마침표, 은혜의 마침표로 과거를 정리하고 새 일이 예비된 미래를 바라보아야 합니다. 과거에 매인 모든 결박을 끊고 새 날을 맞이해야 합니다.

하나님은 홍해를 가르고 이스라엘 백성들을 출애굽 시키신 이후에 다시 홍해를 닫으셨습니다. 애굽으로 되돌아가는 길을 막으시고 계속 앞을 향해 전진하게 하신 것입니다. 이제 우리도 돌이킬 수 없는 과거에 기웃거릴 것이 아니라 푯대를 향해 앞을 바라보고 달려가야 합니다.

"내가 이미 얻었다 함도 아니요 온전히 이루었다 함도 아니라 오직 내가 그리스도 예수께 잡힌 바 된 그것을 잡으려고 달려가노라 형제들아 나는 아직 내가 잡은 줄로 여기지 아니하고 오직 한 일 즉 뒤에 있는 것은 잊어버리고 앞에 있는 것을 잡으려고 푯대를 향하여 그리스도 예수 안에서 하나님이 위에서 부르신 부름의 상을 위하여 달려가노라"(빌 3:12-14)

본문을 통해 새 일을 행할 것을 선포하신 하나님은 이전 일을 기억하지 말며 옛날 일을 생각하지 말라고 하셨습니다.

"너희는 이전 일을 기억하지 말며 옛날 일을 생각하지 말라 보라 내가 새 일을 행하리니 이제 나타낼 것이라 너희가 그것을 알지 못하겠느냐 반드시

복음과 인생설계

내가 광야에 길을 사막에 강을 내리니"(사 43:18-19)

이전 일을 기억하지 말라는 것은 기억 자체를 부정하라는 말이 아니라 과거에 집착하며 과거를 되뇌지 말라는 것입니다. 또 옛날 일을 생각하지 말라는 것은 현재의 관심사를 이전 일에 두지 말고 내면의 초점을 지난 일에 맞추지 말라는 것입니다.

하나님은 19절의 첫 마디를 "보라"라는 명령어로 시작하시면서 우리의 시선을 과거에서 미래로 전환시키고 있습니다. 그리고 하나님이 행하실 새 일에 대해 설명해 주심으로 과거를 청산한 후에 미래에 대한 부푼 기대감을 가지도록 유도하고 있습니다. 우리 모두가 과거에 머물렀던 기억과 생각을 청산하고 미래와 희망으로 가득한 하나님의 새 일을 바라보길 바랍니다.

이사야 43장의 배경은 이스라엘 백성들이 바벨론 포로 생활을 하고 있었던 때였습니다.

나라도 잃고 성전도 잃고 예배도 제대로 드리지 못한 때였습니다. 그러나 이방신을 섬기던 바벨론은 많은 속국들을 소유하고 있었고 거대한 신전을 짓고 부귀영화를 누리는 풍성한 분위기였습니다.

그렇게 화려한 바벨론 문화 속에 살았던 이스라엘 민족들은 시간이 갈수록 하나님을 기억하기 어려워졌습니다. 크고 화려한 바벨론의 속국으로 사는 것이 전부라고 여겨져만 갔습니다. 이런 상황 가운데 이사야 선지자는 이스라엘 백성을 구속하시고 인도하시어 마침내 승리하게 하시는 하나님을 증거하며 하나님을 바라보라고 촉구하고 있습니다. 회복시키시는 하나님을 소망하라고 증거하고 있습니다. 하나님이 주신 메시지의 핵심은 "내가 새 일을 행하리라"라는 것입니다.

하나님은 이사야 선지자를 통해 과거를 청산하고 새 일을 바라보는 삶을 가르치셨습니다. 지금까지 하나님은 한결같은 새 일로 이스라엘을 인도하셨습니다. 애굽에 열 가지 재앙을 내려 이스라엘을 출애굽 시키셨고, 홍해를 갈라 마른 땅처럼 걷게 하셨습니다. 광야에서 만나와 메추라기를 먹이셨고, 불기둥 구름 기둥으로 그들을 인도하셨습니다(사 43:16-17).

이스라엘이 가나안에 들어간 이후에도 하나님은 요단강을 가르시고, 난공불락의 여리고 성을 무너뜨리셨습니다. 셀 수 없이 많은 기적을 보이시며 이스라엘 왕국을 이끌어오셨고, 수많은 선지자들을 통해 살아계신 하나님의 말씀을 전하셨습니다. 이제 하나님은 바벨론의 포로가 되어 체념하고 있는 이스라엘 백성들이 다시 하나님의 새 일을 바라보고 새로운 인생을 시작하기를 촉구하고 계십니다.

복음과 인생설계

우리도 모든 과거를 청산하고 우리에게 새 일을 행하시는 주님을 바라보아야 합니다.

우리의 인생에, 가정에, 사업에, 인간관계에 임할 하나님의 새 일을 소망해야 합니다.

하나님께는 불가능이 없습니다.

회복하지 못할 가정도 없고, 고침 받지 못할 사람도 없습니다. 해결하지 못할 문제도 없고, 이기지 못할 공격도 없습니다.

이 시간 광야 같은 우리 인생에 길을 내시는 하나님을 바라봅시다. 사막 같은 우리 삶에 강을 내시는 하나님을 의지합시다. 살아계신 하나님은 마른 광야와 같은 인생을 변화시켜 물이 솟는 삶이 되게 하시고, 거친 사막과 같은 인생을 고쳐서 강이 흐르는 삶을 살게 하십니다.

"보라 내가 새 일을 행하리니 이제 나타낼 것이라 너희가 그것을 알지 못하겠느냐 반드시 내가 광야에 길을 사막에 강을 내리니 장차 들짐승 곧 승냥이와 타조도 나를 존경할 것은 내가 광야에 물을, 사막에 강들을 내어 내 백성, 내가 택한 자에게 마시게 할 것 임이라"(사 43:19-20)

모든 과거를 청산하고 하나님의 새 일을 바라봅시다. 고통스러운 과거, 후회스러운 과거, 수치스러운 과거의 상처를 치료받고 새 삶을 살아갑시다. 이 세상에 과거가 없는 사람은 없습니다. 세상을 살아가는 모든 사람들은 축적된 과거가 만든 현재 속에 살아갑니다.

프랑스의 문호 프루스트는 "우리에게 무엇이 잘못되었을 때, 그것은 갑자기 일어난 일이 아니고 이미 우리가 걸어온 과거 속에 씨앗이 뿌려졌던 것이다"라고 말했습니다.

현재는 과거의 결론이라는 이야기입니다.
게으른 과거는 결실 없는 현재를 가져오고, 오만한 과거는 외로운 현재를 가져옵니다. 성실한 과거는 풍성한 현재를 맞게 하고, 겸손한 과거는 지혜로운 현재를 맞이하게 합니다.

지금 우리가 살아가는 현재는 상당 부분 과거라는 모태에서 만들어진 것입니다. 그러나 그리스도인에게는 과거로부터 자유 할 수 있는 능력이 있습니다. 우리는 예수 그리스도의 이름으로 과거를 청산하고 완전히 새로운 날을 맞이하여 현재를 충만히 누리며 살아갈 수 있습니다.

"이르시되 내가 은혜 베풀 때에 너에게 듣고 구원의 날에 너를 도왔다 하셨으니 보라 지금은 은혜 받을 만한 때요 보라 지금은 구원의 날이로다"
(고후 6:2)

악한 사탄은 과거를 도구 삼아 우리의 현재를 강탈합니다. 과거의 상처를 현재에 반복하게 하고, 과거의 트라우마에 빠져 오늘을 잃어버리게 만듭니다. 과거 때문에 현재를 낭비하게 하고, 과거 때문에 주눅 들게 하며, 과거 때문에 고통스러운 삶을 살게 하는 것이 모두 사탄의 일입니다. 사탄에게 속아 과거에서 벗어나지 못한 사람들은 몸은 현재에 있어도 생각이 과거에 있습니다.

현재에 만나는 사람에게 과거의 기억을 투영시키고 현재에 봉착한 일에 과거의 죄책감과 두려움을 반영합니다. 과거의 영향력이 얼마나 강력한지, 윌리엄 포크너는 "과거는 결코 죽은 것이 아니다. 심지어 그것은 과거가 아니다"라고 말했습니다.

지금 하나님의 새 일을 보기 위해 과거 치료를 받읍시다. 사탄에게 빼앗긴 과거를 되찾아 은혜로 해석하고 과거에 대한 묶임을 풀어냅시다.

과거 치료는 곧 내면 치료이자 무의식 치료입니다.
과거 치료를 받으면 미래가 달라집니다.

과거가 해결된 만큼 우리의 미래는 하나님의 새 일로 채워지고, 과거로부터 자유해진 만큼 우리의 삶은 성령님의 날개를 달고 비상할 수 있습니다.

과거가 치유되어서 과거로부터 자유하지 않으면 우리는 진정한 자유를 누릴 수 없습니다. 인생의 뿌리인 과거가 병들면 근본적으로 건강한 열매를 맺을 수 없습니다. 그러므로 우리는 지금 말씀의 권능을 의지하여 미래를 변화시키는 과거 치료를 받아야 합니다.

미래를 변화시키기 위해 받아야 할 치료는…

1. 감당할 수 없어서 묻어둔 과거

많은 사람들이 자신이 감당하지 못할 상처와 스트레스를 받으면 그것을 무의식의 세계에 밀어 넣습니다. 직면하기 어려운 문제를 외면하고, 감당할 수 없는 이별과 상실을 가슴 깊은 곳에 묻어둡니다. 자기 용량을 벗어나는 일을 경험하면 없었던 일로 여기며 애써 회피합니다. 그러나 묻어둔 과거는 결코 없던 일이 되지 않습니다.

깊은 무의식에 밀어 넣은 과거는 더욱 크고 악한 독을 뿜어내면서 현재를 지배합니다. 기억의 실체는 좀처럼 드러내지 않지만 부피를 가늠하기 힘든 거대한 두려움과 괴로움을 조성하면서 현재에 고통을 가합니다.

보통 사람의 마음은 의식 세계가 10~20%, 무의식의 세계가 80~90%를 차지합니다. 사람이 의식적으로 기억하고, 느끼고, 인지하고. 판단하며, 반응하는 영역은 10~20%밖에 되지 않고, 생각과 마음의 대부분이 무의식의 영역 속에서 이루어진다는 것입니다.

그래서 오스트리아의 심리학자인 지그문트 프로이트는 사람의 의식 세계를 '빙산의 일각'으로 비유하며, 무의식 세계의 거대함을 수면 아래에 잠겨있는 빙산 전체로 표현했습니다.

무의식의 세계에는 사람의 자아가 간과했거나 무시한 일, 억압 혹은 부정해버린 내용이 담겨 있습니다. 의식 세계가 받아들이지 못한 모든 사건과 정보, 기억과 경험들이 무의식 세계에 저장되는 것입니다. 우리는 과거로부터 도망치지 말고 과거를 직면해야 합니다. 자기 힘으로 감당할 수 없는 모든 문제를 주님께 맡기고 예수 그리스도의 보혈로 깊은 상처를 씻음 받아야 합니다.

세계적인 테너 가수 안드레아 보첼리는 12세에 실명한 후 법학을 공부해서 변호사가 되었습니다. 그러나 그의 꿈은 오페라 가수가 되는 것이었습니다. 20세가 넘어 성악을 공부한 그는 결국 자신의 꿈을 이루었습니다. 그는 "내가 실명한 일에 대해 안타깝게 생각하는 시간은 1시간이면 족하고, 새로운 환경에 적응하기 위해서는 1주일이면 족하다"라고 말했습니다.

"하나님이여 나를 살피사 내 마음을 아시며 나를 시험하사 내 뜻을 아옵소서 내게 무슨 악한 행위가 있나 보시고 나를 영원한 길로 인도하소서"

(시 139:23-24)

2. 현재에도 고통을 유발하는 과거

우리는 과거의 사건을 바꾸거나 과거를 돌이킬 수 없습니다. 그러나 과거에 대한 태도를 변화시킬 수 있습니다.

윌리엄 제임스는 "우리 시대의 가장 위대한 발견은 태도를 바꾸면 인생을 바꿀 수 있다는 것이다"라고 말했습니다.

과거에 대한 태도를 바꾼다는 것은 과거에 대한 관점과 해석을 바꾸는 것입니다. 자기 연민과 피해의식을 십자가에 못 박고, 하나님의 섭리를 깨달아 고통의 이유를 아는 것입니다. 고통의 이유를 모를 때 우리는 과도한 억울함과 수치심에 사로잡히지만, 고통의 이유를 깨달으면 고통보다 더 큰 영광을 누리게 됩니다.

"하나님이여 주께서 우리를 시험하시되 우리를 단련하시기를 은을 단련함 같이 하셨으며 우리를 끌어 그물에 걸리게 하시며 어려운 짐을 우리 허리에 매어 두셨으며 사람들이 우리 머리를 타고 가게 하셨나이다 우리가 불과 물을 통과하였더니 주께서 우리를 끌어내사 풍부한 곳에 들이셨나이다"

(시 66:10-12)

요셉은 형들에게 죽임을 당할 뻔하다가 애굽의 노예로 팔려간 고통스러운 과거를 하나님의 관점, 생명의 관점으로 해석했습니다. 그래서 과거의 상처에 매이지 않고 오히려 하나님의 역사를 찬양하며 자기에게 상처를 준 형들과 형들의 가족까지 책임지는 성숙한 모습을 보였습니다.

> "요셉이 그들에게 이르되 두려워하지 마소서 내가 하나님을 대신하리이까 당신들은 나를 해하려 하였으나 하나님은 그것을 선으로 바꾸사 오늘과 같이 많은 백성의 생명을 구원하게 하시려 하셨나니 당신들은 두려워하지 마소서 내가 당신들과 당신들의 자녀를 기르리이다 하고 그들을 간곡한 말로 위로하였더라"(창 50:19-21)

우리 인생의 모든 일은 하나님의 선하신 섭리 안에서 일어납니다. 우리는 다 깨달아지지 않아도 하나님의 선하신 목적을 신뢰하며 감사로 과거의 역사를 해석해야 합니다. 기도하게 하는 고통, 겸손하게 하는 고난, 하나님을 가까이하게 하는 역경에 감사하며 범사에 감사해야 합니다.

더불어 과거의 죄를 청산해야 합니다.

근본적인 고통은 모두 죄에서 비롯됩니다.

우리는 죄를 범하는 옛사람의 옷을 벗고 과거의 죄를 청산해야 합니다. 과거의 시기, 거짓, 미움, 다툼을 버리고, 교만과 악행을 버려야 합니다. 같은 죄를 반복하면 새 날을 맞이할 수 없습니다(엡 4:22-24). 그러나 어떤 죄를 지어도 전심으로 회개하고 돌아서면 하나님은 용서해주시고 새 인생을 살게 하십니다.

"나 곧 나는 나를 위하여 네 허물을 도말하는 자니 네 죄를 기억하지 아니하리라"(사 43:25)

3. 왜곡된 과거

과거에 대한 우리의 기억은 사실과 다를 수 있습니다.

경험은 주관적인 자기 해석에 의존하는 것임으로 매우 불완전합니다. 얼마든지 사실을 부풀릴 수도 있고, 축소시킬 수도 있습니다. 자기 잘못은 축소시키고, 자기가 입은 상처는 확대시킬 수 있습니다. 모든 사건을 자기가 유리한 방향으로 기억할 수도 있고, 현재를 비관하기 위해 과거를 과도하게 미화시킬 수도 있습니다. 출애굽 한 이스라엘 백성들이 그랬습니다(출 16:3).

애굽의 노예로 있었던 이스라엘 백성들은 학대와 멸시를 받으며 비참한 삶을 살았습니다. 그들에게는 자유가 없었고 꿈과 소망도 없었습니다. 그러나 하나님은 절대적인 은혜로 그들을 출애굽 하게 하여 자유자가 되게 하셨습니다. 하지만 이스라엘 백성들은 광야생활이 고달프다고 여겨질 때 노예로 살았던 과거를 그리워하는 어리석은 모습을 보였습니다. 처음 하나님이 만나를 주셨을 때는 꿀 송이처럼 달다며 좋아했지만 어느새 감사를 잃어버리고 고기가 먹고 싶다고 울부짖었습니다.

"우리가 애굽에 있을 때에는 값없이 생선과 오이와 참외와 부추와 파와 마늘들을 먹은 것이 생각나거늘 이제는 우리의 기력이 다하여 이 만나 외에는 보이는 것이 아무 것도 없도다 하니 만나는 깟씨와 같고 모양은 진주와 같은 것이라"(민 11:5-7)

사실 그들은 애굽에 있을 때 값없이 생선과 오이와 참외와 부추와 파와 마늘들을 먹지 않았습니다. 그들은 노동력을 착취당했고, 끝없는 종살이를 해야 했었습니다. 하지만 환상 속 과거에 속은 그들은 현재의 광야생활에 대해 불평하느라 과거를 미화시켰습니다. 그러므로 우리는 우리의 기억을 맹신하지 말고 우리의 과거를 하나님의 말씀으로 조명 받아야 합니다.

어두운 과거를 치료받고 활기찬 미래를 향해 나아갑시다. 과거의 나쁜 습관, 죄책감, 상처, 후회, 열등감, 자만심을 가지고는 복된 미래를 향해 전진할 수 없습니다.

우리는 과거의 일을 은혜로 마무리하고 하나님이 행하실 새 일을 향해 전진해야 합니다. 하나님이 예비하신 새 일은 들짐승들조차도 찬양할 놀라운 일입니다. 많은 영혼을 살리고 영원한 생명을 누리게 할 크고 완전한 일입니다.

우리 그리스도인들은 고난과 역경 속에서 숨어있는 밝은 미래와 희망을 보아야 합니다.

삶 속에 나타난 여러 가지 어려움과 한계가 우리의 발걸음

제12장 미래를 변화시키는 과거 치료

을 막아도 우리는 하나님의 말씀을 의지하여 앞으로 나아가야 합니다.

믿음이 약한 사람들은 고난의 때에 지나간 과거에만 붙들려 심하게 흔들리고 실족하기 쉽지만, 믿음이 강한 사람들은 고난의 때에 미래와 희망으로 말미암아 오히려 강인한 영적인 권능을 드러냅니다. 가시밭의 백합화가 거친 풍랑 속에 더욱 진한 향기를 풍기듯이, 우리 참된 그리스도인은 재앙의 때에 더욱 진한 예수 그리스도의 향기를 풍겨야 합니다.

미래를 변화시키는 과거 치료를 받읍시다.

하나님이 행하실 새 일을 믿음으로 보고 하나님의 말씀에만 순종하여 나아갑시다. 과거를 통해 우리의 현재를 빼앗는 사탄의 간계에 속지 말고 선하신 하나님의 섭리를 믿으며 과거를 치료받읍시다.

미래를 위해, 감당하지 못해 묻어둔 과거와 현재에 고통을 유발하는 과거 그리고 왜곡된 과거를 치료받고 깨끗한 마음과 확실한 믿음으로 하나님의 새 일을 바라보길 바랍니다.

우리 모두가 과거의 악한 영향에서 벗어나 현재에 임하는 은혜를 충만히 누리고 미래의 새 일을 경험하기를 주님의 이름으로 축원합니다.

복음과 인생설계

주님과 동행하는 기쁨 나누기

1. 우리가 미래를 위해 받아야 할 치료입니다.

( ) 안에 맞는 단어는 무엇입니까?

(1) 묻어둔 ( )를 치료받아야 한다.

기억의 실체는 좀처럼 드러내지 않지만 부피를 가늠하기 힘든 거대한 두려움과 괴로움을 조성하면서 현재에 고통을 가합니다.

●과거 치료는 곧 내면 치료이자 무의식 치료인데, 과거 치료를 받으면 미래가 달라진다고 믿습니까?

(2) 현재에도 고통을 유발하는 ( )를 치료받아야 한다.

우리는 다 깨달아지지 않아도 하나님의 선하신 목적을 신뢰하며 감사로 과거의 역사를 해석해야 합니다.

●이사야 43장 26절 말씀을 철저히 믿습니까?

(3) 왜곡된 ( )를 치료받아야 한다.

과거에 대한 우리의 기억은 사실과 다를 수 있습니다. 경험은 주관적인 자기 해석에 의존하는 것임으로 매우 불완전합니다.

●현재를 비관하기 위해 과거를 과도하게 미화시키고 있습니까?

2. 아래 성구를 보고 당신의 삶에 일어난 일들을 나누십시오.

(1) 에베소서 4장 22-24절- "너희는 유혹의 욕심을 따라 썩어져 가는 구습을 좇는 옛사람을 벗어 버리고 오직 심령으로 새롭게 되어 하나님을 따라 의와 진리의 거룩함으로 지으심을 받은 새 사람을 입으라"

(2) 창세기 50장 19-21절- "요셉이 그들에게 이르되 두려워하지 마소서 내가 하나님을 대신하리이까 당신들은 나를 해하려 하였으나 하

나님은 그것을 선으로 바꾸사 오늘과 같이 많은 백성의 생명을 구원하게 하시려 하셨나니 당신들은 두려워하지 마소서 내가 당신들과 당신들의 자녀를 기르리이다 하고 그들을 간곡한 말로 위로하였더라"

(3) 이사야 43장 26절- "나 곧 나는 나를 위하여 네 허물을 도말하는 자니 네 죄를 기억하지 아니하리라"

3. 아래 성구의 ( )에 맞는 단어를 넣고 가능하면 암송합시다.

"하나님이여 나를 살피사 내 (　　)을 아시며 나를 (　　)하사 내 뜻을 아옵소서 내게 무슨 (　　) 행위가 있나 보시고 나를 영원한 길로 인도하소서"(시편 139:23-24)

12. 이전엔 볼 수 없었던

작사/작곡 이 순 희

제12장 미래를 변화시키는 과거 치료

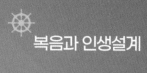

13

행복한 나그네의 삶

베드로전서 2:11-12

"사랑하는 자들아 거류민과 나그네 같은 너희를 권하노니 영혼을 거슬러 싸우는 육체의 정욕을 제어하라 너희가 이방인 중에서 행실을 선하게 가져 너희를 악행한다고 비방하는 자들로 하여금 너희 선한 일을 보고 오시는 날에 하나님께 영광을 돌리게 하려 함이라"

13

행복한 나그네의 삶

세상을 살아가는 많은 사람들이 궁극적으로 추구하는 것은 '행복'입니다.

사람들은 행복하게 살기 위해 열심히 공부하고 일을 하며 돈을 모읍니다. 행복을 위해 친구를 만나고 연인을 만나며 가정을 꾸리고, 행복을 위해 취미생활을 하고 자기계발을 합니다. 행복을 위해 종교를 갖기도 하고 여행을 떠나기도 합니다.

그런데 정작 행복을 누리며 살아가는 사람은 많지 않습니다. 상당한 부를 축적한 사람은 많아도 내면의 풍요를 누리는 사람은 많지 않고, 탁월한 지식과 실력을 겸비한 사람은 많아도 영혼의 지혜와 만족을 소유한 사람은 많지 않습니다.

독일이 낳은 세계적인 문호, 괴테는 죽으면서 이런 말을 남겼습니다.

"세상 사람들은 나를 다 행운아라고 불렀고 불행을 모르는 사람으로 알았지만, 나는 평생 나 자신이 행복하다고 생각한 적이 단 하루도 없었습니다."

이 세상에 가장 흔한 말이 행복이지만, 또 가장 찾기 힘든 것도 행복입니다. 누구나 쉽게 할 수 있는 말이 행복이지만, 아무나 쉽게 누릴 수 없는 것이 행복입니다. 그 이유는 행복의 원천이 오직 하나님께 있기 때문입니다.

"내가 여호와께 아뢰되 주는 나의 주님이시오니 주 밖에는 나의 복이 없다 하였나이다 땅에 있는 성도들은 존귀한 자들이니 나의 모든 즐거움이 그들에게 있도다"(시 16:2-3)

본래 행복은 영에 속한 것입니다.

물질적이고 육적인 것은 참된 행복을 가져다주지 못합니다. 내적인 행복이 빠진 물질적 풍요는 오히려 영의 눈을 어둡게 하고, 세상을 향한 집착과 탐욕만 양산해냅니다.

영적인 행복이 없는 육신적 형통은 창조주 하나님을 잊어버리고, 가짜 행복과 평안에 도취되게 합니다. 처음부터 인간은 하나님이 주시는 행복으로 살도록 창조되었고, 하나님과 사귀며 연합할 때 완전한 행복을 누리도록 지음 받았습니다. 그렇기에 하나님이 없는 인생은 세상 모든 것을 다 가져도 불행합

복음과 인생설계

니다. 많은 돈이 있어도 불안하고, 대단한 지식을 가지고 있어도 미련하며, 많은 인기를 얻어도 외롭습니다. 우리는 오직 하나님의 품 안에서 참된 안식을 얻을 수 있고, 하나님의 말씀을 따를 때 참된 행복을 누릴 수 있습니다.

하나님을 향한 마음, 예수님을 향한 사랑이 있을 때 깊은 행복감을 누릴 수 있습니다. 세상에서의 행복은 아주 얄팍합니다. 이리저리 휘둘립니다. 잠시 잠깐입니다. 진짜 행복을 누리기 위해서는 하나님을 주인 삼아야 합니다(신 10:12-13).

하나님은 지금도 우리를 향해 은혜의 손을 내밀고 계십니다.

프랑스 화가 에밀 리노프의 그림 중에 『돕는 손』이라는 제목의 그림이 있습니다. 1981년에 발표된 그림으로 세계의 명화들 중 하나입니다. 이 그림 속에는 넓은 바다에 조그마한 배 한 척이 있습니다. 딱 두 사람 정도 밖에 탈 수 없을 것 같은 작은 배입니다. 배 위에는 늙은 어부가 한 쪽에 앉아서 노를 젓고 있고, 맞은편에는 손녀처럼 보이는 어린 소녀가 할아버지의 손 위에 자기 손을 얹고 노를 젓고 있습니다.

소녀는 나름대로 기쁜 마음으로 웃으면서 열심히 노를 젓고 있습니다. 어린아이가 노를 젓는 것 같지만, 어디까지나 할아버지의 손등 위에다가 자기 손을 올려놓고 휘젓는 것일 뿐입니다. 이것이 우리의 인생입니다. 내 힘으로 노를 젓는 것 같지만, 결국은 '큰 손' 즉 '하나님의 손'이 우리 인생의 노를 젓고 계시는 것입니다. 우리는 그저 그 손에 붙들려 갈 뿐입니다.

성령 충만을 받아 하나님과 동행하면 가진 것이 없어도 부유한 삶을 살고 많은 영혼을 살리는 삶을 살 수 있습니다. 때를 따라 도우시는 하나님의 은혜를 받고 사명을 향해 달려가면 인생에 아무리 큰 위기와 환난이 닥쳐와도 흔들림 없는 행복을 누릴 수 있습니다. 그간 장기화되고 있는 코로나19 여파 중에도 피난처 되시는 하나님 안에 거하는 사람은 요동하지 않는 행복을 소유할 수 있습니다.

미국 인디언 전도에 평생을 바친 데이빗 브레너드는 인디언과 함께 살면서 온갖 고생을 하다가 27세의 젊은 나이에 병사했습니다. 그는 짧은 생애였지만 인디언들에게 성자로 알려진 청년 전도사였습니다.

그의 마지막 일기에는 "주님 없는 고생은 지옥이다. 주님 곁에서의 고생은 천국이다. 주님이 내 곁에 계시지 않았다면 나의 생활은 짐승과 차이가 없었을 것이다. 내가 사람답게, 그리고 조금이라도 보람 있게 살았다면 그 모든 원인은 주님 곁에 내가 있었기 때문이다"라고 기록되어 있었습니다.

우리는 행복을 위한 영적 원리를 분명히 알고, 거짓 행복을 좇는 어리석은 삶을 멈춰야 합니다. 가짜 행복을 좇아 세상적

복음과 인생설계

부요를 향한 탐심을 품고, 자존심을 지키려고 안간힘을 쓰는 인생을 청산해야 합니다. 사람들에게 인정받고 높임 받으려고 아등바등하는 삶을 멈추고, 시기하고 미워하며 다투는 마음을 버려야 합니다.

우리의 행복은 물질적인 부에 있지 않습니다.

우리의 행복은 자존심에 있지 않고, 사람들의 인정이나 칭찬에 있지 않습니다.

스위스의 법학자이며 철학자인 칼 힐티는 그의 저서 『행복론』에서 "인생 최대의 행복은 하나님 곁 가까이에 있는 일이다"라고 했습니다. 한때 그는 참된 행복을 찾기 위해 여러 가지 공부를 하고 세상적인 방법을 총동원하며 애써봤지만 모두 헛된 것임을 알았습니다. 그리고 마지막으로 성경을 연구하다가 참된 행복을 찾고 그리스도인이 되었습니다. 전무후무한 지혜를 소유한 솔로몬도 최고의 부귀, 명예, 권세, 쾌락을 누리며 행복을 찾았지만 세상 그 어디에도 참된 행복이 없다는 사실을 발견했습니다.

"전도자가 이르되 헛되고 헛되며 헛되고 헛되니 모든 것이 헛되도다"(전 1:2)

솔로몬은 재물과 부요와 존귀를 받아도 누리지 못하는 자를 보았고, 많은 자녀를 거느리며 장수해도 행복을 느끼지 못하는 사람을 보았습니다. 애쓰고 수고해도 만족을 얻지 못하는 자를 보았고, 많은 것을 먹어도 식욕을 채우지 못하는 사람을 보았습니다(전 6:1-3).

분명히 '소유'와 '누림'은 다른 것입니다.
많이 가진다고 많이 누릴 수 있는 것이 아닙니다.
'소유'보다 중요한 것이 '소유한 것을 활용하고 누릴 수 있는 능력'입니다. 올바른 방식으로 활용하지 못한 소유물들은 인생의 짐이 됩니다. 적절할 곳에 사용되지 않은 지식은 교만과 편견을 더하고, 선한 곳에 쓰이지 않은 물질은 탐욕과 번민을 키웁니다.

성경적인 방식으로 누리지 못하는 모든 소유는 인생의 우상이 되어 삶에 고통을 더합니다. 간사한 사탄은 이러한 사실을 잘 알고 있습니다. 그래서 여러 가지 방법을 동원해서 성도가 자신의 소유를 우상 삼고 더 큰 탐욕에 빠지게 만듭니다. 자녀 우상, 자존심 우상, 남편 우상, 아내 우상, 물질 우상, 건강 우상, 지식 우상 등에 빠져 하나님을 보지 못하게 만들고, 영적 소욕보다 육적 소욕을 쫓게 만듭니다(약 1:14-16).

욕심에 미혹될 때 우리는 결코 행복한 삶을 살 수 없습니다. 욕심은 늘 불만족을 만들고, 사망에 이르게 하는 또 다른 죄를 만들기 때문입니다. 우리는 영원하고 참된 행복을 누리기 위해 모든 욕심을 버리고 나그네 된 우리의 삶을 직시해야 합니다. 우리 모두는 이 세상에 잠시 왔다가 곧 떠나는 나그네입니다. 그 누구도 이 땅에서 영원히 살 수 없습니다(약 4:14).

세상에서 우리가 소유한 부귀, 명예, 권세, 미모, 인기, 지식은 모두 잠시 잠깐 있다가 사라지는 것입니다. 그러므로 잠시 있다가 떠날 세상의 것에 집착하며 미련을 갖는 것은 어리석은 일입니다. 우리는 세상을 살아가는 동안 얻게 되는 모든 것을 도구 삼아 오직 하나님의 뜻을 행하는 삶을 살아야 합니다(요일 2:15-17).

인생의 비극은 도구로 삼아야 할 세상의 소유를 목적으로 삼는 데서 비롯됩니다. 우리는 행복한 삶을 위해 썩을 것을 도구 삼아 썩지 않을 것을 구해야 합니다. 우리의 영원한 본향은 천국임을 확실히 알고, 이 땅에서 소유한 모든 힘을 다해 주의 일에 더욱 힘써야 합니다. 우리는 천국의 기쁨을 맛본 만큼 이 땅에서도 영에 속한 기쁨을 누릴 수 있습니다. 천국의 평강을 경험한 만큼 현세에서도 절대적인 평강을 경험할 수 있고, 천국의 행복을 소유하는 만큼 바로 지금 여기에서 행복한 삶을 살아갈 수 있습니다(고전 15:42-44).

나그네 영성은 현재적인 천국을 누리게 하는 강력한 능력입니다. 나그네 영성을 소유할 때 우리는 세상의 그 어떤 것도 우상으로 삼지 않게 됩니다. 나그네 영성으로 살아갈 때 우리는 욕심과 상처를 빌미로 역사하는 사탄의 공격을 물리치고 오직 하나님의 뜻에 초점 맞추어 천국을 향해 전진해나갈 수 있습니다. 우리 모두가 나그네와 같은 인생의 실존을 깨닫고 참된 행복을 얻게 하는 나그네 영성을 소유하기를 소원합니다.

나그네는 잠깐 있다가 떠날 곳에 집착하지 않습니다.

잠시 머무른 여행지에 영원히 살 것처럼 집을 짓거나 재산을 축적하지 않고, 이제 곧 떠날 곳에서 다른 사람들보다 더 많은 것을 갖지 못했다고, 더 좋은 것을 얻지 못했다고 시기하거나 질투하지도 않습니다.

나그네에게는 많은 소유가 오히려 버거운 짐이 될 뿐입니다. 나그네의 관심은 지금 지나가고 있는 길에 있지 않고 장차 도착할 목적지에 있습니다. 길을 지나는 동안 나그네는 해진 옷을 입고 볼품없는 행색을 해도 개의치 않습니다. 도중에 어려운 일을 만나고 마음 상하는 일을 당해도 크게 의미를 부여하지 않습니다. 다 지나가는 일이라 여기고, 당장 필요한 최소한의 물건을 가지고 가장 단순한 패턴의 삶을 이어나가며 목적지를 향해 나아갈 뿐입니다.

또 나그네는 지나가는 길에서 만족과 안식을 구하지 않습니다. 이제 곧 다다를 목적지에서 누릴 행복을 소망하고, 그 힘으로 목적지를 향한 발걸음을 이어갑니다.

지금 당신의 삶은 어떻습니까?

당신은 나그네로서의 삶을 살고 있습니까?

정착민으로서의 삶을 살고 있습니까?

그리스도인은 이 땅에서 나그네로서 살아갈 때 탁월한 영적 분별력과 권능을 지닐 수 있습니다. 나그네로서의 정체성이 분명할수록 삶의 우선순위를 구분하고, 세상의 사소한 일에 매이지 않으며, 후회 없는 마지막을 위한 의사결정을 할 수 있습니다. 그런데 오늘날 너무도 많은 성도들이 나그네가 아니라 정착민으로서 이 땅을 살아갑니다. 마치 죽지 않을 것처럼 욕심부리고, 영원히 살 것처럼 세상일에 집착합니다.

칼빈 P. 반 레쿈은 "세상 속 그리스도인: 나그네인가, 정착민인가?"라는 글에서 미국에 정착한 네덜란드 개혁교회 성도들의 정체성이 어떻게 변했는지 추적했습니다.

그에 따르면 처음 미국에 터를 잡은 소수의 이민자들은 '나그네'로서의 삶을 살며 "죄 많은 이 세상은 내 집 아니네, 내 모든 보화는 저 천국에 있네"와 같은 찬양을 불렀는데, 시간이 지나면서 점차 '정착민'의 마인드를 가지고 세속화되었다고 합니다.

시간이 갈수록 교회와 세상의 경계가 모호해지고, 성도들은 이 세상이 모두 자기 것인 양 지나치게 주인 행세를 하게 되었다고 합니다.

혹시 우리의 삶도 이와 같지 않습니까?

하나님이 잠시 맡겨준 시간, 물질, 재능을 자기 것이라 여기며 주인 행세를 하고 있지는 않습니까?

한 나그네가 길을 가다가 뉘엿뉘엿 해가 지기 시작하자 쉬어 가기 위하여 동네에 들어갔습니다. 마침 대궐 같이 큰 집이 있어 나그네는 큰 소리로 주인을 불러 말했습니다.

"저는 지나가는 나그네올시다. 하룻밤만 묵고 갔으면 하는데 허락해주시면 감사하겠습니다."

그랬더니 주인은 황당한 표정을 지으며, "이곳은 여관이 아니요. 저 건너편으로 가면 여관이 있으니 그곳으로 가보시오"라고 거절했습니다.

그때 나그네가 이렇게 물었습니다.

"그러면 주인장 하나 물어봅시다. 이 큰집에 언제부터 사셨소?"

"나로부터 16대 이전의 할아버지 때부터요. 그러니까 지금까지 이 집에서 16대가 살아온 것이지요."

"그러면 그 16대가 다 지금 생존하시는 거요?"

"아니 무슨 말씀을 하는 거요. 우리 조상들은 다 세상을 떠나셨지요."

그러자 나그네가 이렇게 말했습니다.

"그렇다면 이 집도 여관집과 뭐가 다르단 말이오? 대대로 자고 가고 자고 가고, 16대가 그렇게 하지 않았소? 그러니 나도

복음과 인생설계

하룻밤 묵고 간들 뭐가 이상하단 말이오?"

그 말을 들은 주인은 하는 수없이 이 재치 있는 나그네를 하룻밤 묵게 하고 잘 대접해 주었다고 합니다.

우리는 나그네로서의 분명한 정체성을 가지고 살아야 합니다. 천국을 향한 나그네로서 모든 얽매이기 쉬운 죄를 벗어버리고 인내를 가지고 믿음의 경주를 이어나가야 합니다.

"이러므로 우리에게 구름 같이 둘러싼 허다한 증인들이 있으니 모든 무거운 것과 얽매이기 쉬운 죄를 벗어 버리고 인내로써 우리 앞에 당한 경주를 하며 믿음의 주요 또 온전하게 하시는 이인 예수를 바라보자 그는 그 앞에 있는 기쁨을 위하여 십자가를 참으사 부끄러움을 개의치 아니하시더니 하나님 보좌 우편에 앉으셨느니라"(히 12:1-2)

본문은 사도 베드로가 박해로 인해 흩어진 초대교회 성도들과 기독교로 개종한 이방인들을 위해 쓴 편지입니다. 스데반이 죽임을 당한 이후 예루살렘 지역에 있던 성도들은 거세어진 박해를 피해 여러 지역으로 흩어졌습니다.

"사울은 그가 죽임 당함을 마땅히 여기더라 그 날에 예루살렘에 있는 교회에 큰 박해가 있어 사도 외에는 다 유대와 사마리아 모든 땅으로 흩어지니라"(행 8:1)

정든 고향을 버리고 낯선 타지로 가서 산다는 것은 결코 쉬운 일이 아닙니다. 그러나 초대교회 성도들은 갑자기 들이닥친 박해 속에서 믿음을 지키기 위해 나그네의 삶을 자처했습니다. 아브라함이 하나님의 말씀을 듣고 그의 고향을 떠났던 것처럼, 그들은 신앙을 지키기 위해 흩어지는 삶을 선택했습니다. 그래서 베드로는 베드로전서의 수신자를 '본도, 갈라디아, 갑바도기아, 아시아와 비두니아에 흩어진 나그네'라고 불렀습니다(벧전 1:1-2).

초대교회 당시 그리스도인들은 예수님을 믿는다는 이유로 참으로 감당하기 힘든 여러 가지 시험을 당해야 했습니다. 유대교에서 기독교로 개종한 성도들은 유대교 사회에서 퇴출당하고 재산을 빼앗겼으며, 모욕을 당하고 수치를 당하며 죽임을 당했습니다. 오직 예수 그리스도의 이름을 의지하고 유일신을 섬기는 그리스도인들은 로마 황제 숭배를 거부했기에 박해를 당해야 했고, 이방신에게 드리는 제사를 거부했기에 핍박을 받아야 했습니다.

성만찬을 오해한 사람들에 의해서 식인종이라는 비난을 받기도 했고, 서로 형제, 자매라고 부르며 아가페 사랑을 나누는 것을 오해받아 부도덕한 무리라고 여겨지기도 했습니다. 노예가 그리스도인이 되어 자유를 함께 누리는 일도 많았기에 '노예 도둑'이라고 불리기도 했습니다. 그뿐만 아니라 네로 황제 때에는 로마에 일어난 화재의 원인을 기독교인들에게 돌리며

복음과 인생설계

누명을 씌우기도 했습니다. 그러나 초대교회 성도들은 박해 중에도 믿음을 지켰고, 고난 중에도 천국을 소망했습니다. 베드로는 이들의 믿음에 감동하여 이를 칭찬했습니다(벧전 1:6-9).

베드로는 여기저기 흩어져서 박해 중에도 믿음을 지키는 초대 교인들을 격려하고 응원하기 위해 베드로전서를 쓰면서 '나그네'라는 단어를 중요한 의미로 사용했습니다. 처음에 인사할 때도 그들의 정체성을 나그네라고 밝혔고, 이어서 그들이 나그네이기 때문에 하나님의 거룩에 참여하여 거룩하게 살아야 한다고 당부했습니다.

"너희가 순종하는 자식처럼 전에 알지 못할 때에 따르던 너희 사욕을 본받지 말고 오직 너희를 부르신 거룩한 이처럼 너희도 모든 행실에 거룩한 자가 되라 기록되었으되 내가 거룩하니 너희도 거룩할지어다 하셨느니라 외모로 보시지 않고 각 사람의 행위대로 심판하시는 이를 너희가 아버지라 부른즉 너희가 나그네로 있을 때를 두려움으로 지내라"(벧전 1:14-17)

베드로는 초대교회 성도들이 나그네이기에 힘들고 고단한 삶을 살 수 있지만, 동시에 나그네이기에 거룩하고 성결한 삶을 살 수 있다고 보았습니다. 나그네의 삶을 마치고 각 사람의 행위대로 심판하시는 하나님 아버지 앞에 서게 될 때를 준비하면 경건한 두려움으로 거룩한 삶을 살 수 있다고 생각한 것입니다.

그래서 베드로는 한 번 더 초대교회 성도들을 '거류민과 나그네 같은 너희'라고 부르며 나그네 영성의 능력으로 승리할 수 있는 길을 제시하고 있습니다.

거류민은 임시로 거주하는 사람으로서 해당 지역에 대한 소속감이나 권리를 갖고 있지 않은 사람을 가리킵니다. 베드로는 '나그네' 앞에 그와 유사한 '거류민'이라는 단어를 추가함으로 나그네 된 그들의 인생을 강조하고 있습니다. 그리고 그들이 나그네이기에 단순하고 분명하게 살 수 있고, 착하고 거룩하게 살 수 있음을 언급하며 나그네 된 그들의 삶을 응원하고 있습니다.

본래 이스라엘은 나그네의 영성으로 살아온 민족이었습니다. '흩어진 집단'이라는 뜻의 '디아스포라'라 불릴 정도로 유대인들은 대대로 나그네의 삶을 살았습니다. 유대인의 조상 아브라함은 하나님께 부름받은 후 고향을 떠나 나그네의 삶을 살았고, 약속의 땅 가나안에서도 여기저기 떠도는 삶을 살았습니다. 아내 사라가 죽을 때까지 아브라함에게는 한 평의 땅도 없었습니다. 그래서 아브라함은 헷 사람에게 돈을 주고 매장지를 사면서 다음과 같이 말했습니다.

"나는 당신들 중에 나그네요 거류하는 자이니 당신들 중에서 내게 매장할 소유지를 주어 내가 나의 죽은 자를 내 앞에서 내어다가 장사하게 하시오"(창 23:4)

복음과 인생설계

아브라함 이후에도 유대인들은 목축업에 종사하며 나그네의 삶을 살았습니다. 요셉 당시 애굽의 고센 땅에 거할 때에도 출애굽의 소망을 가지고 언제든지 떠날 준비를 하고 살았고, 출애굽 한 이후에도 광야생활을 하며 나그네의 삶을 살았습니다. 왕정체제를 갖춘 때에도 이스라엘의 왕 다윗은 이스라엘이 나그네임을 고백했습니다.

"우리는 우리 조상들과 같이 주님 앞에서 이방 나그네와 거류민들이라 세상에 있는 날이 그림자 같아서 희망이 없나이다"(대상 29:15)

이후에 히브리서 기자는 믿음의 선진들이 모두 이 땅에서 외국인과 나그네로서의 삶을 살았다고 했습니다. 그리고 그들이 더 나은 본향을 사모하고 준비했기에 하나님이 그들의 하나님이라 여김 받음을 싫어하지 않으셨다고 말했습니다(히 11:13-16).

우리 모두에게 나그네로서의 분명한 정체성이 있기를 원합니다. 우리의 시민권은 하늘에 있습니다(빌 3:18-21).

천국 시민권자인 우리는 이 땅의 일로 인해 묶이지 않습니다. 세상의 그 어떤 결핍이나 역경도 천국 시민권자의 자유를 빼앗을 수는 없습니다. 천국 시민권자는 이 땅에서 나그네의 삶을 살면서 천국의 절대 행복을 누립니다.

베드로는 본문을 통해 행복한 나그네의 삶을 위해 두 가지를 당부했습니다.

1. 행복한 나그네의 삶을 위해, 영혼을 거슬러 싸우는 육체의 정욕을 제어해야 합니다.

"사랑하는 자들아 거류민과 나그네 같은 너희를 권하노니 영혼을 거슬러 싸우는 육체의 정욕을 제어하라"(벧전 2:11)

나그네와 같은 인생에 집착하게 하고 어리석고 악한 삶을 자초하게 하는 것이 바로 육체의 정욕입니다.

'육체의 정욕'은 말 그대로 육체의 욕망을 말합니다.

여기서 '육체'는 헬라어로 '사르크스(σαρξ)'입니다. 생리적 육체 즉, 몸 신체 인생 자체를 말할 때는 중성적인 의미를 나타내는 '쏘마(σῶμα)'라고 표현하지만, 범죄 하기 쉬운 죄악된 육체, 죄악에 물든 연약한 육체를 나타낼 때는 '사르크스'라고 합니다.

죄의 경향성을 가지고 있는 인간의 육체 '사르크스'는 끊임없이 정욕을 만들어냅니다. 육신의 정욕, 안목의 자랑, 이생의 자랑을 만들어내며 물욕, 소유욕, 명예욕, 과시욕 등의 욕구에 묶이게 합니다. 세상에 속한 부귀, 명예, 권세, 쾌락이 커 보이게 만들고 이를 통해 참된 만족을 얻을 수 있을 것이라 착각하게 만듭니다. 이러한 육체의 정욕에 이끌리는 사람은 영혼이 쇠약해지는 길로 가게 됩니다.

육체의 욕심을 만족시키고자 하면 영혼에 해가 되는 비교와 경쟁, 교만과 탐심에 이끌리고 영혼에 독이 되는 시기, 미움, 다툼에 사로잡히게 됩니다. 육체의 정욕을 따를 때 우리는 결코 참된 행복을 얻을 수 없습니다.

참된 행복을 위해 우리는 육체의 정욕을 제어해야 합니다. 영으로써 몸의 행실을 죽여야 합니다.

"그러므로 형제들아 우리가 빚진 자로되 육신에게 져서 육신대로 살 것이 아니니라 너희가 육신대로 살면 반드시 죽을 것이로되 영으로써 몸의 행실을 죽이면 살리니 무릇 하나님의 영으로 인도함을 받는 사람은 곧 하나님의 아들이라"(롬 8:12-14)

영혼을 거슬러 싸우는 육체의 정욕을 제어하기 위해 우리는 오직 성령님을 좇아 행해야 합니다. 세상에 물질을 쌓고 싶은 욕심을 천국에 상급을 쌓고 싶은 욕심으로 바꾸고, 사람들에게 인정받고 싶어 하는 욕심을 하나님께 인정받고 싶어 하는 욕심으로 바꿔야 합니다.

악에 대한 욕심을 선에 대한 욕심으로 바꾸고, 자신의 의를 구하던 욕심을 하나님의 의를 구하는 욕심으로 바꾸어야 합니다. 나그네 길과 같은 세상에 대한 집착을 천국에 대한 소망으로 바꾸어 육의 부요보다 영의 부요를 추구하고, 육의 아름다움보다 영의 아름다움을 우선적으로 추구해야 합니다(갈 5:16–18).

2. 행복한 나그네의 삶을 위해 선한 행실로 하나님께 영광을 돌려야 합니다.

"너희가 이방인 중에서 행실을 선하게 가져 너희를 악행한다고 비방하는 자들로 하여금 너희 선한 일을 보고 오시는 날에 하나님께 영광을 돌리게 하려 함이라"(벧전 2:12)

나그네 중에는 어디에서 왔다가 어디로 가는지 모르는 정처 없는 나그네가 있고, 출발지와 목적지가 분명한 나그네가 있습니다. 우리는 하나님의 손에 의해 지어진 피조물로서 영원한 천국을 향해 나아가는, 확신과 열정을 소유한 나그네가 되어야 합니다. 천국을 향한 뜨거운 소망을 가지고 나그네 길을 걷는 동안 힘을 다해 천국을 위한 준비를 해야 합니다.

"만일 땅에 있는 우리의 장막 집이 무너지면 하나님께서 지으신 집 곧 손으로 지은 것이 아니요 하늘에 있는 영원한 집이 우리에게 있는 줄 아느니라" (고후 5:1)

"또 내가 들으니 하늘에서 음성이 나서 이르되 기록하라 지금 이후로 주 안에서 죽는 자들은 복이 있도다 하시매 성령이 이르시되 그러하다 그들이

수고를 그치고 쉬리니 이는 그들의 행한 일이 따름이라 하시더라"(계 14:13)

그래서 이 땅에서 억울한 고난을 당해도 하나님을 생각함으로 슬픔을 참고, 선을 행해야 합니다. 누군가가 누명을 씌우며 우리가 악행을 한다고 비방해도 원망하거나 미워하지 말고 오히려 선으로 악을 갚아야 합니다(롬 12:17-21).

우리의 씨름은 혈과 육을 상대하는 것이 아닙니다.

우리는 지금 공중 권세 잡은 악의 영들을 상대하고 있습니다. 그러므로 세상에 속한 사람들과 같은 방식으로 미워하고 원망하고 혈기를 내면 오히려 악한 영들에게 빌미만 내어줄 뿐입니다. 그리스도인은 선으로 악을 이겨야 합니다. 사랑으로 미움을 이기고, 소망으로 절망을 이기며, 화평으로 분쟁을 이겨야 합니다. 또한 힘을 다해 선한 일을 도모해야 합니다.

"삼가 누가 누구에게든지 악으로 악을 갚지 말게 하고 서로 대하든지 모든
사람을 대하든지 항상 선을 따르라"(살전 5:15)

그리스도인은 힘써 구제하고 나누고 베풀며 이타적인 삶을 살아야 합니다(잠 11:24-25). 교회를 세우고 주의 종을 세우며 영혼을 살리기 위해 집중해야 합니다.

"내 아들아 그러므로 너는 그리스도 예수 안에 있는 은혜 가운데서 강하고

또 네가 많은 증인 앞에서 내게 들은 바를 충성된 사람들에게 부탁하라 그들이 또 다른 사람들을 가르칠 수 있으리라"(딤후 2:1-2)

우리의 선한 행실이 세상 사람들이 보기에는 미약할 수 있지만, 하나님은 믿음에 근거한 우리의 선한 행실을 통해 세상을 변화시키십니다.

돌에 맞아 죽으면서도 예수님처럼 "주여, 이 죄를 그들에게 돌리지 마옵소서"라고 기도한 스데반을 보며 강팍했던 청년 사울이 도전을 받았습니다. 후에 사울은 사도 바울의 이름으로 예수 그리스도를 위하여 생명을 바치는 복음전도자가 되었습니다. 성 어거스틴은 이에 대해 "그리스도의 교회가 바울을 갖게 된 것은 스데반의 기도 덕분"이라고 했습니다.

진실한 선행은 백 마디 말보다 낫습니다.

베드로는 박해 중에 행하는 성도의 선행이 어리석은 자들의 무식한 말을 막을 수 있다고 했습니다. 그래서 애매한 고난을 당해도 자유의지를 선용하여 선을 행하라고 했습니다.

"인간의 모든 제도를 주를 위하여 순종하되 혹은 위에 있는 왕이나 혹은 그가 악행 하는 자를 징벌하고 선행하는 자를 포상하기 위하여 보낸 총독에게 하라 곧 선행으로 어리석은 사람들의 무식한 말을 막으시는 것이라 너희는 자유가 있으나 그 자유로 악을 가리는 데 쓰지 말고 오직 하나님의 종과 같이 하라"(벧전 2:13-16)

인생의 참된 행복은 오직 하나님께 있습니다.

우리는 우리 인생이 나그네와 같음을 알고 우리에게 주어진 모든 것으로 하나님의 뜻을 이루는 삶을 살아야 합니다. 인생의 고통은 도구를 목적으로 삼을 때 비롯되고, 인생의 행복은 하나님을 기쁘시게 할 때 주어집니다. 나그네 길과 같은 인생을 사는 동안 천국의 절대 기쁨과 자유를 누리기 위해 세상에 대한 집착을 버리고 하나님의 뜻에 초점을 맞추어야 합니다.

우리 모두가 욕심을 제어하고 적극적으로 선을 행함으로 행복한 나그네의 삶을 살고 영광스러운 천국을 준비하기를 주님의 이름으로 축원합니다.

1. 행복한 나그네의 삶을 위해 기억해야 할 두 가지입니다.

( ) 안에 맞는 단어는 무엇입니까?

(1) 영혼을 거슬러 싸우는 육체의 ( )을 제어해야 한다.

육체의 욕심을 만족시키고자 하면 영혼에 해가 되는 비교와 경쟁, 교만과 탐심에 이끌리고 영혼에 독이 되는 시기, 미움, 다툼에 사로잡히게 되므로, 육체의 정욕을 따를 때 우리는 결코 참된 행복을 얻을 수 없습니다.

● 영혼을 거슬러 싸우는 육체의 정욕을 제어하기 위해 우리는 누구를 좇아 행해야 합니까?

(2) ( ) 행실로 하나님께 영광을 돌려야 합니다.

그리스도인은 힘써 구제하고 나누고 베풀며 이타적인 삶을 살아야 하며, 교회를 세우고 주님의 종을 세우며 영혼을 살리기 위해 집중해야 합니다.

● 당신은 주님이 주신 자유를 악을 가리는데 쓰고 있지는 않습니까?

2. 아래 성구를 보고 당신의 삶에 일어난 일을 나누십시오.

(1) 베드로전서 2장 12절– "너희가 이방인 중에서 행실을 선하게 가져 너희를 악행한다고 비방하는 자들로 하여금 너희 선한 일을 보고 오시는 날에 하나님께 영광을 돌리게 하려 함이라"

(2) 시편 16편 2, 3절– "내가 여호와께 아뢰되 주는 나의 주님이시오니 주 밖에는 나의 복이 없다 하였나이다 땅에 있는 성도들은 존귀한 자들이니 나의 모든 즐거움이 그들에게 있도다"

(3) 히브리서 12장 1, 2절– "이러므로 우리에게 구름 같이 둘러싼 허다한 증인들이 있으니 모든 무거운 것과 얽매이기 쉬운 죄를 벗어 버리고 인내로써 우리 앞에 당한 경주를 하며 믿음의 주요 또 온전하게 하시는 이인 예수를 바라보자 그는 그 앞에 있는 기쁨을 위하여 십자가를 참으사 부끄러움을 개의치 아니하시더니 하나님 보좌 우편에 앉으셨느니라"

3. 아래 성구의 (   )에 맞는 단어를 넣고 가능하면 암송합시다.

"삼가 누가 누구에게든지 악으로 (   )을 갚지 말게 하고 서로 대하든지 모든 사람을 대하든지 항상 (   )을 따르라"(데살로니가전서 5:15)

13-1. 행복한 나그네 삶은

작사/작곡 이순희

행복한 나그네 삶은— 잠시머 무르는이땅에 집착

하지않는다네 잠시머 물다없어질 안개

와 같은인생길에— 가치관을두지않네 행복

한 나그네 삶은— 인생길을걷다가 옷이

해지고신이낡아도 주의길따라걷네

주의나라향하는 힘찬발걸음

세상의사소한일에 매이지않으며

후회없는— 마지막을위한삶 살아가네 때를

따라도우시는— 나의주를바라보네 위기

와환난에도 행복하게주의길가네

복음과 인생설계

13-2. 행복의 원천 오직 예수

작사/작곡 이 순 희

14

내세를 보는 힘

베드로후서 3:8-14

"사랑하는 자들아 주께는 하루가 천 년 같고 천 년이 하루 같다는 이 한 가지를 잊지 말라 주의 약속은 어떤 이들이 더디다고 생각하는 것 같이 더딘 것이 아니라 오직 주께서는 너희를 대하여 오래 참으사 아무도 멸망하지 아니하고 다 회개하기에 이르기를 원하시느니라 그러나 주의 날이 도둑 같이 오리니 그 날에는 하늘이 큰 소리로 떠나가고 물질이 뜨거운 불에 풀어지고 땅과 그 중에 있는 모든 일이 드러나리로다 이 모든 것이 이렇게 풀어지리니 너희가 어떠한 사람이 되어야 마땅하냐 거룩한 행실과 경건함으로 하나님의 날이 임하기를 바라보고 간절히 사모하라 그 날에 하늘이 불에 타서 풀어지고 물질이 뜨거운 불에 녹아지려니와 우리는 그의 약속대로 의가 있는 곳인 새 하늘과 새 땅을 바라보도다 그러므로 사랑하는 자들아 너희가 이것을 바라보나니 주 앞에서 점도 없고 흠도 없이 평강 가운데서 나타나기를 힘쓰라"

14

내세를 보는 힘

세상을 살아가는 사람들은 누구나 한번 태어나서 한번 죽는 삶을 삽니다.

러시아 문호 도스토옙스키는 28세 때 내란 음모 죄로 사형 선고를 받았습니다. 그는 영하 50도가 되는 겨울날 형장에 끌려와 기둥에 묶였습니다. 사형 집행 시간을 생각하며 시계를 보니 땅 위에서 살 수 있는 시간이 딱 5분 남아있었습니다. 28년을 살아왔지만 단 5분이 이렇게 천금 같기는 처음이었습니다.

그는 5분을 어떻게 쓸까 생각했습니다.

형장에 함께 끌려온 동료들에게 인사를 하는데 2분, 오늘까지 살아온 인생을 생각하는 데 2분을 쓰기로 했습니다. 남은 1분은 이 시간까지 발붙이고 살던 땅과 자연을 둘러보는 데 쓰기로 했습니다.

작별 인사를 하는 데 2분이 흘렀습니다.

이제 삶을 정리하자니 문득 3분 뒤엔 '어디로 갈 것인가?'라는 생각이 들면서 눈앞이 캄캄하고 정신이 아찔했습니다. 다시 한번만 살 수 있다면 순간순간을 정말 값지게 쓰련만!

이윽고 탄환을 장전하는 소리가 들렸습니다.

바로 그때, 형장이 떠들썩하더니 한 병사가 흰 수건을 흔들며 달려오고 있었습니다. 황제의 특사령을 받고 사면장을 들고 온 병사였습니다. 사형을 면한 도스토옙스키는 시베리아에서 유형 생활을 하는 동안 인생에 대해 깊이 생각하게 되었고, 『죄와 벌』, 『카라마조프가의 형제들』 등과 같은 명작을 남겼습니다. 도스토옙스키는 "나는 내가 어디에서 왔는지 모른다. 나는 내가 어디로 가는지 모른다. 나는 왜 내가 존재하는지 내가 어떤 소용이 있는지도 모른다. 단 하나 확실한 것은, 내가 곧 죽을 것이라는 사실이다. 그러나 내가 가장 모르고 있는 것은 바로 그 죽음이다"라고 말했습니다.

우리는 "안녕하세요. 좋은 아침입니다. 식사하셨어요?"라고 인사하지만 중세 수도원의 수도사들은 인사할 때 "메멘토 모리(Memento mori)"라고 했다고 합니다. 그 뜻은 "죽음을 생각하세요. 오늘이 내 인생의 마지막 날일 수 있음을 기억하세요"라는 뜻입니다.

복음과 인생설계

"너는 내일 일을 자랑하지 말라 하루 동안에 무슨 일이 일어날는지 네가 알 수 없음이니라"(잠 27:1)

모든 사람들이 한번 태어나서 한번 죽는 삶을 살아갑니다.

"한번 죽는 것은 사람에게 정해진 것이요 그 후에는 심판이 있으리니"(히 9:27)

그러나 삶의 모습은 모두 제각각입니다.

어떤 사람은 선한 삶을 살면서 많은 사람들에게 정신적, 경제적, 문화적으로 좋은 영향을 미치고 살아가지만, 어떤 사람은 인간으로서 할 수 없는 무섭고 잔인한 범죄를 저지르며 많은 사람에게 피해를 줍니다. 사람들 중에는 꼭 필요한 사람이 있고, 있으나 마나 한 사람이 있고, 있어서는 안 될 사람이 있습니다.

당신은 어떤 사람입니까?

왜 이렇게 사람들은 각기 다른 모습으로 살아갈까요?

사람의 인생을 결정짓는 것 중의 하나가 바로 내세관의 차이입니다. 내세는 죽음 뒤에 올 다음 세상이란 뜻입니다. 사람들은 어떤 내세관을 가지고 있느냐에 따라 차원이 다른 인생을 살게 됩니다.

사람들이 가지고 있는 내세관은 크게 내세를 믿느냐, 믿지 않느냐로 나눌 수 있습니다. 내세를 믿지 않는 사람들은 예수님 당시의 사두개인들처럼 내세에 관심을 두지 않고 현실에만 몰두하며 살아갑니다. 내세를 믿지 않으니 부활이나 사후세계 등에도 관심이 없습니다.

　내세를 믿지 않는 사람들은 크게 쾌락주의, 염세주의, 이성주의의 세 가지 경향성을 보이게 됩니다.

　1. **쾌락주의**란 현재 자신의 행복을 가장 중요시하는 삶의 방식입니다. 쾌락주의에 빠진 사람들은 '어차피 죽으면 끝이니 오늘을 즐겁게 살자'라고 생각하며 현재의 즐거움을 인생의 최고 가치로 두고 살아갑니다. 이들은 영적인 기쁨은 알지 못한 채 오직 육체적 쾌락과 만족을 추구하며 세상의 즐거움을 찾아 헤맵니다.

　2. **염세주의**는 '결국엔 모두 다 죽는다, 어차피 죽을 텐데 뭐'라고 생각하며 인생을 부정적으로 바라보는 것입니다. 염세주의는 '최악'을 뜻하는 라틴어 '페시무마(pessimuma)'에서 유래한 말로, 낙천주의에 반대되는 말입니다. 이 세상은 악이 지배하고 있고 사람이 사는 동안은 이를 없앨 수 없다고 생각하며, 인생은 살 가치가 없다는 사상으로까지도 발전합니다.

　염세주의 철학자 쇼펜하우어는 "하루는 작은 일생이다. 아침에 잠이 깨어 일어나는 것이 탄생이요, 상쾌한 아침은 짧은 청년기를 맞는 것과 같다. 그러다가 저녁, 잠자리에 누울 때는 인생의 황혼기를 맞는 것이라는 것을 알아야 한다"라고 말했습니다. 그는 우리 인생이 너무나 짧고 유한하기 때문에, 하루 동안 다 이루지 못하고 이내 비관하면서 내일이 없는 염세주의로 빠져들게 되는 것이라고 말했습니다. 염세주의에 빠진 사람들은 우울과 회의감에 빠져서 무기력한 삶을 살고 마지못해 살아가게 됩니다.

3. **이성주의**란 자신이 보기에 합당한, 유용한 가치만을 맹목적으로 좇으며 살아가는 삶의 방식입니다. 이성주의에 빠진 사람들은 자기 나름대로의 선과 가치를 추구하며 인간적인 노력으로 인간다운 삶을 구현하려고 애를 씁니다.
그런데 쾌락주의, 염세주의, 이성주의 모두 인생의 진정한 해답을 찾을 수 없습니다. 이들은 자신 안의 두려움을 애써 외면하고 스스로의 힘으로 최선의 삶을 살아보고자 하지만, 인간의 본질은 영혼에 있기에 내세를 이해하지 않고는 인생의 참된 의미를 찾을 수 없습니다.

그런데 또 한편으로 내세를 믿지만 신비주의, 영지주의, 극단적인 종말론 등에 빠진 사람들도 건강한 삶을 영위할 수 없습니다. 치우친 신앙관은 치우친 삶을 만들고, 잘못된 내세관은 어그러진 인생을 만듭니다. 그러므로 우리는 성경적이고 건강한 내세관을 소유해야 합니다. 예수님이 말씀하신 영생은 현세와 내세를 연결하는 능력입니다. 우리는 진리 위에 바로 서서 내세를 보는 힘을 가지고 영생을 누려야 합니다.

"모세가 광야에서 뱀을 든 것 같이 인자도 들려야 하리니 15 이는 그를 믿
는 자마다 영생을 얻게 하려 하심이니라 16 하나님이 세상을 이처럼 사랑
하사 독생자를 주셨으니 이는 그를 믿는 자마다 멸망하지 않고 영생을 얻
게 하려 하심이라"(요 3:14-16)

분명히 기억합시다. 천국은 분명히 있습니다.

예수님은 가장 귀한 천국을 우리에게 알리시고자 이 땅에
오셨습니다. 우리를 천국으로 데려가기 위해 십자가에 달리셨
습니다. 그리고 영원한 천국을 이루시기 위해 이 땅에 다시 오
실 것입니다(요 14:1-3).

예수님이 공생애를 시작하시고 선포하신 첫 마디는 하나님
나라에 대한 선포였습니다.

"이르시되 때가 찼고 하나님의 나라가 가까이 왔으니 회개하고 복음을 믿
으라 하시더라"(막 1:15)

예수님께서 하신 첫 설교가 하나님 나라가 가까이 왔다는
설교임을 보면서 우리는 예수님께서 하나님 나라를 제일 중요
하게 여기셨다는 것을 알 수 있습니다. 인류를 향한 하나님의
주된 관심은 이 땅에서 잘 먹고 잘 사는데 있지 않습니다. 하

나님의 관심 중의 관심은 '하나님 나라'입니다. 하나님은 우리가 하나님 나라를 깨닫고, 믿고, 그 나라를 구하며 준비하며 살아가기를 원하십니다.

> "그런즉 너희는 먼저 그의 나라와 그의 의를 구하라 그리하면 이 모든 것을 너희에게 더하시리라"(마 6:33)
> "내 아버지의 뜻은 아들을 보고 믿는 자마다 영생을 얻는 이것이니 마지막 날에 내가 이를 다시 살리리라 하시니라"(요 6:40)

하나님께서는 만물 가운데 우리 인간들에게만 영을 주셨습니다. 그래서 인간은 영원히 살게 됩니다. 영원한 지옥 아니면 영원한 천국이 우리를 기다리고 있습니다. 그래서 예수님은 이 땅에 오셔서 천국을 전파하는 일에 주력하셨습니다.

> "예수께서 온 갈릴리에 두루 다니사 그들의 회당에서 가르치시며 천국 복음을 전파하시며 백성 중의 모든 병과 모든 약한 것을 고치시니"(마 4:23)

예수님이 병을 고치고, 죽은 자를 살리고, 소경의 눈을 뜨게 하고, 앉은뱅이를 일으키신 것은 천국을 깨닫도록 만들기 위함이었습니다. 그런데 많은 사람들이 육신의 문제를 해결받고, 병 고치는 데만 관심이 있고 천국에는 관심이 없습니다. 예수님이 관심 두시지 않으셨던 이 땅의 축복만 구하며 영혼의 복은 사모하지 않습니다. 우리는 '진정한 나는 영혼'이라는 것을 깨닫고 속사람을 강건하게 해야 합니다(고후 4:16-18).

천국을 믿고 늘 천국을 생각하며 사는 사람과 늘 이 땅의 것만 생각하며 사는 사람은 차원이 다른 인생을 살 수밖에 없습니다.

당신은 땅에 것을 바라보며 살아갑니까?
아니면 하늘의 것을 바라보며 살아갑니까?(골 3:1-5)

천국은 상상으로 꾸며진 곳이 아니라 실제로 존재하는 곳입니다. 그래서 이 땅에 오신 예수님은 우리에게 거듭 천국에 대해서 말씀해 주셨습니다. 우리는 이 땅에서도 천국을 누려야 합니다.

"바리새인들이 하나님의 나라가 어느 때에 임하나이까 묻거늘 예수께서 대답하여 이르시되 하나님의 나라는 볼 수 있게 임하는 것이 아니요 또 여기 있다 저기 있다고도 못하리니 하나님의 나라는 너희 안에 있느니라"
(눅 17:20-21)
"하나님의 나라는 먹는 것과 마시는 것이 아니요 오직 성령 안에 있는 의와 평강과 희락이라"(롬 14:17)

우리는 천국과 지옥을 분명히 알고 천국을 준비하는 삶을 살아야 합니다. 조나단 에드워즈는 "만약 내가 여러분에게 단

5초만 지옥을 보여줄 수 있다면, 하나님 앞에서 신실하게 살지 않을 사람이 없을 것입니다"라고 했습니다.

현대교회가 세속화되어 무력한 모습으로 도태된 것은 많은 교회와 성도들이 천국을 확실히 믿는 신앙을 잃어버렸기 때문입니다. 기독교는 체험의 종교입니다.

살아계신 하나님을 체험하기 위해서 마음을 성결하게 하기를 원합니다.

'성도는 성결을 위한 싸움을 결코 포기해서는 안 됩니다. 그리스도의 능력이 오직 '성결'에서 나오기 때문이죠. 성도는 성결을 통해 복을 받고, 능력을 받으며, 성결을 통해 주의 뜻을 분별하고 또 마음의 천국을 누립니다.'

"심령이 가난한 자는 복이 있나니 천국이 그들의 것임이요"(마 5:3)

"마음이 청결한 자는 복이 있나니 그들이 하나님을 볼 것임이요"(마 5:8)

"의를 위하여 박해를 받은 자는 복이 있나니 천국이 그들의 것임이라"(마 5:10)

2021년 11월에 미국의 복음주의 온라인 기독교 언론사인 크리스천포스트(CP)는 **'천국에 대한 네 가지 확실한 사실'**을 소개했습니다.

● 첫째, 천국은 그리스도를 따르는 우리가 완전한 하나님의 존재를 경험하는 곳입니다. 어떤 형태의 걱정, 슬픔, 고통

또는 악으로부터도 영원히 안전하게 거할 수 있는, 완벽하고 만족스러운 곳입니다.

● 둘째, 천국은 실재하고 견고한 곳입니다. 천국은 상상의 나라가 아닙니다. 우리가 예수 그리스도로 인해 천국에 이르게 되는 것은 실제적이고 견고한 사실입니다.

● 셋째, 천국에서 우리는 지금의 연약함을 벗고 온전한 모습으로 서게 될 것입니다. 우리는 천국에서 온전한 건강을 누리며 고통 없이 질병 없이 살게 됩니다.

● 넷째, 이러한 엄청난 변화에도 불구하고, 우리는 천국에서 우리의 정체성을 유지할 것입니다.

감리교의 존 웨슬리는 천국에 대해 이와같이 말했습니다. "하늘나라와 하나님의 나라는 동일한 사실에 대한 두 개의 술어에 불과하다. 그것들은 하늘에서 누릴 행복한 상태만이 아니라 이 땅에서도 누릴 수 있는 상태로서, 이것은 소유한다기보다 인간 심령 속에 있는 하늘의 영광스러운 상태이다. 이것은 지상에 실현되는 복음의 시대로서 하나님의 아들이 모아서 하나님께 드리는 그의 백성들의 사회인데, 먼저 지상에서 이루어지고, 그다음에 영광 중에 하나님과 함께 있게 될 것이다. 성경에는 이 천국이 특히 지상의 것으로 표시되기도

하고 영광의 상태로도 나타났으나 보통으로는 둘 다 함께 포함한다."

천국을 믿지 않는 성도들은 아무리 하나님의 말씀을 들어도 세상에 매이고 육신에 갇힙니다. 우리는 말씀을 통해 내세를 보는 힘을 받아야 합니다. 교회가 흥왕할 때는 언제나 천국과 지옥에 대한 분명한 선포가 있고, 성도들이 내세를 보는 힘을 가지고 있을 때였습니다.

내세에 대한 감각이 없는 사람은 영혼이 닫혀 있는 것입니다. 이 땅에서 주는 즐거움과 만족에만 몰두하는 사람입니다. 신기하게도 내세에 대한 감각은 죽을 때가 되면 열리는 경우가 많습니다. 죽기 직전에는 모두가 다 자기 자신을 겸손하게 돌아보기 때문이죠. 내세를 인식하며 살아가는 것은 그리스도인들의 기본자세입니다. 항상 그리스도인들은 돌아갈 곳을 소망해야 합니다.

영혼의 힘은 곧 내세를 인식하는 지혜와 내세를 위해 살게 하는 능력으로 이어집니다. 영적인 권세가 강한 성도일수록 천국을 확실히 보며, 천국을 위해 충실한 현재를 살게 됩니다.
성결교회는 중생, 성결, 신유, 재림의 사중복음을 강조합니다. 그중 재림은 내세를 보게 하는 복음입니다.

성결교회는 성경의 가르침을 따라 이렇게 재림을 규정합니다.

"부활 승천하신 예수께서 승천하시던 그 몸대로 다시 오시는 일이니, 천년시대 이전에 재림이 이루어짐을 믿으며 생각지 않을 때에 주께서 공중에 오셔서 교인을 영접하실 때 구원받은 교인들은 휴거 되어 어린 양 혼인잔치에 참여한 후 심판의 주께서 교인들과 함께 지상에 강림하심으로 거짓 그리스도가 멸망하고 천년왕국을 건설한다."

재림의 복음은 천국을 바라보고, 다시 오실 예수 그리스도를 소망하며 어떠한 고난도 감당하게 만드는 능력을 소유하게 합니다. 결국 내세를 보는 힘은 소망을 완성시키는 능력이 됩니다.

성도에게 소망은 생명입니다. 소망만 있으면 우리는 어려운 환경도 긴 시간도 인내해 낼 수 있습니다. 그러나 소망이 사라지면 그리스도인은 힘을 잃고 주저앉기 쉽습니다.

"우리가 소망으로 구원을 얻었으매 보이는 소망이 소망이 아니니 보는 것을 누가 바라리요"(롬 8:24)

소망은 구원을 얻게 합니다. 그래서 사탄은 성도가 소망을 잃어버리도록 만들기 위해 안간힘을 씁니다. 특히 사탄은 성도의 가장 큰 소망이 되는 부활, 하늘의 상급, 천년왕국의 통치와 같은 재림 신앙을 공격합니다. 사탄은 끊임없이 재림의 소망을 곡해해서 종말론을 만들거나 무관심하게 만들려고 합니다.

"언제 주님이 오신다, 전쟁이 일어난다, 지구 종말이 온다" 등과 같은 거짓 예언들은 예전부터 지금까지 이어져오며 사람들을 미혹하고 있습니다.

1992년 10월 28일 자정, 예수의 재림과 휴거가 일어날 것이라는 '다미선교회'를 중심으로 한 시한부 종말론자들의 '휴거 해프닝'이 있었습니다.

많은 대중매체들은 이 사건을 심도 있게 다루었으며 당일에는 많은 취재진들이 나와 현장의 상황을 촬영해 생방송으로 전국에 방송되었습니다. 사람들은 이러한 시한부 종말론자들을 보며 코웃음을 쳤지만, 당시 시한부 종말론자들은 굉장히 진지하게 재림에 대한 간절한 소망을 가지고 있었습니다.

어떤 사람은 자신이 가지고 있던 부동산을 매각하고 1억 원을 교회에 헌금한 후 재림의 때를 기다렸고, 어떤 사람은 시한부 종말론을 전하기 위해 자녀를 데리고 집을 떠나 지방에 가서 노방전도를 했으며, 한 여중생은 부모가 다미선교회에 나가지 못하게 한다는 이유로 음독자살을 시도하기도 하였습니다.

왜 그런 시한부 종말론에 빠지게 되는 것일까요?

사탄은 우리가 가지고 있는 두려움이라는 기제를 계속 안고 살아가도록 악용합니다. 그리스도인들이 겉으로만 예수님을 믿고 그 속에는 늘 두려움을 가지고 살아가도록 조장합니다. 진리 안에서 누리는 자유가 얼마나 좋은 것인지 누리지 못하게 합니다. 하나님은 현실과 동떨어진 분이 아닙니다.

우리는 치우친 종말론으로 인해 두려움에 떨며 현실을 도피해서는 안 됩니다. 또 주님이 다시 오시지 않을 것처럼 나태하게 살아서도 안됩니다. 주님이 오시는 때와 시기는 알 수 없으나 우리는 종말의 징조를 분별하며 재림의 때를 준비하고 소망하며 살아야 합니다(마 24:9-14).

베드로는 우리가 내세를 보는 힘을 가지고 육신이 아닌 영혼에 더 큰 관심을 두고 살아가야 함을 강조하고 있습니다.

베드로가 이 글을 기록할 당시는 거짓 교사들이 교회 안에서 판을 치던 시기였습니다. 교회 안에 이단 사상이 즐비하고 잘못된 지식이 만연하게 퍼져있었습니다.

베드로는 예수님이 이 땅에 오셔서 전해주신 참 지식을 성도들에게 알려주어야만 했습니다. 참 지식은 오직 하나님께서 그의 능력과 그의 약속을 통해서 선물로 주신 것이며, 참 지식 안의 소망은 다시 오실 예수 그리스도뿐이라는 사실을 전했습니다.

참으로 하나님은 우리 영혼을 살리기 위해 시간을 다스리

복음과 인생설계

십니다. 천년을 하루처럼, 하루를 천년처럼 만드시는 하나님은 아무도 멸망하지 않고 다 회개하고 주께 돌아오게 만들기 위해 오래 참으십니다.

"사랑하는 자들아 주께는 하루가 천 년 같고 천 년이 하루 같다는 이 한 가지를 잊지 말라 주의 약속은 어떤 이들이 더디다고 생각하는 것 같이 더딘 것이 아니라 오직 주께서는 너희를 대하여 오래 참으사 아무도 멸망하지 아니하고 다 회개하기에 이르기를 원하시느니라"(벧후 3:8-9)

하나님의 시간 개념은 인간의 시간 개념과 다릅니다.

천년이 지연된다 하더라도 영원에 비추어 볼 때 이는 단 하루에 불과하다고 할 수 있습니다. 반대로 주님께서는 짧은 하루에도 천년의 시간이 필요한 일들을 모두 하실 수 있기 때문에 하루는 천년과 같다고 할 수 있습니다.

그러므로 우리는 힘이 있을 때, 생명이 있을 때, 기회가 있을 때 회개함으로 구원을 얻고 천국을 준비해야 합니다.

또 영혼 구원에 힘쓰고 복음을 증거하며 살아가야 합니다. 우리 인생의 마지막 때가 오기 전에 사명을 감당해야 하고, 우주의 종말이 오기 전에 하나님의 뜻대로 살아야 합니다.

"그러나 주의 날이 도둑 같이 오리니 그 날에는 하늘이 큰 소리로 떠나가고 물질이 뜨거운 불에 풀어지고 땅과 그 중에 있는 모든 일이 드러나리로다"

(벧후 3:10)

예수님이 다시 오신다는 재림의 약속은 신약성경에서 316회나 기록되어 있습니다.

이것은 무려 신약의 20분의 1을 차지하는 분량입니다.

그런데 주님은 재림이 아무런 예고 없이 갑자기 이루어진다고 말씀하십니다. 예수님은 언제 주님이 임하실지 모르기 때문에 깨어있으라고 말씀하십니다.

그날은 모든 것이 드러나는 심판의 날입니다.

이날에 다시 오시는 주님은 아기로, 종으로, 핍박받는 대속의 어린 양으로 오시지 않습니다. 왕으로, 심판주로, 인류 역사의 주권자로 오십니다. 심판의 주로 오시는 주님은 믿음 없이 죄와 더불어 살던 사람은 지옥으로, 믿음을 갖고 신앙으로 견딘 사람은 영원한 천국으로 데려가십니다.

우리는 그날을 기다리며 준비해야 합니다.

우리 모두가 내세를 보는 힘을 소유함으로 주님의 때를 준비하기를 소원합니다.

내세를 보는 힘이 있으면…

1. 내세를 볼 때 우리는 성결하게 살게 됩니다.

본문에 대해 네덜란드의 개혁주의 신학자 아브라함 카이퍼는 종말의 시기를 살고 있는 우리의 삶의 자세가 "코람데오"가

복음과 인생설계

되어야 한다고 말했습니다. 이는 "하나님 앞에서"라는 뜻으로 우리가 언제 어느 곳에 있든지 우리의 삶의 태도는 "하나님 앞에서"가 되어야 한다는 뜻입니다. 주님 앞에서 거룩한 삶은 곧 그리스도의 재림과 심판에 대해 의식하는 삶입니다.

내세를 보는 사람은 이 땅에 집착하지 않습니다.

여행자가 여행자의 삶에 매이지 않는 것처럼 내세를 보는 사람은 육신의 정욕, 안목의 정욕, 이생의 자랑을 쫓지 않습니다. 오히려 범사에 거룩한 행실과 경건함으로 성결을 이루며 하늘에 상급을 쌓기에 바쁩니다.

우리는 마지막 날에 주님이 우리의 살아온 날을 계수하실 것을 기억하며 성결하게 살아야 합니다.

"이 모든 것이 이렇게 풀어지리니 너희가 어떠한 사람이 되어야 마땅하냐 거룩한 행실과 경건함으로 하나님의 날이 임하기를 바라보고 간절히 사모하라 그 날에 하늘이 불에 타서 풀어지고 물질이 뜨거운 불에 녹아지려니와"(벧후 3:11-12)

주님이 다시 오실 날까지 성도의 몸과 마음과 영혼이 흠 없이 보전되는 것이 주님의 뜻임을 알고 성결을 이루어야 합니다. 우리가 성결을 구할 때 성령님은 적극적으로 성결의 은혜를 부으심으로 우리를 성결하게 하십니다.

내세를 바라봄으로 성결하게 사는 사람은 겸손과 지혜를 소유하게 됩니다. 내세를 볼 때 우리는 이 땅에서의 우리의 생명에 한계가 있음을 알게 되고, 제아무리 높이 쌓아올린 명예와 인기, 재물과 지식도 내세 앞에서는 아무것도 아님을 알게 됩니다. 그러기에 내세를 볼 때 우리는 겸손해집니다. 사도 바울은 이 땅의 모든 것을 배설물로 여기고 주님께 발견되기를 원했습니다. 내세에 대해 올바른 소망을 가지면 이렇게 거룩한 삶을 향해 달려갈 수 있습니다.

그런데 악한 영들은 자꾸만 인생은 한 번뿐이며 이렇게 즐기며 사는 것도 지금이 마지막이라는 생각을 가져다주어서 하나님께 속한 신령한 축복을 바라보지 못하게 합니다.

또 내세를 볼 때 우리는 인생의 모든 난해한 고통의 문제를 이해할 수 있습니다. 일평생 거지로 살았던 나사로가 내세에 아브라함의 품에 안긴 것을 볼 때 영생을 위해 고난도 허락하시는 하나님의 깊은 뜻을 알게 됩니다. 결국 내세를 보는 힘은 우리에게 성결을 통한 현재적 천국을 누리게 합니다.

"우리는 그의 약속대로 의가 있는 곳인 새 하늘과 새 땅을 바라보도다 그러므로 사랑하는 자들아 너희가 이것을 바라보나니 주 앞에서 점도 없고 흠도 없이 평강 가운데서 나타나기를 힘쓰라"(벧후 3:13-14)

"우리는… 바라보도다"에 해당하는 "프로스도코멘

(προσδοκῶμεν)"은 "소망 중에 기다리다", "바라고 기다리다"라는 의미를 지닌 "프로스도카오(προσδοκαω)"의 직설법 현재 시제로서 성도들이 새 하늘과 새 땅을 소망 중에 기다리고 있음을 나타냅니다. 성도는 새 하늘과 새 땅을 소망 중에 기다릴 수 있어야 합니다.

2. 내세를 볼 때 우리는 열정적으로 천국을 위한 삶을 살게 됩니다.

내세를 보는 힘은 거룩한 삶에 대한 동기를 부여함과 동시에 천국을 위한 삶을 살게 합니다. 우리의 육적 생명은 천국에 상급을 쌓으라고 하나님이 우리에게 주신 기회입니다. 그러므로 우리는 생명이 있는 동안 회개할 기회, 상급 쌓을 기회, 사명 감당할 기회를 놓쳐서는 안 됩니다. 영원한 나라, 천국에서의 삶을 준비하며 살아가야 합니다.

"만일 땅에 있는 우리의 장막 집이 무너지면 하나님께서 지으신 집 곧 손으로 지은 것이 아니요 하늘에 있는 영원한 집이 우리에게 있는 줄 아느니라"

(고후 5:1)

우리는 빈손으로 왔다가 빈손으로 가는 인생입니다.
그러나 우리가 선을 행하면 그것은 우리를 따라옵니다.

"또 내가 들으니 하늘에서 음성이 나서 이르되 기록하라 지금 이후로 주 안에서 죽는 자들은 복이 있도다 하시매 성령이 이르시되 그러하다 그들이 수고를 그치고 쉬리니 이는 그들의 행한 일이 따름이라 하시더라"(계 14:13)

육의 몸이 있을 때 많은 상급을 쌓으시기 바랍니다.

"하늘에 속한 형체도 있고 땅에 속한 형체도 있으나 하늘에 속한 것의 영광이 따로 있고 땅에 속한 것의 영광이 따로 있으니 해의 영광이 다르고 달의 영광이 다르며 별의 영광도 다른데 별과 별의 영광이 다르도다 죽은 자의 부활도 그와 같으니 썩을 것으로 심고 썩지 아니할 것으로 다시 살아나며 욕된 것으로 심고 영광스러운 것으로 다시 살아나며 약한 것으로 심고 강한 것으로 다시 살아나며 육의 몸으로 심고 신령한 몸으로 다시 살아나나니 육의 몸이 있은즉 또 영의 몸도 있느니라"(고전 15:40-44)

예수님은 열 처녀 비유를 통해 우리에게 천국을 위해 기름을 준비하는 삶을 살라고 가르치셨습니다. 예수님의 비유 속에서 열 처녀가 다 신랑을 맞으려고 기다렸는데 기름 준비된 처녀들은 혼인잔치에 들어가고 기름 떨어진 처녀들은 혼인잔치에 들어갈 수 없었습니다(마 25:7-13).

우리가 사는 동안 주님을 위해 시간, 물질, 노력을 쏟음으로 천국의 상급을 쌓아 면류관을 받고 또한 면류관을 드리는 지혜로운 성도들이 되시기를 소원합니다.

복음과 인생설계

우리가 이 땅에서 주님을 위하여 행한 대로 천국에서 상급이 결정된다는 사실을 기억해야 합니다. 계시록 4장에 등장하는 24장로들이 쓰고 있는 금 면류관은 자신들의 선한 행위에 따른 보상으로 받은 자신의 면류관입니다. 세상 보화보다 믿음을 더 귀하게 여긴 자에게 주시는 황금 면류관, 정금면류관을 받읍시다(계 14:14, 시 21:3).

> "또 보좌에 둘려 이십사 보좌들이 있고 그 보좌들 위에 이십사 장로들이 흰 옷을 입고 머리에 금관을 쓰고 앉았더라"(계 4:4)
> "이십사 장로들이 보좌에 앉으신 이 앞에 엎드려 세세토록 살아 계시는 이에게 경배하고 자기의 관을 보좌 앞에 드리며 이르되"(계 4:10)

고린도전서 9장에는 두 가지 면류관이 나옵니다.

바로 썩을 면류관과 썩지 않을 면류관입니다.

세상의 면류관과 천국의 면류관의 차이 중 첫 번째는 썩느냐, 썩지 않으냐의 차이입니다. 세상의 면류관은 모두 다 썩는 면류관입니다.

옛날 올림픽에서 우승하면 월계관을 주었습니다.

월계관은 나무에서 꺾이는 순간부터 시들기 시작합니다.

그리고 결국은 마르게 됩니다. 이 세상의 모든 것은 지나가 버립니다. 영원하지 않습니다. 그러나 천국에서 받는 면류관은 시들지 않습니다.

"이기기를 다투는 자마다 모든 일에 절제하나니 그들은 썩을 승리자의 관을 얻고자 하되 우리는 썩지 아니할 것을 얻고자 하노라"(고전 9:25)

썩지 않는 면류관은 희생적 믿음을 가진 자에게 주시는 선물입니다. 하나님이 주시는 상급을 열망하는 것은 거룩한 욕심입니다.

주님이 주실 썩지 않는 면류관은 영원한 상급입니다.

참된 그리스도인은 영원한 상급을 갈망하는 거룩한 욕심을 가지고 소망의 하루하루를 성실히 살아갑니다. 세상에서 주는 노벨상만 받아도 가문의 영광이라 여기는데, 하나님께서 주시는 영원한 상급을 받는다면 이 얼마나 위대한 영광이 되겠습니까?

성경은 조건 없이 사명에 충실한 목회자와 장로들에게 영광의 관을 주겠다고 약속합니다(벧전 5:3-4). 영원한 영광의 면류관을 사모하며 최선을 다해 믿음의 경주를 달리시기 바랍니다.

사도 바울은 자신이 전도한 영혼들을 향해 기쁨이요 자랑의 면류관이라고 했습니다(살전 2:19, 빌 4:1). 우리 모두 전도하여 기쁨이요 자랑의 면류관을 받읍시다. 또한 선한 싸움 다 싸우고 달려갈 길을 다 마치고 믿음을 끝까지 지킨 자에게 주시는 의의 면류관을 받읍시다(딤후 4:8).

또한 여러 가지 시험을 이긴 자에게, 순교적 신앙을 가진 자에게 주시는 생명의 면류관을 받읍시다(약 1:12, 계 2:10).

구원은 전적인 하나님의 선물입니다.

하지만 천국에서 받는 상급은 '우리가 주님을 위해서 어떤 일을 했느냐?'의 행함으로 받는 것입니다. 믿음은 구원 티켓이요, 행함은 천국의 상품권과 같은 것입니다. 우리 모두 하나님이 허락하신 면류관을 받고 면류관을 드릴 수 있기 바랍니다.

"보라 내가 속히 오리니 내가 줄 상이 내게 있어 각 사람에게 그가 행한 대로 갚아 주리라"(계 22:12)

3. 내세를 볼 때 우리는 죽음도 두려워하지 않게 됩니다.

우리는 예수님의 사랑으로 충만해져 율법을 완성 시키는 삶을 살아야 합니다.

"그의 영광의 풍성함을 따라 그의 성령으로 말미암아 너희 속사람을 능력으로 강건하게 하시오며 믿음으로 말미암아 그리스도께서 너희 마음에 계시게 하시옵고 너희가 사랑 가운데서 뿌리가 박히고 터가 굳어져서 능히 모든 성도와 함께 지식에 넘치는 그리스도의 사랑을 알고 그 너비와 길이와 높이와 깊이가 어떠함을 깨달아 하나님의 모든 충만하신 것으로 너희에게 충만하게 하시기를 구하노라"(엡 3:16-19)
"사랑은 이웃에게 악을 행하지 아니하나니 그러므로 사랑은 율법의 완성이

니라"(롬 13:10)

예수님의 사랑을 깨닫고 사랑으로 충만해져 율법을 완성시키면 죽음이 두렵지 않습니다.

"사망아 너의 승리가 어디 있느냐 사망아 네가 쏘는 것이 어디 있느냐 사망이 쏘는 것은 죄요 죄의 권능은 율법이라"(고전 15:55-56)

C.S. 루이스는 그의 책 『순전한 기독교』에서 천국 소망을 잃은 기독교에 대해 이렇게 말했습니다.

"로마 제국이 기독교 국가로 전환하는데 토대를 놓은 사도들이나 중세를 확립한 위대한 인물들, 노예 제도를 폐지시킨 영국의 복음주의자들이 지구상에 이 모든 흔적을 남길 수 있었던 것은 그들의 마음이 천국에 사로잡혀 있었기 때문입니다. 그러나 대부분의 그리스도인들이 다음 세상에 대해 더 이상 생각하지 않게 되면서 기독교는 세상에서 그 힘을 잃고 말았습니다."

천국을 믿고 소망하는 사람은 죽음도 두렵지 않습니다.
죽어도 다시 살기 때문입니다(요 11:25-26).

초대 교인들의 순교 원동력은 하나님 나라에 대한 믿음에서 나왔습니다. 사자 굴에 들어가도, 불속에 들어가도, 사지 육신

복음과 인생설계

이 찢기는 끔찍한 일을 당해도 순교자들의 눈에는 죽음보다 천국이 먼저 보였습니다. 그래서 그들은 그리스도를 위해 핍박받음을 기뻐하며 천국을 사모했습니다.

우리는 내세를 보는 힘을 소유해야 합니다.
건강한 내세관이 건강한 인생을 만들고, 확고한 내세관이 분명한 인생을 만듭니다. 확실히 우리의 인생에는 끝이 있고, 천국과 지옥이 존재합니다.
내세를 보는 힘은 이 땅에 사는 동안 성결한 삶을 살게 하고, 열정적으로 천국을 위한 준비를 하게 하며, 죽음도 두려워하지 않는 인생을 살게 합니다.

우리 모두가 내세를 보는 힘을 소유함으로 영생을 누리고 현재와 미래에 잇닿는 천국을 누리기를 주님의 이름으로 축원합니다.

주님과 동행하는 기쁨 나누기

1. 내세를 보는 힘을 갖게 될 때 일어나는 일입니다.

( ) 안에 맞는 단어는 무엇입니까?

(1) 우리는 ( )하게 살게 된다
주님이 다시 오실 날까지 성도의 몸과, 마음과 영혼이 흠 없이 보전되는 것이 주님의 뜻임을 알고 성결을 이루어야 합니다.
● 현재 이 땅에 집착하는 지수가(100을 기준으로) 얼마라고 생각합니까?
(2) 우리는 열정적으로 ( )을 위한 삶을 살게 된다.
우리의 육적 생명은 천국에 상급을 쌓으라고 하나님이 우리에게 주신 기회이므로 우리는 생명이 있는 동안 회개할 기회, 상급 쌓을 기회, 사명 감당할 기회를 놓쳐서는 안 됩니다.
● 하나님이 주시는 상급을 열망하며 살고 있습니까?
(3) 우리는 ( )도 두려워하지 않고 살게 된다.
● 예수님의 사랑을 깨닫고 사랑으로 충만해져 율법을 완성시키면 죽음이 두렵지 않습니다.

2. 아래 성구를 보고 당신의 삶에 일어난 일을 나누십시오.

(1) 히브리서 9장 27절- "한번 죽는 것은 사람에게 정해진 것이요 그 후에는 심판이 있으리니"
(2) 요한복음 3장 14-16절- "모세가 광야에서 뱀을 든 것 같이 인자도 들려야 하리니 이는 그를 믿는 자마다 영생을 얻게 하려 하심이니라 하나님이 세상을 이처럼 사랑하사 독생자를 주셨으니 이는 그를 믿

복음과 인생설계

는 자마다 멸망하지 않고 영생을 얻게 하려 하심이라"

(3) 마태복음 6장 33절–"그런즉 너희는 먼저 그의 나라와 그의 의를 구하라 그리하면 이 모든 것을 너희에게 더하시리라"

3. 아래 성구의 ( )에 맞는 단어를 넣고 가능하면 암송합시다.

"이기기를 다투는 자마다 (   ) 일에 (   )하나니 그들은 썩을 승리자의 관을 얻고자 하되 (   )는 썩지 아니할 것을 얻고자 하노라"(고린도전서 9:25)

14. 내세를 보는 힘

작사/작곡 이 순 희

내 세를 보는 힘 내 세를 보는 힘

천 국을 위한 삶 살 기 원 하 네

건 강한 내 세 관 이 건 강한 인 생 만 들 고

확 고한 내 세 관 이 분 명한 인 생 만 드 네

우 리 모 두 천 국을 바라 보 세

우 리 모 두 천 국을 향한 열 정 소 유 하 세

내 세를 보는 힘 은 성 결한 삶을 살 게 하 네

내 세를 보는 힘 은 천 국을 위한 준 비 하 게 하 네

죽 음도 두 렵 지 않 는 삶 살 게 하 네

내 세를 보는 힘 으로 천 국을 누 리 세

복음과 인생설계

복음과 인생설계

15

열매를 위한 꽃

누가복음 13:6-9

"이에 비유로 말씀하시되 한 사람이 포도원에 무화과나무를 심은 것이 있더니 와서 그 열매를 구하였으나 얻지 못한지라 포도원지기에게 이르되 내가 삼 년을 와서 이 무화 과나무에서 열매를 구하되 얻지 못하니 찍어버리라 어찌 땅만 버리게 하겠느냐 대답하 여 이르되 주인이여 금년에도 그대로 두소서 내가 두루 파고 거름을 주리니 이 후에 만 일 열매가 열면 좋거니와 그렇지 않으면 찍어버리소서 하였다 하시니라"

15

열매를 위한 꽃

우리는 가을에 거둬들인 열매를 통해 열매의 지난 시간을 짐작할 수 있습니다.

열매가 크고 달면 그간 비옥한 흙에서 충분한 햇빛과 비를 맞으며 성장했다는 것을 알 수 있고, 열매가 작고 설익으면 그간 척박한 곳에서 충분한 영양소를 공급받지 못했다는 것을 알 수 있습니다. 참으로 열매는 정직합니다. 열매는 나무의 정체와 상태를 드러냅니다. 우리는 열매를 보면서 그 나무를 알 수 있고, 열매를 통해 나무의 환경과 지난 시간을 살필 수 있습니다.

우리의 삶도 마찬가지입니다.

우리의 삶을 통해 맺혀지는 열매는 우리 인생이 어떠했는지를 보여줍니다. 우리 삶에 맺혀지는 좋은 열매는 우리 인생이 좋은 인생이라는 것을 증명하고, 우리 삶에 맺혀지는 나쁜 열매는 우리 인생이 문제 많은 인생이라는 사실을 보여줍니다.

> "그들의 열매로 그들을 알지니 가시나무에서 포도를, 또는 엉겅퀴에서 무화과를 따겠느냐 이와 같이 좋은 나무마다 아름다운 열매를 맺고 못된 나무가 나쁜 열매를 맺나니 좋은 나무가 나쁜 열매를 맺을 수 없고 못된 나무가 아름다운 열매를 맺을 수 없느니라"(마 7:16-18)

우리는 우리 삶에 맺혀지는 열매를 점검하여 우리 인생을 돌아보아야 합니다. 정직하고 객관적으로 자신의 삶을 돌아보고 열매로 자신의 상태를 평가할 수 있어야 합니다.

아무리 기도를 많이 하고 대단한 열정으로 하나님을 섬긴다고 자부해도, 삶에서 맺혀지는 열매가 시기, 교만, 탐욕, 다툼이라면, 자신이 아직 못된 나무임을 인정해야 합니다.

교회를 오래 다니고 직분을 가지고 많은 사람들에게 인정을 받는다 할지라도 자기 내면에서 맺혀지는 열매가 세속적이고 이기적이라면, 자신이 여전히 육적인 나무임을 인정해야 합니다.

죄악된 자신의 상태를 인정하는 것이 회개와 회복의 시작입니다. 자기 상태에 대해 무지하거나 회피하면 변화는 일어날 수 없습니다. 성도는 열매를 통해 자기를 점검하고, 열매를

복음과 인생설계

통해 진실한 회개를 이루어 성령의 열매를 맺는 삶으로 나아
가야 합니다.

> "하나님께서 구하시는 제사는 상한 심령이라 하나님이여 상하고 통회하는
> 마음을 주께서 멸시하지 아니하시리이다"(시 51:17)

성령의 사람은 성령의 열매를 맺고, 빛의 자녀는 빛의 열매
를 맺습니다. 이는 억지로 이루어지는 일이 아니라 자연스러
운 존재의 결과입니다. 그러므로 우리는 예수 그리스도의 십
자가 공로를 의지하여 성령의 사람이 되어 성령의 열매를 맺
어야 합니다(갈 5:22-23).

농부가 봄에 씨앗을 뿌리고 열매를 기대하듯이, 하나님은
우리에게 열매를 기대하십니다. 당신은 어떤 열매를 거두고
있습니까? 한 해 농사의 성패는 "열매"에 달려 있습니다. 과실
수의 잎사귀가 아무리 무성하고 꽃을 많이 피웠어도 좋은 열
매를 맺지 못하면 그 해 농사는 실패한 것입니다.

그리스도인도 마찬가지입니다.

말씀을 많이 읽고 기도를 많이 하고 헌신의 씨앗을 많이 뿌
렸다 할지라도 결국 삶으로 맺는 열매가 성령과 무관하다면
성령님의 인도를 받는다고 말할 수 없습니다. 자신은 하나님
의 말씀대로 산다고 자부해도 정작 나쁜 열매를 맺고 있다면

참된 그리스도인이라 할 수 없습니다.

우리는 열매로 우리 영성의 상태를 살펴보아야 합니다. 열매는 우리의 영성을 증명해줍니다. 영혼이 성령께 사로잡힌 성도는 성령님의 열매를 맺지만 육에 속한 사람은 육의 열매를 맺습니다. 하나님이 우리에게 기대하시는 열매는 육신의 열매가 아니라 영혼의 열매입니다.

육의 노력으로 얻은 육신의 지식, 물질, 명예, 아름다움을 가지고는 주님을 기쁘시게 할 수 없습니다. 하나님이 기대하시는 영혼의 열매는 예수 그리스도의 십자가 공로를 의지하여 거듭난 영혼이 말씀을 의지하여 결실하는 열매입니다. 이러한 영혼의 열매는 인격의 열매, 찬송의 열매, 영혼 구원의 열매, 예배의 열매, 제자 양성의 열매로 나타납니다(요 15:16).

우리의 영혼이 열매라면, 우리의 육신은 꽃과 같습니다.

육신의 지식, 아름다움, 건강, 명예는 모두 화려하지만 잠깐 있다가 사라지는 꽃과 같습니다. 그러므로 우리는 육신의 꽃으로 영혼의 열매를 얻어야 합니다. 꽃은 화려한 외형과 아름다운 향기를 가지고 있지만 어디까지나 열매를 위해 존재합니다. 농부의 눈에 비치는 꽃은 열매를 맺기 위한 과정에 지나지 않습니다. 물론 농부의 눈에도 꽃이 아름답고 귀하지만, 꽃이 져야 열매가 맺힌다는 것을 알고 있는 농부는 꽃의 아름다움에 집착하지 않습니다. 농부의 관심은 언제나 열매에 있기 때문입니다.

우리 하나님도 마찬가지입니다.

하나님의 관심은 언제나 영혼의 열매에 있습니다. 좋으신 하나님은 영혼의 열매를 맺으라고 꽃과 같은 육신을 허락하셨습니다. 영혼이 열매를 잘 맺을 수 있도록 건강의 꽃, 재능의 꽃, 물질의 꽃, 명예의 꽃, 미모의 꽃이 피는 육신을 허락하셨습니다. 그러므로 우리는 육신의 꽃으로 영혼의 열매를 맺어야 합니다. 육신의 기회가 있을 때 영혼의 인격을 다듬고, 영혼의 실력을 쌓으며, 영혼의 일에 힘써야 합니다(전 12:1–2).

꽃은 참으로 잠깐입니다.

제아무리 아름다운 꽃도 열흘을 넘기기가 어렵습니다.

마찬가지로 우리의 육신도 잠깐입니다.

길어야 백이십 년인 우리의 인생은 안개와 같습니다. 그런데 너무도 많은 사람들이 열매 없이 꽃만 무성한 삶을 살아갑니다. 꽃을 위해 공부하고, 장사하고, 결혼하며, 수고하고 애를 씁니다. 잠깐 있다가 사라질 꽃에 인생의 목적을 두고 영혼이 마땅히 행할 선은 외면한 채 오직 육의 일에만 몰두합니다(약 4:13–17).

교회 안에는 '꽃 성도와 열매 성도' 이 두 가지 종류의 성도가 존재합니다. 꽃 성도는 드러나는 일에만 관심을 갖는 자로 자기 이름이 나고, 사람들에게 인정받아야만 직성이 풀리는 사람입니다. 사람들이 꽃을 보고 감탄하듯 이들은 칭찬받기를 좋아합니다. 반면에 〈열매 성도〉는 이름이 나든 나지 않든 묵묵히 자리를 지키며 헌신하는 사람입니다. 이들은 사람의 인정보다 하나님의 인정을 구하며 크고 작은 모든 일에 충성하며 성령의 열매를 나타냅니다. 여러분은 꽃 성도이십니까? 열매 성도이십니까?'

꽃의 인생은 쉽게 사라지는 인생이요, 남는 것이 없는 인생입니다. 모든 꽃이 잠깐 아름답다가 시들 때 초라하듯이, 꽃의 인생은 그 끝이 허망하고 초라합니다. 우리는 꽃과 같은 육신을 목적으로 두지 말고, 영혼의 열매에 목적을 두어야 합니다. 건강의 꽃으로 부지런히 주의 일에 힘쓰고, 재능의 꽃으로 하나님이 기뻐하시는 일에 앞장서야 합니다.

물질의 꽃으로 천국에 상급을 쌓고, 시간의 꽃으로 하나님과 깊이 교제해야 합니다. 꽃이 아름다운 모습과 향기로 벌을 유인하여 열매를 맺듯이 우리는 육신의 꽃이 가진 최선을 통해 영혼의 열매를 맺어야 합니다.

"하늘에 속한 형체도 있고 땅에 속한 형체도 있으나 하늘에 속한 것의 영광이 따로 있고 땅에 속한 것의 영광이 따로 있으니 해의 영광이 다르고 달의 영광이 다르며 별의 영광도 다른데 별과별의 영광이 다르도다 죽은 자의 부활도 그와 같으니 썩을 것으로 심고 썩지 아니할 것으로 다시 살아나

복음과 인생설계

며 욕된 것으로 심고 영광스러운 것으로 다시 살아나며 약한 것으로 심고 강한 것으로 다시 살아나며 육의 몸으로 심고 신령한 몸으로 다시 살아나나니 육의 몸이 있은즉 또 영의 몸도 있느니라"(고전 15:40-44)

19세기 미국의 제2차 대각성운동의 중심 역할을 했던 찰스 피니는 원래 법대를 다니던 법학도였습니다. 그는 젊은 법학도로 뉴욕 주 어느 마을의 법률사무소에 앉아 있었는데, 그때 하나님의 음성을 듣게 되었습니다.

"찰스야, 너는 공부를 마치면 무엇을 하려고 하느냐?"

"변호사 개업을 하겠습니다."

"그다음에는 뭘 할 거냐?"

"부자가 되지요."

"그럼 그다음에는?"

"은퇴하지요."

"그다음에는?"

"죽지요."

"그다음에는?"

그때 그는 두려움에 벌벌 떨며 대답했습니다.

"심판을 받지요."

그는 그때 너무나 두려워서 어떻게 할 줄을 모르고 그 자리에서 일어나 1마일이 조금 못 되는 거리의 숲속으로 뛰어갔습니다. 거기서 그는 하루 종일 기도하면서, 하나님이 평안을 주지 않으시면 자신은 이곳을 떠나지 않겠다고 서원을 했습니다.

그때 거기서 찰스 피니는 한 환상을 보았는데, 자신이 하나님의 법정 피고인석에 서 있는 것을 보았습니다. 4년 동안 법학을 공부하고, 이제 곧 변호사가 되어 돈을 많이 벌고 떵떵거리며 살 것이라는 이기적인 생활의 허영에 사로잡혀서 세상 것들을 즐기기 위해 살고 있는 모습을 분명히 보게 되었습니다.

그날 저녁 피니는 오랜 몸부림과 기도 끝에 하나님의 영광을 위해 살고 하나님을 즐거워하기 위해 살겠다는 목적을 가지고 숲속에서 나왔습니다. 그리고 하나님의 심판 앞에서 열매 맺는 삶을 살기로 결단했고, 그 후 실제로 그러한 열매를 맺는 삶을 살았습니다.

그런데 오늘날 너무도 많은 성도들이 영혼의 열매에 관심이 없고 육신의 꽃을 위한 삶을 살아갑니다. 기도하고 예배하면서도 육신의 안정을 구하고, 육신의 힘과 아름다움을 과시하며 살아갑니다. 영혼의 열매에 관심이 없고, 육신의 꽃에만 목적을 둔 성도들은 내적 성결을 위한 하나님의 연단에 대해 무지하고 영성훈련을 등한시합니다. 그저 현세의 복에만 집착하면서 내세에 대해서는 관심을 갖지 않습니다.

또 하나님의 뜻에는 별다른 관심이 없고 자기 뜻을 추구하며, 자기 의를 내세우고 자기가 헌신한 만큼 보상받아야 한다는 의식을 가지고 있습니다. 이렇게 육신의 꽃에 목적을 둔 성도들은 교묘한 사탄의 속임수에 넘어가서 하나님과 상관없는 삶을 살게 됩니다. 그래서 기도하고 예배해도 참된 만족과 자유를 누릴 수 없고, 신앙생활을 하면서도 여기저기 묶이고 구속받는 삶을 살게 됩니다.

우리는 인생의 초점을 육신의 꽃이 아니라 영혼의 열매에 두어야 합니다. 열매는 꽃이 질 때 결실됩니다. 마찬가지로 영혼의 열매는 육신의 꽃이 떨어질 때 결실됩니다. 육신의 정욕, 안목의 정욕, 이생의 자랑이 죽고, 자존심이 죽으며, 자기를 부인할 때 아름답고 영원한 영혼의 열매가 열리게 됩니다.

"이 세상이나 세상에 있는 것들을 사랑하지 말라 누구든지 세상을 사랑하면 아버지의 사랑이 그 안에 있지 아니하니 16 이는 세상에 있는 모든 것이 육신의 정욕과 안목의 정욕과 이생의 자랑이니 다 아버지께로부터 온 것이 아니요 세상으로부터 온 것이라 이 세상도, 그 정욕도 지나가되 오직 하나님의 뜻을 행하는 자는 영원히 거하느니라"(요일 2:15-17)
"그러므로 모든 육체는 풀과 같고 그 모든 영광은 풀의 꽃과 같으니 풀은 마르고 꽃은 떨어지되 오직 주의 말씀은 세세토록 있도다 하였으니 너희에게 전한 복음이 곧 이 말씀이니라"(벧전 1:24-25)

시인 김용석의 『가을이 오면』에 나오는 시입니다.

"나는 꽃이에요. 잎은 나비에게 주고 꿀은 솔방 벌에게 주고 향기는 바람에게 보냈어요. 그래도 난 잃은 건 하나도 없어요. 더 많은 열매로 태어날 거예요."

꽃은 잠깐이지만 열매는 영원합니다.

열매 안에는 또 다른 생명이 숨어있고, 영원한 미래가 담겨 있습니다. 또 꽃은 생명을 살릴 수 없지만, 열매는 먹는 사람의 생명을 살립니다. 이러한 열매는 존재가 누리는 최상의 기쁨이자 가치입니다.

우리는 영혼의 열매를 맺을 때 궁극적인 기쁨과 자유, 행복과 만족을 경험할 수 있습니다. 육신의 유한한 삶을 마치고 주님 앞에 서는 날, 우리가 주님 앞에 내어드려야 할 열매는 영혼의 열매입니다. 바로 지금 우리는 존재의 목적이 영혼의 열매에 있음을 알고 우리 삶의 우선순위를 온전히 영혼을 살리는 일에 두어야 합니다.

본문은 예수님이 열매를 강조하기 위해 비유로 하신 말씀입니다.

이 비유에는 포도원에 심겨졌지만 열매가 없었던 무화과나무가 등장합니다. 여기서 무화과나무는 일차적으로는 하나님이 택한 민족인 이스라엘을 뜻하고, 이차적으로는 예수님을 구주로 영접하여 하나님의 자녀가 된 성도를 뜻합니다.

무화과나무는 보통 길가나 버려진 땅에 심는데, 본문에 등장하는 무화과나무는 비옥한 포도원에 심겼습니다. 보통 무화과나무는 뿌리가 깊기 때문에 포도나무에 비해서 다섯 배에서 일곱 배 넓은 공간을 차지합니다. 그런데 포도원 주인은 이 모든 것을 감수하고 포도원에 무화과나무를 심었습니다. 이는 무화과나무에 대해 가진 기대가 높았음을 나타냅니다.

우리의 삶도 마찬가지입니다.

본래 우리는 거짓의 아비 사탄의 소생으로 태어나 일평생 죄에 종노릇하며 부질없는 어두운 세상에 뿌리 내려질 처지였습니다. 그러나 우리는 하나님의 무궁한 은혜로 인해 어둠의 나라에서 건짐 받고 사랑의 아들의 나라로 옮겨져서 하나님의 자녀로서 왕 같은 제사장과 같은 삶을 살게 되었습니다.

"그가 우리를 흑암의 권세에서 건져 내사 그의 사랑의 아들의 나라로 옮기셨으니 그 아들 안에서 우리가 속량 곧 죄 사함을 얻었도다"(골 1:13–14)

왕에게는 권한만 있는 것이 아니라 의무도 있습니다.

왕 같은 제사장은 하나님이 부여하신 특권을 누리지만 동시에 기이한 빛에 들어가게 하신 이의 아름다운 덕을 선포하는 의무를 다해야 합니다. 마찬가지로 포도원에 심겨진 무화과나무는 자리만 차지할 것이 아니라 주인이 기대하는 열매를 맺어야 합니다. 보통 무화과나무는 심고 나서 3년째가 되면 열매를 딸 수 있습니다. 그런데 포도원에 심긴 무화과나무는 삼 년이 지나도 열매를 내지 못했습니다. 결국 포도원 주인은 포도원지기에게 열매 맺지 못하는 무화과나무를 찍어버리라고 했습니다.

> "이에 비유로 말씀하시되 한 사람이 포도원에 무화과나무를 심은 것이 있더니 와서 그 열매를 구하였으나 얻지 못한지라 포도원지기에게 이르되 내가 삼 년을 와서 이 무화과나무에서 열매를 구하되 얻지 못하니 찍어버리라 어찌 땅만 버리게 하겠느냐"(눅 13:6-7)

여기서 '버리게 하다'는 헬라어로 '카타르게오(καταργέω)'로 '게으르다' 또는 '쓸데없다'라는 뜻을 내포하고 있습니다. 이를 통해 우리는 무화과나무가 포도원에 심겼음에도 불구하고 열매를 맺지 않은 것은 게으르고 무가치한 상태에 있는 것임을 알 수 있습니다.

본래 '무화과'는 '꽃이 없는 열매'라는 뜻입니다.
어떻게 꽃이 없는데 열매를 맺을 수 있을까요?
사실 무화과나무에도 꽃이 핍니다. 무화과는 봄부터 여름 동안 잎겨드랑이에 주머니 모양의 열매를 맺고 열매 안에 작은 꽃을 담고 있습니다. 이 때문에 마치 꽃이 없는 것처럼 보이는 것입니다. 결국 무화과 열매 자체가 꽃이라고 할 수 있습니다. 그러니 열매가 없는 무화과나무는 꽃도 볼 수 없는, 그

야말로 쓸모없는 나무인 것입니다. 본문 속 무화과나무는 자신의 마땅한 의무를 알지 못했고, 임박한 위기를 깨닫지 못했습니다.

우리는 열매가 없는 것 자체가 악한 것임을 알아야 합니다. 하나님께서 주신 생명과 재능, 시간과 능력이 있는데, 아무것도 하지 않고 가만히 있는 것은 악하고 게으른 것입니다.

"한 달란트 받았던 자는 와서 이르되 주인이여 당신은 굳은 사람이라 심지 않은 데서 거두고 헤치지 않은 데서 모으는 줄을 내가 알았으므로 두려워하여 나가서 당신의 달란트를 땅에 감추어 두었었나이다 보소서 당신의 것을 가지셨나이다 그 주인이 대답하여 이르되 악하고 게으른 종아 나는 심지 않은 데서 거두고 헤치지 않은 데서 모으는 줄로 네가 알았느냐"(마 25:24-26)

육신의 꽃은 잠깐 있다가 시들고 맙니다.
따라서 열매 맺을 수 있는 기회는 짧습니다.
그러므로 우리는 늘 깨어서 때를 아끼며 우리의 행실에 주의하여 영혼의 열매를 맺어야 합니다. 본문의 무화과나무처럼 육체적 안일함과 영적 무감각에 빠져 있으면 심판 날이 도둑같이 오는 것을 막을 수 없습니다.

"그런즉 너희가 어떻게 행할지를 자세히 주의하여 지혜 없는 자 같이 하지 말고 오직 지혜 있는 자 같이 하여 세월을 아끼라 때가 악하니라 그러므로 어리석은 자가 되지 말고 오직 주의 뜻이 무엇인가 이해하라 술 취하지 말라 이는 방탕한 것이니 오직 성령으로 충만함을 받으라"(엡 5:15-18)

　육신의 열매는 아무리 노력해도 노력한 만큼 결실되지 않을 수도 있습니다. 열심히 공부해도 성적이 안 나올 수도 있고, 열심히 사업해도 노력한 만큼 이윤 창출을 하지 못할 수도 있습니다. 그러나 영혼의 열매는 주님께 붙어있으면 저절로 맺힙니다. 성결의 열매, 성령의 열매, 진리의 열매는 육신의 노력으로 결실되는 것이 아닙니다.

　우리 영혼이 예배와 말씀, 기도와 찬송, 사명과 헌신을 통해 예수 그리스도께 붙어있으면, 성령님이 친히 우리 내면에서 열매를 위한 사역을 이루심으로 풍성한 열매를 맺는 인생이 되게 하십니다.

"나는 포도나무요 너희는 가지라 그가 내 안에, 내가 그 안에 거하면 사람이 열매를 많이 맺나니 나를 떠나서는 너희가 아무 것도 할 수 없음이라 사람이 내 안에 거하지 아니하면 가지처럼 밖에 버려져 마르나니 사람들이 그것을 모아다가 불에 던져 사르느니라"(요 15:5-6)
"너희가 열매를 많이 맺으면 내 아버지께서 영광을 받으실 것이요 너희는 내 제자가 되리라"(요 15:8)

　하나님께 붙어있을 때 우리 마음속에 결실을 방해하는 죄가 사라집니다. 높아지고자 하는 교만이 사라지고, 생색을 내

복음과 인생설계

려는 공로 의식이 없어지며, 더 가지지 못해 안달을 내는 욕심이 사라집니다. 시기하고 다투는 마음이 사라지고, 세상을 쫓는 탐심이 없어집니다. 그리고 열매를 위한 성령의 에너지가 충만해지고, 생명을 위한 진리가 가득해집니다. 그러므로 우리는 하나님께 더 가까이 나아감으로, 순결하고 열정적인 마음으로 하나님을 사랑함으로, 영혼의 열매를 맺어야 합니다.

본문 속 무화과나무는 포도원에 심겼지만 열매를 맺지 못함으로 '땅만 낭비하게 하는 존재'가 되었습니다. 마찬가지로 영혼의 열매를 맺지 못하는 성도는 '땅을 버리게 하는 자'로서 하나님의 나라에 손해를 끼치는 자가 될 수 있습니다.

인격의 열매를 맺지 못하는 성도는 세상 사람들로부터 지탄을 받아 하나님의 영광을 가리게 되고, 사명의 열매를 맺지 못하는 사람은 헛된 일에 시간과 재능을 허비하며 하나님의 은혜를 헛된 것으로 만들어 버립니다. 그뿐만 아니라 예배의 열매, 진리의 열매, 사귐의 열매를 맺지 못하는 사람들은 다른 성도를 불편하게 만들고 나쁜 본을 보이게 됩니다. 우리 모두가 예수 그리스도께 깊이 뿌리내리고 터가 굳어져서 아름답고 튼실한 영혼의 열매를 맺기를 소원합니다.

포도원지기는 당장 무화과나무를 찍어버리라는 주인의 말에 "주인이여, 금년에도 그대로 두소서"라고 간청했습니다.

"대답하여 이르되 주인이여 금년에도 그대로 두소서 내가 두루 파고 거름을 주리니 이 후에 만일 열매가 열면 좋거니와 그렇지 않으면 찍어버리소서 하였다 하시니라"(눅 13:8-9)

포도원지기는 1년만 더 시간을 주시면 자신이 두루 파고 거름을 주어 열매 맺게 하겠다고 했습니다. 여기서 '두루'는 헬라어로 '페리(περὶ)'로 '주변' 또는 '둘레'를 가리키는 전치사입니다. 이를 통해 포도원지기는 무화과나무에 필요한 영양분이 닿지 않는 곳이 없도록 철저하게 돌보겠다는 의지를 보였습니다. 물론 무화과나무가 열매를 맺지 못한 것은 포도원지기의 잘못이 아닙니다. 그러나 포도원지기는 무화과나무를 향한 긍휼과 무화과나무를 기대하는 주인의 본심을 헤아리는 마음을 가지고 그와 같은 결단을 한 것입니다.

여기서 포도원 주인은 하나님이고, 포도원지기는 예수 그리스도라고 해석할 수 있습니다. 분명히 하나님이 심판하실 날이 있습니다. 그때까지 예수님은 우리의 굳은 마음을 깨뜨리고 은혜와 진리의 거름을 공급하실 것입니다. 그리하여 육신의 꽃을 통해 영혼의 열매를 맺게 하시고 이를 통해 하나님이 기뻐하시는 삶을 살도록 하십니다. 물질의 꽃으로, 재능의 꽃으로, 지식의 꽃으로, 건강의 꽃으로 영혼의 열매를 맺게 하십니다. 우리가 온전히 예수님 안에 거할 때 예수님은 우리에게 참된 만족을 주십니다.

"…우리는 속이는 자 같으나 참되고 무명한 자 같으나 유명한 자요 죽은 자 같으나 보라 우리가 살아 있고 징계를 받는 자 같으나 죽임을 당하지 아니하고 근심하는 자 같으나 항상 기뻐하고 가난한 자 같으나 많은 사람을 부요하게 하고 아무 것도 없는 자 같으나 모든 것을 가진 자로다"(고후 6:8-10)

열매는 인생의 성적표입니다.

하나님은 우리에게 영혼의 열매를 기대하시며 육신의 꽃을 허락하셨고, 하나님의 자녀가 되어 하나님의 포도원에 심겨지는 은혜를 허락하셨습니다. 그러므로 우리는 육신의 꽃으로 영혼의 열매를 맺어야 합니다. 두루 파고 거름을 주어 열매 맺게 하시는 예수 그리스도께 붙어서 인격의 열매, 찬송의 열매, 영혼 구원의 열매, 예배의 열매, 제자 양성의 열매를 맺어야 합니다.

우리 모두가 육신의 꽃에 치우친 삶을 청산하고 기회가 주어졌을 때 육신의 꽃으로 영혼의 열매를 맺고 하나님이 기뻐하시는 삶을 살아가기를 주님의 이름으로 축원합니다.

주님과 동행하는 기쁨 나누기

1. 삶에 맺어지는 열매에 대한 특징입니다.

( ) 안에 맞는 단어는 무엇입니까?

(1) 우리 삶에 맺혀지는 ( )를 점검하여 우리 인생을 돌아보아야
한다.
아무리 기도를 많이 하고 대단한 열정으로 하나님을 섬긴다고 자부
해도, 삶에서 맺혀지는 열매가 시기, 교만, 탐욕, 다툼이라면, 자신이
아직 못된 나무임을 인정해야 합니다.
● 현재 당신의 삶의 열매 상태는 어떻습니까?

(2) 하나님이 우리에게 기대하시는 것은 ( )의 열매임을 기억해야
한다.
하나님이 기대하시는 영혼의 열매는 예수 그리스도의 십자가 공로를
의지하여 거듭난 영혼이 말씀을 의지하여 결실하는 열매입니다.
● 당신에게 인격, 찬송, 영혼 구원, 예배, 제자양성의 열매가 있습
니까?

(3) 열매가 없는 것은 그 자체가 ( )한 것임을 알아야 한다.
하나님께서 주신 생명과 재능, 시간과 능력이 있는데, 아무것도 하지
않고 가만히 있는 것은 악하고 게으른 것입니다.
● 예수님이 우리에게 주신 참된 만족을 누리며 살고 있습니까?

2. 아래 성구를 보고 당신의 삶에 일어난 일들을 나누십시오.

(1) 갈라디아서 5장 22, 23절– "오직 성령의 열매는 사랑과 희락과 화
평과 오래 참음과 자비와 양선과 충성과 온유와 절제니 이같은 것

을 금지할 법이 없느니라"

(2) 요한복음 15장 16절– "너희가 나를 택한 것이 아니요 내가 너희를 택하여 세웠나니 이는 너희로 가서 과실을 맺게 하고 또 너희 과실이 항상 있게 하여 내 이름으로 아버지께 무엇을 구하든지 다 받게 하려 함이니라"

(3) 베드로전서 1장 24, 25절– "그러므로 모든 육체는 풀과 같고 그 모든 영광은 풀의 꽃과 같으니 풀은 마르고 꽃은 떨어지되 오직 주의 말씀은 세세토록 있도다 하였으니 너희에게 전한 복음이 곧 이 말씀이니라"

3. 아래 성구의 (　)에 맞는 단어를 넣고 가능하면 암송합시다.

"하나님께서 구하시는 제사는 (　　　) 심령이라 하나님이여 상하고 (　　　)하는 마음을 주께서 멸시하지 아니하시리이다"(시편 51:17)

15. 우리의 인생을 나타내는

작사/작곡 이 순 희

우리의 인생을 나타내는 열매

성 ─령의 사람은─ 성령의 열매맺고

빛 ─의사람 은 빛 의열매를맺 네

농부가 씨앗을 뿌리고 열매를 기대하 듯

하 나님은 우리에게─ 열매를 기대하시 네

인 격의열매─ 사 랑의열 매를 기 대하시 네

열 매를위한─ 꽃 꽃같은인생─ 쉽게사 라 지 네

열매안 에─는 또 다른 생 명숨어있 고

영 ─원한 미 래가─ 담 겨 있 네

382

복음과 인생설계

〈복음과 인생설계 INDEX〉

1장

1. 콜럼버스: (Christopher Columbus, 1450년 10월 31일 ~ 1507년 5월 20일) 이탈리아 제노바 공화국 출신으로 스페인에서 활동한 탐험가, 항해사이다. 탐험과 발견으로 인하여 아메리카 대륙이 비로소 유럽인의 활동 무대가 되었고, 현재의 미국(United States of America)이 탄생할 수 있었던 근본적인 토대가 생길 수 있었다는 점에서 중요한 역사적 의의를 지니고 있다.

2. 윌리엄 캐리: (William Carrey, 1761년 8월 17일 ~ 1834년 6월 9일) 인도에서 활동한 영국 침례교 선교사이며 번역가, 사회개혁가, 문화 인류학자이다. 개신교 현대선교의 아버지로 불린다.

3. 필립 브룩스: (Phillips Brooks, 1835년 12월 13일 ~ 1893년 1월 23일)는 미국 성공회의 성직자이자 작가' 보스턴 트리니티 교회의 목사였으며 매사추세츠의 주교였다.

4. 본회퍼: 디트리히 본회퍼 (Dietrich Bonhoeffer, 1906년 2월 4일 ~ 1945년 4월 9일) 독일 루터교회 목사이자, 신학자이며, 반 나치운동가이다. 고백교회의 설립자 중 한 사람이다. 그는 아돌프 히틀러를 암살하려는 계획에 가담하였다. 1943년 3월 체포되어 감옥에 갇혔고, 결국 독일 플로센뷔르크 수용소에서 1945년 4월 교수형에 처해졌다.

5. 윌리엄 제임스: (William James, 1842년 1월 11일 ~ 1910년 8월 26일)는 미국의 철학자, 심리학자이다. 프래그머티즘 철학의 확립자로 알려진다. 철학·종교학·심리학 등에 뛰어난 연구를 많이 남겼다. 하버드 대학교에 심리학연구소를 설립했다.

6. 맥스웰 몰츠: (Maxwell Maltz, 1899년 3월 10일 ~ 1975년 4월 7일) '사이코사이버네틱스(Psycho-Cybernetics)'를 창안한 외과 의사이자 강연자로 자신의 자아상을 개선하여 보다 성공적이고 만족스러운 삶을 영위할 수 있다고 주장했다. 컬럼비아대학교에서 의학 박사학위를 취득하였고 암스테르담대학교, 파리대학교, 로마대학교 등에 교수로 재직했다.

7. 양광모: 시인으로 필명은 푸른 고래이다. 경희대 국문과 졸업 후 SK텔레콤노동조합위원장, 도서출판 『목비』 대표, (주)블루웨일 대표, (주)한국부동산지주 대표, 한국기업교육협회 회장, 청경장학회장을 역임하였다. 현재는 휴먼네트워크연구소장, 시인, 칼럼니스트로 활동하고 있다.

8. D.L. 무디: (Dwight Lyman Moody, 드와이트 라이먼 무디, 1837년 2월 5일 ~ 1899년 12월 22일) 미국의 침례교 평신도 설교자이다. 아더 태팬 피어선, 존 와너메이커, 그리고 아도니람 저드슨 고든이 모두 친구로서 미국 복음주의 운동의 선두 역할을 하였다. 1875년 시카고 빈민가에 교회를 설립했는데, 구두 판매원 출신다운 쉽고 설득력 있는 무디의 설교와 감성을 자극하는 가수 아이라 생키(1870년 무디의 전도사역에 참여)의 성가는 많은 이들이 신앙을 갖게 했다. 이러한 설교자로서의 활약상은 청년들이 해외 선교 특히, 아시아와 조선 선교에 관심을 갖게 했다. 무디성서학교(1886년)와 마운트 헤르몬 학교를 설립하는 업적도 남겼다.

9. 토마스 아퀴나스: (St. Thomas Aquinas/ Fr. Thomas Aquinas OP, 1225년 ~ 1274년 3월 7일) 도미니코회 수사 신부로서 중세 기독교의 대표적 신학자이자 스콜라 철학자. 토마스 학파의 창시자이며 교회 학자 35명 중 한 명이다. 대표작으로 방대한 분량의 『신학대전』을 비롯해 『대이교도대전』, 『신학 요강』 등이 있으며, 아리스토텔레스와 보에티우스 등의 저서에 대한 다양한 주해서를 남겼다.

2장

1. 딘 셔만: (Dean Sherman) 하와이 코나에 있는 국제 예수전도단(YWAM) 열방대학 내 기독교 사역 대학 학장이다. 국제적인 성경 교사로 널리 알려진 그는 1970년대 사역자 대회 이후 국제 예수전도단 학교와 49개 주의 미주교회 및 전 세계 40여 개 나라를 다니며 영적 전쟁에 대해 가르치고 있다.

2. 존 번연: (John Bunyan, 1628년 11월 28일 ~ 1688년 8월 31일) 영국의 설교자이자 작가이다. 당시 국왕인 찰스 2세는 영국 국교회 즉, 영국 성공회를 제외한 기독교 교파들을 탄압했다. 존 번연은 허가 없이 복음을 전한 비밀 집회혐의로 12년 동안 투옥되었다. 이때 성경 다음으로 가장 많이 인쇄된 책이라는 『천로역정』과 『죄인의 괴수에게 넘치는 은혜』, 『거룩한 전쟁』, 『악인 씨의 삶과 죽음』 등의 명저를 남겼다.

3. 찰스 스펄전: (Charles Haddon Spurgeon, 1834년 6월 19일 ~ 1892년 1월 31일) 영국의 침례교 목사. "설교의 왕자"라고 불리는 그는 청교도적 명설교로 유명하다. 그가 가장 많이 인용한 사람은 존 번연이었고, 그의 작품인 『천로역정』을 가장 많이 인용하였다. 스펄전은 설교 이외에도 탁아 사업과 성경 보급 등 사회사업에도 많은 관심을 가지고 있었고, 1887년 은퇴하는 순간까지 성실하게 말씀을 연구하며 복음과 구원문제에 철저한 입장을 고수했다.

4. 알렉산더: (Ἀλέξανδρος, Alexander the Great, BC 356년 7월 ~ BC 323년 6월) 고대 그리스 북부의 왕국 마케도니아 왕국의 아르게아다이 왕조 제26대 군주이자 아리스토텔레스의 제자이다. 20세의 나이로 아버지 필리포스 2세를 계승해 왕이 되었다. 그리스에서 인도, 그리고 남으로는 이집트까지 점령하여 헬레니즘 제국을 형성했다.

5. 나폴레옹: 샤를 루이 나폴레옹 보나파르트 (Charles Louis Napoléon

Bonaparte 1769년 8월 15일 ~ 1821년 5월 5일) 프랑스 제1공화국의 군인이자 1804년부터 1814년, 1815년까지 프랑스 제1제국의 황제였다. 코르시카 섬의 하급 귀족 가문 출신의 군인으로, 프랑스 혁명 시기에 벌어진 전쟁에서 큰 공을 세우며 국민적 영웅이 되었고, 쿠데타를 통해 제1통령이 된 후 종신통령을 거쳐서 황제에 즉위했다. 이때 천재적인 군사적 재능을 통해 프랑스를 승리로 이끌어 당대 세계적 강대국들이 몰려 있던 유럽을 석권하고 프랑스 제1제국을 수립하였다.

6. 허드슨 로 : (Sir Hudson Lowe, 1769년 7월 28일 ~ 1844년 1월 10일) 아일랜드계 영국의 군사지휘관이다. 그는 나폴레옹이 유배되었던 세인트헬레나섬의 총독으로 나폴레옹에게 가혹행위를 자행하였다. 후에 나폴레옹이 병이 들자 그가 치료를 받지 못하도록 주치의를 영국으로 강제귀국 시켰다. 나폴레옹이 사망하자 세인트헬레나 총독에서 물러났다.

3장

1. 성 어거스틴: 아우구스티누스 (Augustinus 354 ~ 430) 오늘날 알제리에 속하는 로마 제국의 아프리카 지역에서 태어났다. 그는 원래 마니교를 신봉하였으나 386년 기독교로 개종하였다. 그는 창세기와 바울의 저서를 논의의 기반으로 삼았다. 4세기 북아프리카인 알제리 및 이탈리아에서 활동한 기독교 보편교회 시기의 신학자이자 성직자, 주교로, 개신교, 로마 가톨릭교회 등 서방 기독교에서 교부로 존경받는 인물이다. 대표적인 저서로는 『고백록』과 『신국론』, 『삼위일체론』이 있다.

2. 방정환: 1899년 11월 9일 ~ 1931년 7월 23일) 일제강점기의 독립운동가, 아동문화운동가, 어린이 교육인, 사회운동가이며 어린이날의 창시자다.

복음과 인생설계

4장

1. 고든 맥도날드: (Gorden MacDonald, 1691년 11월 27일~) 전 세계 수많은 목회자들의 멘토이자 세계적인 베스트셀러 작가이다. 콜로라도 주립대와 덴버 신학교를 졸업한 그는, 매사추세츠 주 렉싱턴의 그레이스 채플에서 40여 년간 목회했고, 미국 기독학생회(IVF)의 대표와 세계구호선교회(World Relief) 총재를 역임했다. 베델 신학교와 고든콘웰 신학교에서 가르쳤으며, 세계적인 정치 경제 지도자들과의 토론을 통해 기독교적 가치관의 확립과 전파를 도모하는 트리니티 포럼(Trinity Forum)의 선임연구원으로 강연과 저술 활동을 해 왔다.

5장

1. 윈스터 처칠: (Sir Winston Leonard Spencer Churchill, 1874년 11월 30일 ~ 1965년 1월 24일) 영국의 총리이자 정치가이다. 샌드허스트 육군사관학교에 진학하여 쿠바, 인도 등에서 복무했으며, 종군기자로도 활약하였다. 1940년 세계대전의 포화 속에서 영국을 구해낼 사명을 안고 총리직에 오른 후 처칠은 영국 본토 항공전을 막아내고 연합국의 승리를 가져왔다. 그는 1953년 기사 작위와 함께 가터 훈장을 수여했으며, 6년간 집필해 온 전6권짜리 『제2차 세계대전』으로 노벨문학상을 수상하는 영광을 안았다. 1955년 노령과 건강 쇠약을 이유로 총리직을 사임했으나 같은 해 선거에서 84세로 당선되는 기록을 세웠다.

2. 잔느 칼망: 잔 루이스 칼망(Jeanne Louise Calment, 1875년 2월 21일 ~ 1997년 8월 4일) 프랑스 여성으로, 공식적으로 명확한 출생 및 사망기록을 가진 사람 가운데 가장 오래 살았다. 세계에서 가장 오래 산 노인'으로 기네스 세계기록에 등재되었다.

3. 웰치: 허버트 웰치 (Herbert Welch, 1862년 11월 7일 ~ 1969년 4월 4일)

미국 감리교회 지도자. 뉴욕 코네티컷에서 목회를 시작, 1892년 집사 목사, 1894년 장로 목사가 되어 15년 동안 목회하였다. 1905년 배쉬포드의 뒤를 이어 오하이오 웨슬리안대학교 총장으로 취임, 11년간 근속하면서 교육 행정가로서 또 교육자로 있었다. 1916년 미감리회 한국 감독으로 자원하여 한국에 주재하였다. 1919년 3.1운동 때는 신흥우를 미국으로 파견하여 미국 각계와 상원의원들에게 3.1운동의 진상을 알리기도 하였다.

4. 조수미: (1962년 11월 22일~)는 대한민국의 리릭 콜로라투라 소프라노 성악가이다. 1993년 이탈리아 최고 소프라노에게만 준다는 황금 기러기상을 수상했고, 2008년에는 이탈리아인이 아닌 사람으로서는 처음으로 국제 푸치니상을 수상했다. 2021년 국제무대 데뷔 35주년을 맞은 조수미는 한국인으로는 최초로 '아시아 명예의 전당'에 선정되었다.

5. A.W. 토저: 에이든 윌슨 토저(Aiden Wilson Tozer, 1897년 4월 21일 ~ 1963년 5월 12일)는 미국의 개신교 목사이자 설교가, 저자이다. 미국의 대표적인 복음주의 목회자 중 한 명이었으며 교회의 부패한 현실을 비판하고 인기에 영합하지 않는 태도를 보여 이 시대의 예언자라는 평을 받았다.

6장

1. 존 울만: 존 울먼(John Woolman, 1720년 10월 19일 ~ 1772년 10월 7일)은 미국의 퀘이커 설교자이다. 양복점 직공이었으나 23세 때 퀘이커 전도자가 되어 각지를 순회 여행했다. 노예 제도 반대나 노동·교육 문제의 논문도 있다. 그의 책 『일기』는 소박한 문체로 퀘이커 설교자로서의 체험을 기술하고 있으며, 일기문학의 고전이라고 불리고 있다.

2. 리처드 포스터: (Richard J. Foster, 1942년 5월 3일 ~) 미국 아주사 퍼시픽 대학교, 미시건의 스프링 아버 대학교의 영성신학 교수이며, "레노바레" (Renovare)의 설립자다. 영성 운동의 대중화에 힘쓰고 있으며, 삶에 적용되

고 이웃과 사회의 영성을 깊게 하는 크리스천 영성의 영향력을 넓혀나가고 있다.

3. W.P. 코넬: 찬송가 '내 영혼의 그윽히 깊은데서'의 작사가이다. 그의 생애에 대해선 알려진 바가 거의 없다.

4. W.G. 쿠퍼: 윌리엄 카우퍼(William Cowper, 1731년 11월 26일 ~ 1800년 4월 25일)는 영국의 시인이자 찬송가 작사, 작곡가 이다.

5. 도종환: (1954년 8월 25일 ~) 대한민국의 국회의원, 시인이다. 충북대학교 국어교육과를 졸업하고 22세던 1977년 청주시에서 교직을 시작했다. 2017년 문화체육관광부장관을 지내기도 했다.

6. 짐 엘리엇: (Jim Eliot, 1927년 10월 8일 ~ 1956년 1월 8일) 플리머스 형제단 및 세계 성서번역 선교회선교사이며, 그의 나이 28살 때 에콰도르 원주민 선교시작시에 순교하였다. 아내 엘리자베스는 남편이 순교한 지 2년이 지난 1958년 가을에 그녀 역시 목숨을 걸고 남편이 이루지 못한, 그리스도의 복음을 전하기 위해서 어린 딸과 함께 아우카 부족에게 찾아가 그들에게 예수의 복음을 전하고 미국으로 돌아왔다. 그 후 선교사 짐 엘리엇의 삶과 신앙을 담은 책 『전능자의 그늘』을 펴냈다.

7장

1. 야마구치 슈: 철학과 예술에서 비즈니스 인사이트를 찾는 일본 최고의 전략 컨설턴트다. 게이오대학교 문학부 철학과를 졸업하고, 동 대학원 미학 미술사 석사과정을 수료했다. 일본 최대 광고회사 덴쓰를 시작으로 현재 독립 컨설팅펌 라이프니츠 랩(Leibnitz Lab)의 대표이자 히토쓰바시대학원 경영관리연구과 겸임교수, 작가, 강연 연사로 활발하게 활동 중이다.

2. 권정생: 아명(兒名)은 권경수(權慶秀), 1937년 9월 10일 ~ 2007년 5월 17일) 대한민국의 동화 작가, 수필가, 시인이었다.

3. 빌리 그레이엄: (Billy Graham, 1918년 11월 7일 ~ 2018년 2월 21일) 미국의 남침례회 목사이다. 아이젠하워 대통령 이후 트럼프 대통령 시절까지 역대 미국 대통령들의 영적 조언자였다. 미국을 비롯한 개신교 복음주의 운동에 어마어마한 영향을 끼쳤다. '역사상 가장 많은 사람에게 복음을 전한 목사'다. 전 세계를 돌아다니며 2억 명에게 직접 설교했으며, 위성·라디오 방송으로 메시지를 들은 사람까지 포함하면 22억 명이 넘는다고 전해진다. 복음주의 부흥을 이끌었다고 평가를 받는다.

8장

1. 마틴 로이드 존스: (David Martyn Lloyd-Jones, 1899년 12월 20일 ~ 1981년 3월 1일) 영국의 의사 출신의 복음주의 설교자이자 웨일즈 학파의 대표적인 회중 교회 목회자이다. 26세 왕립의학협회에서 의학박사 학위를 취득할 정도로 촉망받는 의사였으나 하나님께서 자신에게 원하시는 것이 육신의 질병보다 영혼의 질병을 돌보는 것임을 깨달았다. 부르심의 확신을 갖고 1927년 의학계를 떠나 남웨일즈 에버라본에서 목회를 시작했다.

2. 로버트 마운스: 로버트 헤이든 마운스 (Robert Hayden Mounce, 1921년 12월 30일 ~ 2019년 1월 24일) 워싱턴주 스포케인에 있는 휘트워스 대학 (Whitworth College)의 명예 총장이며, 저명한 신약과 헬라어 학자다.

3. 브라이언트 우드: (Bryant Wood, 1936년 ~) 국제적으로 인정받는 여리고 고고학의 권위자이다. 그는 이스라엘에서 성경 연구회(Associates for Biblical Research)의 책임자이며, 키르벧 엘 마카티르 발굴(Kh. el-Maqatir Excavation) 단장이다.

4. C.S. 루이스: (Clive Staples Lewis, 1898년 11월 29일 ~ 1963년 11월 22일) 영국의 소설가이자 잉글랜드 성공회(Church of England)의 평신도이다. 또한 케임브리지 대학교에서 철학과 르네상스 문학을 가르쳤다. 북아일랜드의 벨파스트에서 태어났고, 부모의 사망을 계기로 무신론자가 되기도 했지만, 30세 때인 1929년 성공회 신앙을 받아들여 성공회 홀리 트리니티 교회에서 평생 신앙생활을 했다.

9장

1. 오스왈드 챔버스: (Oswald Chambers, 1874년 7월 24일 ~ 1917년 11월 15일) 20세기 스코틀랜드 개신교 목사이다. 찰스 스펄전의 목회 사역 아래에서 십대에 회심한 그는 목회자로 부르심을 받아서 두눈(Dunoon) 대학에서 신학을 공부하였다. 그는 1906년부터 1910년까지 미국, 영국, 일본 등지를 순회하며 성경을 가르치는 사역을 하였으며, 1911년에 런던의 클래펌(Clapham)에 성경대학(The Bible College)을 세우고, 1915년에는 1차 세계대전 중에 YMCA 군목이 되었다. 그의 저서 『주님은 나의 최고봉』은 출간 이후 전 세계적으로 사랑을 받으면서 기독교의 고전 중에 고전이 되었다. 미국 기독교 역사상 최장기 베스트셀러라는 대기록도 세웠다.

2. 칼 바르트: (Karl Barth, 1886년 5월 10일 ~ 1968년 12월 10일) 스위스의 개혁 교회 목사이자 20세기의 대표적인 신학자이다. 유년기와 청년기를 베른에서 보냈으며, 1904년 베른 대학교, 베를린대학교, 튀빙겐 대학교에서 공부하였다. 교수들의 영향으로 당시 유럽 신학계의 주류였던 자유주의 신학을 배웠다. 그는 자신이 배운 자유주의 신학에 대해서 한계를 느꼈다. 윤리적인 지침서로 이해하던 자유주의 신학에 반대하였고 하나님은 인간을 심판하시는 분이라고 반박하며, 그리스도인들이 헌신적으로 복종해야 하는 '하나님의 말씀이 인간으로 되신 예수 그리스도'를 강조하였다. 그러나 정통주의 신학의 관점에서 그의 계시관과 역사관은 차이점을 보였기에 그의 이러한 신학적인 성격을 신정통주의라고 부른다.

3. 네로: (Nero, 37년 12월 15일 ~ 68년 6월 9일) 로마 제국의 제 5대 황제로 율리우스-클라우디우스 왕조의 마지막 황제이다. 즉위 당시와 처음 5년간의 기간은 황금기라고 불릴 만큼 평도 좋았고 활달하고 발랄한 성격, 총명함과 유머 감각으로 인기가 상당했다. 이때 스승 세네카를 중용해 초기에는 선정을 베풀고 그나이우스 도미티우스 코르불로를 기용하여 파르티아 전선을 안정시켰다. 하지만 그는 즉위 초부터 자신의 가족과 친척들을 여럿 죽이고 방탕한 생활로 인해 상류층들에게 미움을 받았다. 또한 의도적인 기독교도 탄압과 어머니, 아내 등을 비롯한 본인 외의 일가 직계 친족살해, 선황이자 양부 클라우디우스 능욕, 심각한 사치와 난잡한 사생활 등의 종합적인 단점으로 오늘날까지도 폭군의 대표주자로 꼽히고 있다.

4. 타키투스: 푸블리우스 코르넬리우스 타키투스 (Publius Cornelius Tacitus, 56년 ~ 117년) 고대 로마의 역사가이다. 일찍이 로마에서 당시의 유명한 수사학자 마르쿠스 아페르 밑에서 공부하였으며 글재주로 이름을 떨쳤다. 그나이우스 율리우스 아그리콜라의 사위가 되어 원로원 의원이 되고, 70년대 후반에 로마의 관리로서 경력을 쌓기 지작하여 97년에 루키우스 베르귀니우스 루푸스의 죽음으로 보충 집정관에 선출되었다.

5. 이은희: 교수. 1985년 서울대학교 생활과학대학 소비자학과 졸업 이후 서울대학교 대학원 석사, 박사, 소비자학 전공 후 현재 인하대학교 사회과학대학 소비자학과 교수로 활동하고 있다.

6. 빅토르 마리 위고: (Victor-Marie Hugo, 1802년 2월 26일 ~ 1885년 5월 22일) 프랑스의 시인·소설가·극작가이다. 1802년 프랑스의 브장송에 태어나 군인이었던 아버지의 바람대로 대학에서 법학을 공부했지만, 일찍이 문학적 재능을 보였다. 1841년에는 프랑스 학술원 의원으로 선출되었다.

7. 토마스 아 켐피스: (Thomas à Kempis, 1380년 ~ 1471년 7월 25일)는 독일의 신비사상가이다. 라인 강 하류의 켐펜에서 태어나, 92년 동안의 일생을 거의 즈볼러에 가까운 아그네텐베르크 수도원에서 보냈다. 여기서

는 네덜란드의 신비사상가 헤르트 호르테 및 제자 플로렌티우스 라데빈스가 창설한 '공동생활의 형제회'(Brethren of the Common Life)가 활동하고 있었으며, 토마스 아 켐피스도 이 회에 가담하여 모범적인 경건한 생활을 보냈다. 그보다 더 경건한 사람은 없다는 말까지 들은 토마스 아 켐피스는 1425년 이후 부원장으로서 후진 양성에 진력했다. 후진 양성을 위한 지도서를 몇 가지 썼는데, 그 중 『준주성범』 또는 『그리스도를 본받아』는 기독교 세계에서 널리 애독되는 책이 되었다.

8. 헬렌켈러: (Helen Adams Keller, 1880년 6월 27일 ~ 1968년 6월 1일) 미국의 작가, 교육자이자 사회주의 운동가이다. 그녀는 인문계 학사를 받은 최초의 시각, 청각 시청각장애인이다. 많은 활동을 통해 전세계 장애인들에게 희망을 전해 주었고, 여성과 노동자를 위한 운동에 앞장섰다.

9. 데일 카네기: (Dale Carnegie. 1888년 11월 24일 ~ 1955년 11월 1일) 미국 출신의 작가이자 강사로 최초로 본격적인 자기계발서를 만들어낸 사람이라 말할 수 있다. 대표적인 저서는 『인간관계론』, 『자기관리론』, 『성공대화론』, 『1%성공습관』 등이 있다.

10. 존 칼빈: (Jean Calvin, 1509년 7월 10일 ~ 1564년 5월 27일) 종교 개혁을 이끈 프랑스 출신의 개혁주의 신학자. 종교개혁가이다. 1530년경 로마 가톨릭교회로부터 회심했다. 프랑스에서 개신교도에 대한 광범위한 폭력 사태로 긴장이 고조된 후, 스위스의 바젤로 피난하여 1536년에 『기독교 강요』를 출판했다. 그 후 프랑스 난민 교회의 목사가 되었고, 개혁 운동을 계속 지지하였으며, 1541년 이후 제네바의 교회를 이끌었다. 그는 하나님의 절대주권과 구원은 전적으로 하나님에 의해 주어지는 은혜를 강조하였고, 개혁주의라고도 불리는 기독교 사상 중 하나인 칼뱅주의의 시초를 놓았으며, 마르틴 루터, 울리히 츠빙글리가 시작한 종교 개혁을 완성시켰다는 평가를 받는다.

11. 매튜 헨리: (Matthew Henry, 1662년 10월 18일 ~ 1714년 6월 22일) 성

경 주석가이다. 영국 국교회의 복음주의 목사의 아들인 그는 통일령으로 아버지가 성직에서 쫓겨난 직후에 태어났다. 신앙을 저버린 시대에 높은 학문을 유지해온, 런던 이슬링턴 대학에서 신학 교육을 받고 그 후에는 그레이 법학원에서 법률을 공부하였다. 장로교 목사 안수를 받으며 비국교도 목사가 되었다.

12. 애머튼: (John Adney Emerton, 1928년 6월 5일 ~ 2015년 9월 12일) 영국 성공회 신부이자 신학자이다. 그는 히브리어와 구약의 뛰어난 학자였다. 그는 버밍엄 대성당에서 직위를, 버밍엄 대학교에서 신학 조교수를 역임했고 그 후 1953년 더럼대학교에서 히브리어 및 아람어 강사로 부임했다. 그는 1955년부터 1962년까지 케임브리지 대학교에서 신학 강사로 있다가 옥스포드로 돌아와 셈어 문헌학의 거장이 되었다. 1968년 케임브리지로 돌아와 레지우스 히브리어 교수직을 맡았다.

13. 찰스 크랜필드: (Charles Cranfield, 1915년 9월 13일 ~ 2015년 2월 27일) 영국의 신학자이다. 1936년 케임브리지의 예수 칼리지에서 고전학 1학급 학위를 취득했다. 1941년 감리교 목사로 서품되었고, 제2차 세계대전 때 군종목사를 지냈으며, 전후에는 포로들과 교구 목사로 일했다. 그는 학계로 옮겨왔고 1950년에 더럼 대학의 신학 강사로 임명되었다. 1989년 영국 아카데미로부터 버킷트 성서학 훈장을 받았다.

14. 핸드릭슨: (William Hendriksen, 1900년 11월 18일 ~ 1982년 1월 12일) 미국의 저명한 성경 주석가이며 신약 신학학자이다. 헨드릭슨은 칼빈 대학과 칼빈 신학교에서 공부했고, 피크 성경신학교에서 S.T.D.(신학박사과정)와 프린스턴 신학교에서 박사학위(Th.D.)를 받았다. 헨드릭슨은 미국기독개혁교회에 속한 목사로, 개혁주의자이자 복음주의자이며, 신약학자이자 탁월한 성경주석가였다.

15. 토머스 모어: (Sir Thomas More, 1478년 2월 7일 ~ 1535년 7월 6일, 라틴어: Sanctus Thomas Morus)는 잉글랜드 왕국의 법률가, 저술가, 사상

가, 정치가이자 기독교의 성인이다. 1501년 정식 변호사 자격을 취득하여 법률가로서의 직업에 충실하면서도 신학, 철학, 예술, 문학에 대한 관심을 놓지 않았던 그는 한때 성직에 대한 소명을 느끼고 이에 응답하고자 4년 동안 카르투지오회 수도자들의 영성 수련에 참여하기도 하였으나, 결국 평신도의 길을 선택했고 일생동안 기도와 단식을 충실히 함으로써 경건한 신앙 생활을 이어 나갔다. 현대인들에게는 『유토피아』의 저자로 잘 알려져 있다.

10장

1. 달라스 윌라드: (Dallas Albert Willard, 1935년 9월 4일 ~ 2013년 5월 8일) 기독교 사상가이자 인문학자이다. 1965년부터 2012년 은퇴할 때까지 40년 넘게 남캘리포니아대학교 철학과 교수로 재직했다. 그는 철학적 사고를 통해 기독교 변증학의 새로운 장을 열었다는 평가를 받는다. 또한 그는 크리스천과 제자의 정체성을 엄격히 구분해야 한다는 주장을 펴며, 제자도가 없는 교회 현실을 날카롭게 지적한 바 있다. 그는 이름뿐인 기독교를 변혁하기 위해 노력한 창의적인 기독교 사상가로 명성을 얻었다고 평가한다.

2. 폴 트루니에: (Paul Tournier, 1898년 5월 12일 ~ 1986년 10월 7일) 스위스의 내과의사이며 작가이다. 태어난 후 2개월 만에 아버지를, 여섯 살에는 어머니마저 여의면서 외삼촌 집에서 성장했다. 여섯 살의 어린 나이에 부모님을 모두 잃고 돌봄을 받지 못해 외롭고 불안정한 시기를 보냈다. 이후 고등학생 시절인 열여섯 살에 뒤부아 선생을 만나 인격에 눈뜨게 되었고 자폐증을 극복하게 된다. 이를 계기로 인격적 만남의 중요성에 눈을 뜨게 되었다. 그는 20세기 가장 유명한 기독교인 의사로 불렸는데 제1차 세계대전 이후에는 국제 적십자사의 대표로 오스트리아에 파견되어 전쟁 포로들의 본국 귀환 및 아동 복지를 위해 일했다. 20세기 후반 가장 영향력 있는 저술가이자 강연자로 꼽힌다.

3. 에이브러햄 링컨: (Abraham Lincoln, 1809년 2월 12일 ~ 1865년 4월

15일) 미국의 제 16대 대통령이다. 1860년 11월 6일, 16대 미국대선에서 대통령에 당선되었다. 임기 중 일어났던 남북 전쟁에서 북부주를 이끌며 연방에서 분리하려 노력했던 남부 연방에 승리를 거뒀다. 1863년에는 노예 해방 선언을 발표했고, 미국 헌법 수정 제13조의 통과를 주장하며 노예제의 폐지를 이끌었다. 링컨은 지속적으로 전문가들에게서 모든 미국 대통령 중 가장 위대한 대통령으로 꼽히고 있으며 현재 통용되고 있는 미국의 5달러 지폐에는 그의 초상화가 그려져 있다.

11장

1. 나다나엘 호손: (Nathaniel Hawthorne, 1804년 7월 4일 ~ 1864년 5월 19일) 미국의 소설가, 1804년 미국 메사추세츠주에서 태어났다. 청교도의 사상, 생활에 깊은 관심을 가지고 이에 대한 많은 작품을 썼다. 1825년 보든 대학을 졸업한 후 12년간 칩거 생활을 하며 독서와 습작으로 시간을 보낸다. 여러 잡지에 발표했던 작품 중 18편을 추려 『트와이스 톨드 테일스』라는 단편집을 출간해 호평을 받으며 이름을 알리게 된다. 30세 무렵 『로저 맬빈의 매장』, 『젊은 굿맨 브라운』 등의 소설들이 문학적으로 높은 평가를 받으면서 작가로서의 명성을 얻었고, 1850년 청교도주의가 지배하던 17세기 미국의 어두운 사회상을 그린 소설 『주홍 글씨』를 발표했다. 이외에 작품 『일곱 박공의 집』 등이 있다. 1864년 여행 중 60세를 일기로 사망한다.

2. 캠벨 몰간: 조지 캠벨 모건 (George Campbell Morgan, 1863년 12월 9일 ~ 1945년 5월 16일) 영국의 복음 전도자, 설교자, 작가이다. 20세기 상반기에 '강해설교의 제왕'으로 평가받은 설교의 거인(巨人)이다. 영국 테트베리에서 태어나 10세 때, 영국으로 건너와 부흥 집회를 인도하는 D. L. 무디를 보고 사역에 자극을 받았다. 13세 때 첫 설교를 시작하여 15세 때부터 시골 교회들을 순회하며 설교 사역을 했다. 목사 안수를 받은 23세 이후부터는 그의 설교와 성경 강해의 명성이 영국 전역과 대서양 건너 미국에까

지 널리 퍼졌다. 1904년에는 런던 웨스트민스터 채플의 담임목사가 되었다. 대표적인 저서로는 『이미 모든 것을 알고 계신 주님이 너에게 말씀하신다』, 『기도 바이블』, 『조지 캠벨 몰간의 거룩』 등이 있다.

12장

1. 롱펠로우: 헨리 워즈워스 롱펠로(Henry Wadsworth Longfellow, 1807년 2월 27일 ~ 1882년 3월 24일)는 미국의 시인이다. 1825년 보든 대학교를 졸업한 후, 언어학 연구를 위해 유럽 파견 근무를 한다는 조건으로 대학의 교수직 제안을 받았다. 버든에서 처음으로 현대 언어학 교수가 되었고, 교수 시절에 프랑스어, 이탈리아어, 스페인어 교본을 만들거나 여행기 『바다를 건너 : 바다를 건넌 순례자』를 저술하였다. 1836년 롱펠로는 미국으로 돌아와 하버드 대학 교수직에 올랐고 1859년에는 하버드 대학에서 명예 박사 학위를 받았다. 『인생찬가』나 『에반젤린』 등의 시로 잘 알려져 있으며, 단테의 『신곡』을 미국에서 처음 번역했던 인물이기도 하다.

2. 세네카: 루키우스 안나이우스 세네카 (Lucius Annaeus Seneca, 기원전 4년 ~ 65년 4월) 고대 로마의 철학자, 연설가, 정치인, 사상가, 문학자이다. 대표적인 스토아 학파의 철학자 중 한 명으로 로마 최초의 공인된 폭군 네로의 스승으로도 유명하다. 서기 54년 네로가 황제로 등극하자 세네카는 최측근이 되어 네로 황제의 통치를 보좌한다. 서기 59년 네로 황제가 모친을 죽인 후 폭정이 극으로 치닫자 세네카는 관직에서 물러나 학문과 집필 활동에 몰두한다. 서기 65년 황제 암살 음모에 연루되었다는 의혹으로 네로 황제에게 자결하라는 명을 받은 세네카는 스스로 혈관을 끊고 독약을 마심으로써 세상을 떠났다. 『화 다스리기』, 『서간집』, 『대화』 등의 역사적인 저작들을 남겼다.

3. 마르셀 프루스트: (Marcel Proust, 1871년 7월 10일 ~1922년 11월 18일) 프랑스의 작가이다. 존 러스킨이 저술한 두 권의 책, 『아비앵의 성서』,

『참깨와 백합』을 번역했다. 제1차 세계대전 가운데서도 집필을 계속하여 1919년 6월 갈리마르 출판사에서 2편 『피어나는 소녀들의 그늘에서』를 출간하고, 이 작품으로 공쿠르 상을 수상한다. 1907년부터 프루스트는 1913년부터 사후 1927년까지 7권으로 출판된 자신의 대작 『잃어버린 시절을 찾아서』를 쓰기 시작했으며 2권 『꽃핀 소녀들의 그늘에서』로 1919년 공쿠르상을 수상했다. 1922년 11월 18일 기관지염을 치료받지 못한 나머지 사망했다.

4. 윌리엄 포크너: (William Cuthbert Faulkner, 1897년 9월 25일 ~ 1962년 7월 6일) 미국의 작가이다. 20세기 미국의 대문호로, 어니스트 헤밍웨이, 스콧 피츠제럴드 등과 함께 20세기 전반기 미국 문학을 대표했던 위대한 소설가로 1949년 노벨 문학상을 받았고 두 차례 퓰리처상을 받았다. 1920년 대학도 중퇴하고 곧 고향으로 돌아와, 1924년 친구의 도움으로 처녀시집 『대리석의 목신상』을 출판하였다. 그 후 소설을 쓰기 시작하여 『병사의 보수』를 발표하고, 1927년 풍자소설 『모기』, 이어 1929년 『음향과 분노』를 발표하여 일부 평론가의 주목을 끌었다. 대표적인 저서로는 『음향과 분노』, 『에밀리에게 장미를』, 『내가 죽어 누워있을 때』, 『팔월의 빛』이 있다.

5. 지그문트 프로이트: 지기스문트 슐로모 프로이트(Sigismund Schlomo Freud, 1856년 5월 6일 ~ 1939년 9월 23일) 오스트리아의 정신과 의사이자, 무의식이 행동에 영향을 준다는 것을 대중화한 심리학자로 정신분석학회의 창시자이다. 프로이트는 무의식과 억압의 방어 기제에 대한 이론, 그리고 환자와 정신분석자의 대화를 통하여 정신 병리를 치료하는 정신분석학적 임상 치료 방식을 창안한 것으로 매우 유명하다. 프로이트의 방법과 관념은 임상 정신 역학의 역사에서 중요한 위치를 차지하고 있다. 그의 생각은 인문 과학과 일부 사회 과학에 계속 영향을 주고 있다. 주요 저서로는 『꿈의 해석』, 『일상생활의 정신병리학』, 『성욕에 관한 세 편의 에세이』, 『농담과 무의식의 관계』, 『억압, 증후 그리고 불안』, 『창조적인 작가와 몽상』, 『토템과 터부』, 『무의식에 관하여』, 『정신분석 강의』, 『쾌락 원리의 저편』, 『문명 속의 불만/문화에서의 불안』, 『새로운 정신분석 강의』, 『정신분석

복음과 인생설계

학 개요』, 『우리의 마음은 남쪽을 향한다』 등이 있다.

6. 안드레아 보첼리: (Andrea Bocelli, 1958년 9월 22일 ~) 이탈리아의 테너이자 팝페라가수이다. 그는 선천적인 녹내장을 앓았으며, 12세 무렵에 축구 시합을 하던 도중 골키퍼로 나서 눈에 공을 맞아 머리에 충격을 받고 내출혈을 일으켜 시력을 잃었다. 14세 때에 비아레조에서 열린 경연 대회에서 "O sole mio"를 불러 우승하였다. 1980년 학교를 마치고, 피사 대학교에서 법학을 공부하였다. 법과 대학원을 마치고, 법정 변호사로 1년간 일하면서 지냈다. 본격적으로 음악을 직업으로 삼기 시작한 것은 야간 재즈 바에서 피아노를 치던 것이 그 시작이었다. 이후 그는 1994년 산레모 가요제의 신인상을 수상하며 데뷔하였다. 보첼리는 팝과 클래식, 8개의 오페라 음악을 포함한 13개의 솔로 스튜디오 앨범을 녹음하여 세계적으로 7천만 장 이상의 음반을 팔았다. 1998년 잡지 《피플》에 '가장 아름다운 사람들 50명' 중의 하나로 꼽혔다. 셀린 디옹과 듀엣으로 부른 "The Prayer"는 골든 글로브상의 주제가상을 수상하였고, 아카데미상에서도 같은 부분의 후보에 올랐다. 클래식 앨범 《Sacred Arias》는 미국 클래식 앨범 차트의 톱 3에 들어오면서 기네스 세계 기록에 올랐다.

13장

1. 괴테: 요한 볼프강 폰 괴테(Johann Wolfgang von Goethe, 1749년 8월 28일 ~ 1832년 3월 22일) 독일의 고전주의 성향 작가이자 철학자, 과학자이다. 바이마르 대공국에서 재상직을 지내기도 하였다. 그는 근현대 독일의 가장 위대한 문인으로 여겨진다. 독일뿐 아니라 서양 철학과 문학을 논할 때 절대 빼놓을 수 없는 인물이다. 괴테는 1749년 8월 28일 독일 프랑크푸르트 암마인에서 태어났다. 왕실 고문관인 아버지 요한 카스파르 괴테와 프랑크푸르트 암마인 시장의 딸인 어머니 카타리네 엘리자베트 텍스토르 사이 태어났다. 궁정극장의 감독으로서 경영·연출·배우 교육 등 전반에 걸쳐 활약했다. 1806년에 『파우스트』 제1부를 완성했고 별세 1년 전인

1831년에는 제2부를 완성했으며, 연극을 세계적 수준에 올려놓았다. 자연과학 분야에까지 방대한 업적을 남겼으며, 연극면에서는 셰익스피어 뿐만 아니라 프랑스의 고전 작가들을 평가했고, 또한 그리스 고전극의 도입을 시도하였다.

2. 에밀 리노프: (Émile Renouf, 1845년 6월 23일 ~ 1894년 5월 4일) 사실주의 인상파의 프랑스 화가이자 제도가이다. 대표적인 작품으로는『돕는 손』이 있다.

3. 데이빗 브레너드: (David Brainerd, 1718년 4월 20일 ~ 1747년 10월 9일) 북아메리카 인디언 선교의 개척자이다. 코네티컷 주헤덤에서 대지주의 아들로 태어났다. 그러나 8살 때 아버지가, 14세 때 어머니가 세상을 떠났다. 어머니의 죽음으로 극도의 실의와 우울증에 빠졌다. 1739년에 깊이 회심하고 신학을 공부하기 위해 예일대학에 진학하였다. 1742년에 그의 전기를 쓴 조나단 에드워즈의 표현에 따르면 '무절제하고 무분별한 열정'에서 일어난 사소한 잘못들 때문에 퇴학을 당했다. 그러나 1742년 코네티컷 주 목회자 협의회에서 설교 시험을 통과해 설교자 자격증을 얻었다. 스코틀랜드 선교회는 그를 인디언 선교사로 세웠다. 1745년 11월까지 4천 8백 km가 넘는 거리를 말을 타고 돌아다녔으며, 1746년 3월까지 이미 130명이 넘는 인디언들이 개종하였다. 병이 악화되어 은퇴할 수밖에 없게 되자 동생 존이 그의 사역을 넘겨받았다. 그는 뉴잉글랜드에 있는 조나단 에드워즈(Jonathan Edwards)의 집에서 죽었다. 그가 죽은 후 조나단 에드워즈의 편집에 의해『데이빗 브레너드의 생애와 일기』가 출간되었고 이는 경건 서적의 고전이 되었다.

4. 칼 힐티: (Carl Hilty, 1833년 2월 28일 ~ 1909년 10월 12일) 스위스의 사상가·법률가이다. 스위스의 비르덴베르크에서 출생하였다. 독일의 괴팅겐·하이델베르크 대학에서 법률학과 철학을 공부했다. 그리스도교 신앙에 바탕을 둔 이상주의적 사회개량주의를 사상적 기반으로 삼아 신앙과 삶이 일치된 인생을 살기 위해 노력했으며, 수많은 종교적·윤리적 저작을 통해

명성을 떨쳤다. 대표적 저서로는 『스위스연방공화국 헌법』, 『행복론』, 『독서와 연설』, 『신경쇠약에 대하여』, 『백색의 노예매매』, 『예의에 대하여』, 『보어전쟁』, 『잠 못 이루는 밤을 위하여』, 『병든 정신』, 『영원한 생명』, 『힘의 비밀』등이 있으며, 『그리스도의 복음』과 『잠 못 이루는 밤을 위하여 II』가 사후에출판되었다.

5. 칼빈 P. 반 레켄: (Calvin P. Van Reken) 캘빈신학교의 도덕 신학 교수이자 기독교 개혁 교회의 목사이다. 저서로는 『Principia Meta-Ethica』가 있다.

14장

1. 도스토옙스키: (Fyodor Mikhailovich Dostoevskii, 1821년 11월 11일 ~ 1881년 2월 9일) 톨스토이와 함께 19세기 러시아 문학을 대표하는 세계적인 소설가이다. 그의 문학 작품은 19세기 러시아의 불안한 정치, 사회, 영적 분위기에서 인간의 심리를 탐구하며, 다양한 현실적인 철학과 종교적인 주제를 다루고 있다. 그의 작품과 사상은 당대의 내로라하는 지성들에게 큰 영향을 끼쳤고 많은 인물들에게 천재 또는 위대한 작가이자 사상가라는 평가를 받고 있다. 대표적 저서로는 『지하생활자의 수기』, 『죄와 벌』, 『백치』, 『악령』, 『카라마조프가의 형제들』 등이 있다.

2. 쇼펜하우어: (Arthur Schopenhauer, 1788년 2월 22일 ~ 1860년 9월 21일) 칸트의 인식론과 플라톤의 이데아론, 인도철학의 범신론에서 많은 영향을 받은 쇼펜하우어의 사상은 독창적이었으며, 니체를 거쳐 생의 철학, 실존철학, 인간학 등에 영향을 미쳤다. 아버지는 유복한 사업가로 아들에게 자기 사업을 물려주려 했으나, 쇼펜하우어는 상속한 유산을 생활 수단으로 삼아 평생 철학과 저술 활동에 전념했다.

3. 조나단 에드워즈: (Jonathan Edwards, 1703년 10월 5일 ~ 1758년 3월 22일) 미국의 청교도 신학자이며 1차 대각성 운동(The First Great

Awakening)의 중심인물이다. 1729년부터 1750년까지 노샘프턴의 회중 교회 목사로 사역했다. 특히 1733년과 1734년 그의 교구에서 시작된 부흥은 1735년 주변으로 번져나가 뉴잉글랜드에서만 5만 명이 기독교로 개종하거나 회심한 그리스도인이 되는 역사가 일어난다. 이것이 미국의 1차 대각성운동이다. 1750년부터 매사추세츠 스톡브리지의 작은 교회를 담임하며 후서토닉 인디언들에게 복음을 전했던 선교사이기도 했다. 매우 다양한 분야에 관한 저술을 남겼으나, 주로 개혁주의 신학과 신학적 결정론의 이론적 바탕, 청교도 전통에 관한 저작들로 주로 알려져 있다. 대표적 저서로는 『신앙감정론』, 『의지의 자유』, 『부흥론』, 『구속사』, 『원죄론』, 『하나님의 영의 놀라운 일에 대한 이야기』 등이 있다.

4. 존 웨슬리: (John Wesley, 1705년 8월 31일 ~ 1791년 8월 31일)는 영국 개신교계에서 감리교 운동을 시작한 인물로, 영국과 미국의 감리교 창시자다. 영국국교회(Church of England)에서 안수를 받았으며 신학자이며 사회운동가이다. 또한 웨슬리의 사역과 저술은 감리교의 활동만이 아니라 19세기 성결 운동과 20세기 오순절 운동 및 기독교 사회복지 운동에 큰 영향을 끼쳤다. 웨슬리는 신학적으로 '그리스도인의 완전'에 대해 주장하였고, 칼빈주의의 이중예정론에 맞섰다. 웨슬리는 그리스도인 내면에 하나님의 사랑이 깊게 자리한다면, 이를 바깥으로 표출하여 사회적 성화를 이루어야 한다고 역설하였다. 대표적 저서로는 『그리스도인의 완전』, 『존 웨슬리의 일기』 등이 있다.

5. 아브라함 카이퍼: (Abraham Kuyper, 1837년 10월 29일 ~ 1920년 11월 8일) 네덜란드의 수상이자 신학자이다. 신 칼뱅주의가 그에 의해 시작된 운동이다. 1879년 기독교 정당인 반 혁명당을 창당해 네덜란드 개혁교회를 이끌었으며, 1880년 암스테르담 자유 대학교를 설립하고, 1901~1905년에는 네덜란드 수상을 역임했다. 또한 헤르만 바빙크, 벤자민 B. 워필드와 함께 세계 3대 칼뱅주의 신학자로 불린다. 그는 자신의 신앙과 삶을 통합하기 위해 끊임없이 노력했으며, 교육, 신학 정치 등 다양한 분야에서 방대한 분량의 글을 남겼다. 그의 저서로는 『일반 은혜 1』, 『칼빈주의 강연』, 『하나

님께 가까이』, 『아브라함 카이퍼의 정치강령』, 『아브라함 카이퍼의 영역 주권』 등이 있다.

15장

1. 찰스 피니: 찰스 그랜디슨 피니(Charles Grandison Finney, 1792년 8월 29일 ~ 1875년 8월 16일) 미국 장로교 목사이며 미국의 제2차 부흥운동 (1800–1810)의 지도자이며 현대 부흥운동의 아버지이다. 그의 말씀 운동에서 시작된 부흥의 움직임, 이른바 '제2의 대각성운동'으로 불리는 영적인 흐름은 뉴욕과 필라델피아, 보스턴은 물론 미국과 영국 전역을 강타했다. 그는 1832년 뉴욕에서 목회를 시작하여 1835년에는 오벌린 대학에 신학과를 설립했고, 지역교회 목회자이자 신학교수로 섬기는 와중에도 미국과 영국을 오가며 복음전도를 계속했다. 후에 15년 동안 오벌린대학의 학장으로 봉직하면서 수많은 후진들을 양육해 내는데, 오벌린대학은 세계적인 기독교 영향력의 중심지가 되었다. 피니는 오벌린에 정착한 후, 신학교에서 후진들을 양성하면서 동시에 학교의 허락 하에 방학 때마다 부흥집회를 인도하였으며, 또 이때 여러 중요한 논문들과 저술들을 완성하게 된다.

2. 김용석: 시인으로 월간 시사문단 2019년 5월호 시부문 신인상을 받았다.

〈위키백과 등 참조〉

이순희 목사의
시대적 메세지

『 복음과 내적치유 』

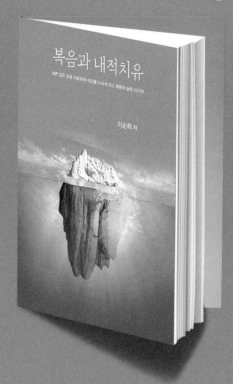

『 복음과 영적전쟁 』

이순희 작사 & 작곡 찬양집
영혼을 살리는 찬양 1,2,3권 발간

망망한 바다 한가운데서 배 한 척이 침몰하게 되었습니다.
모두들 구명보트에 옮겨 탔지만 한 사람이 보이지 않았습니다.
절박한 표정으로 안절부절 못하던 성난 무리 앞에 급히 달려 나온 그 선원이
꼭 쥐고 있던 손바닥을 펴 보이며 말했습니다.
"모두들 나침반을 잊고 나왔기에…"
분명, 나침반이 없었다면 그들은 끝없이 바다 위를 표류할 수 밖에 없을 것입니다.

우리는 삶의 바다를 항해하는 모든 이들을 위하여
그 나침반의 역할을 하고 싶습니다.
우리를 구원하신 위대한 주 예수 그리스도를 널리 전하고 싶습니다.

"하나님은 모든 사람이 구원을 받으며
진리를 아는 데에 이르기를 원하시느니라"
(디모데전서 2장 4절)

복음과 인생설계

지은이 | 이순희 목사
발행인 | 김용호
발행처 | 나침반출판사

제1판 발행 | 2022년 12월 1일

등   록 | 1980년 3월 18일 / 제 2-32호
본   사 | 07547 서울특별시 강서구 양천로 583
         블루나인 비즈니스센터 B동 1607호
전   화 | 본사 (02) 2279-6321 / 영업부 (031) 932-3205
팩   스 | 본사 (02) 2275-6003 / 영업부 (031) 932-3207
홈   피 | www.nabook.net
이   멜 | nabook365@hanmail.net

일러스트 제공 | 게티이미지뱅크/freepik
디자인 | 김한지/나침반

ISBN ISBN 978-89-318-1647-1
책번호 나-1039

값은 뒤표지에 있습니다.